中央高校基本科研业务费专项资金资助（24CXTD05）

北京高校中国特色社会主义理论研究协同创新中心
（中国政法大学）支持项目成果

以破为立

李季与马克思主义在中国的传播

程运麒　著

时代出版传媒股份有限公司
安徽人民出版社

图书在版编目（CIP）数据

以破为立：李季与马克思主义在中国的传播 / 程运麒著 . —— 合肥：安徽人民出版社，2023.9.

ISBN 978-7-212-11641-5

Ⅰ．①以… Ⅱ．①程… Ⅲ．①马克思主义—传播—研究—中国 Ⅳ．① D61

中国国家版本馆 CIP 数据核字 (2023) 第 183078 号

以破为立：李季与马克思主义在中国的传播

YIPOWEILI
LIJI YU MAKESIZHUYI ZAI ZHONGGUO DE CHUANBO

程运麒 著

责任编辑：刘书锋　　　　　　　　　责任印制：董　亮
装帧设计：赵　粱

出版发行：安徽人民出版社 http://www.ahpeople.com
地　　址：合肥市蜀山区翡翠路 1118 号出版传媒广场 8 楼
邮　　编：230071
电　　话：0551—63533258　0551—63533259（传真）
印　　刷：合肥创新印务有限公司

开本：710 mm×1010 mm　1/16　　印张：15.75　　字数：240 千
版次：2024 年 8 月第 1 版　　2024 年 8 月第 1 次印刷

ISBN 978-7-212-11641-5　　　　　　　定价：48.00 元

序 言

几个月前，程运麒博士将书稿送来，请我为她的第一本学术专著作序，作为导师，自然义不容辞。

程运麒 2016 年考入北大马院马克思主义中国化专业攻读博士学位。她本科学习英语专业，所以入学后，我除了让她加强理论学习和中国近现代史、中共党史的学习，也特别希望在具体的研究中把她英语专业出身的优势发挥出来。

博二下学期，第一次讨论博士论文选题时，运麒自己提了一个选题方向，聚焦 20 世纪二三十年代的中国思想界，探讨早期中国共产党人的道路选择问题，以及中共早期如何开展思想政治工作，怎样宣传和吸纳更多群众信仰马克思主义。这个方向比较宏大，学界前期也已有很多相关成果，而且撰写这样的文章需要很强的理论驾驭能力，我担心她在这个问题上做研究很难有新的突破，故而没有同意她以此作为选题。

后来我建议她研究一下李季。我之所以建议她研究这个问题，出于以下几个方面的考虑：

第一，充分体现马克思主义中国化研究专业的学科特色。马克思主义中国化本来是近代西学东渐过程中的一个重大问题，是个内容非常广阔的理论和实践命题，但是它作为马克思主义理论二级学科设立之后，就必须有明确的研究对象和独特的知识基础，没有这个知识基础，对于它的研究就无从下手。马克思主义中国化研究二级学科的知识基础基本有三个方面：马克思主义理论、中国近现代历史和政治、中国共产党历史。有了这三个方面的知识基础，我们在马克思主义中国化研究上就打下了一个扎实的基础，就能在基本的问题上把握什么是马克思主义、什么是中国国情。当然，有了这个方面的基础，也不是说我们在马克思主义中国化问题上就一通百通了，仍然需要我们学习借鉴各种知识、思想，尤其是面对新的实践、新的时代时，这种需要对于本学科的人们来说更为迫切和关键。马克思主义中国化研究一定意义上来说就是中国共产党思想史研究，而研究这个问题必须研究马克思主义在中国的传播史。马克思主义在中国的传播史既是宣传和研究马克思主义理论的过程，也是研究和学习马克思主义中国化的内容，所以选择李季这样的中共早期著名马克思主义翻译家加以研究很有学术价值。

第二，李季在中共早期宣传马克思主义中具有举足轻重的地位，他翻译的马克思主义理论作品影响了一代人走上马克思主义道路，对于中国革命产生了巨大的影响。他翻译马克思主义著作不仅比李大钊、李达、李汉俊、张西曼、恽代英、蔡和森、瞿秋白等持续时间长，而且与这些人主要依据日语、俄语版本不同，他主要依据英语、德语版本加以翻译。他的著述总字数达到700万字，包括《社会主义史》《价值价格及利润》《社会主义之思潮及运动》《到自由之路》《工团主义》《通俗资本论》《法国革命史》《社会农业及其根本思想与工作方法》《马克思传：其生平其著作及其学说》《胡适中国哲学史大纲批判》《社会经济发展史》《辩证法还是实验主义？》《妇女自然史和文化史的研究》《马克思主义经济学》《达尔文传及其学说》《中国社会史论战批判》《马可波罗游记》《人类在自然界的特别位置》《二千年中日关系发展史》《现代资本主义》《马克思恩格斯通信集》《心的分析》等。而且，他一度对于社会主义很有信仰，认为"社会主义是救我们中国的良药"。他翻译的《社会主义史》对于毛泽东等一大批青年信仰马克思主义、走上革命道路起到了思想引导的作用。这样的人物的思想自然是从事马克思主义中国化研究的学者们需要认真研究的对象。

第三，李季是我党成立前党的早期组织的58名党员之一，是五四运动前毕业的北大英语系优秀学生，与陈独秀、李大钊等中国共产党的早期领袖有着不少思想和学术上的交往，是名副其实的革命先行者。虽然后来参加"托派"，脱离了革命，但是他终身从事翻译事业，对于马克思主义的研究和译介基本没有中断。同时，他同胡适、蔡元培等文化界、教育界、社会界名流都有一定交往，对于这样一位在中国现代思想文化界产生过重要影响人物的思想必须加以深入研究。

第四，由于特殊的政治原因，主要是李季短时间参加了"托派"，使得他长期被打入党史研究的另册，他对于马克思主义翻译和传播的贡献，他的社会主义思想史的认识情况，学术界研究得很少，尤其缺乏系统深入的研究。所以，研究这个问题非常具有补白的意义。

第五，博士论文选题一定要聚焦问题，范围要适中，尽量做到"以小见大"，而不能大而无当，切忌写成面面俱到的教科书，而研究李季恰恰可以做到"以小见大"，可以从一个侧面展示出早期中国马克思主义理论家、宣传家、翻译家的思想历程。

第六，建议这个题目，也充分考虑到了运麒的本科英语专业的学术背景因素，李季翻译研究马克思主义有不少依据的是英语文献，这样就可以把她这方面的优势发挥出来。给学生建议博士论文题目，一定要考虑他们自身的条件，要扬长避短。

写作这个题目也有相当的难度：

一方面，需要认真阅读大量原始著作。虽然李季一生著述达700万字，但是并没有系统地集中出版，这就需要研究者查阅原始出版文献，这个需要下笨功夫，而且由于多数是翻译作品，尤其是专业性比较强的翻译作品，文字多少有点拗口，看起来需要耗费更多的精力。比如，他翻译的《马克思主义经济学》有些话语，与今天的话语表述就有差异："这个结果，是由于一般大众把事实的本质颠倒的意识着的缘故......科学常是负着一种与常识斗争的宿命的。"

另一方面，分析、评价李季的作品需要作者具有一定的学术素养。介绍一个人的学术思想并不困难，但要分析其思想的来龙去脉、考察其思想的深浅得失，需要作者站在更高、更广的位置上。而李季翻译的作品和自己写作的文字涉及的内容非常广泛，包括哲学、经济学、社会学、历史学，且都有特定的时间、空间语境，要想分析到位、评出水平，这一向是学术研究中的难点。研究某人、某事、某思想之难，就是要立于比此人、此事、此思想更高的境界，方能一览无余，方能真正感受山川水系的壮丽秀美、蜿蜒迤逦。

通过研究李季马克思主义作品的翻译和研究、宣传的过程，我们可以得到启示，学习和了解马克思主义与信仰和实践马克思主义是两个不同的概念，不完全等同。当年李大钊开设唯物史观课程的时候，北大政治系很多同学选修了这门课程，留存至今完整经过李大钊先生批阅的试卷有三份，都是政治系的学生，他们得分都在95分，这个分数很高，说明这三位同学对这门课程学习得不错。但是这三位同学贺廷珊、马昌明、罗敦伟在大学毕业后都没有走上无产阶级的共产主义革命道路，而是走上了另外的道路。其中，贺廷珊担任过国民政府河北宁晋县政府第三科长。马昌民1936年在《明德旬刊》上发表了几篇和该校初中毕业有关的祝词，估计任教于位于湖南长沙的明德学校。罗敦伟曾任北平大学、中国大学、朝阳大学教授，1932年到实业部负责中国经济年鉴编纂工作，抗战时期担任过国民政府"经济部"专门委员、"行政院"秘书，1949年后在台湾任"立法院""立法委员"。他是一位统制经济理论专家，著有《中国经济建设问题》《中国统制经济论》《战时经济总动员论》《战时国家总动员》《非常时期之经济政策》等。纵览他们的工作性质和内容，基本与马克思主义理论和实践无关。

"托派"的骨干分子彭述之、郑超麟、刘仁静等是高级知识分子，对于马克思主义的"本本"很熟悉，写起文章动不动就引经据典、夸夸其谈，他们离开马克思主义科学理论和实践，专注于托洛茨基的无产阶级革命理念和实践，结果一直到解放前夕，其组织成员也只有500人左右，内部你争我夺，矛盾重重，个人生活普遍穷困潦倒，基本上一事无成。他们的经历说明，知识分子在马克思主义理论的学习上具有优势，但实践能力不足，容易犯脱离群众的错误。这是他们的悲剧，也应该引起从事马克思主义理论研究和实践工作的后来者的思考。

运麒的论文总体来看写得不错，得到了答辩专家的一致好评。老师们认为这是当年本专业博士生论文中写得很好的一篇：史料丰富，文字通顺，表达流畅，分析比较深刻，结构合理。从目前全国马克思主义理论学科博士论文情况来看，这篇文章是相当严格规范、态度认真严谨、史料和思想兼具的一篇比较优秀的博士学位论文。我记得外审总体上给予的评价意见也比较高，都是优良的评价。

当然，任何文章都有继续改进的空间，该文对于李季依据外文文本而翻译的作品的准确性、优雅性、通俗性、思想性，以及李季在整个现代学术史上的地位等方面的研究，尤其对照英文原本来考究其翻译水平、翻译的美感方面就显得不足。这是下一步继续研究需要重点关注和高度提升的内容，我也希望运麒在以后的学术生涯中对自己提出更高的要求，尤其重视从批阅李季翻译所依据的外文原著来考核其翻译作品的得失情况，那样的研究就能获得更深层次的升华！

但是，何必一下子就提出过高的要求呢？慢慢来，总会有大进步！

北京大学教授、北京大学中共党史研究中心主任　程美东
2023 年 11 月 30 日于北京

目　录

导 论 思想界的世纪蝶变

19 世纪末 20 世纪初的中国风云变幻，矛盾重重，内忧外患，举步维艰。这一时期的仁人志士受家国情怀的影响，以救亡图存为己任，大批知识分子一方面接受着纷至沓来的西方思潮，另一方面理性分析中国内外交困的实际情况，进而提出各式各样的方案和解决办法，希望从西学中探索出一条救国救民的道路。经过反复筛选和磨合，马克思主义在众多思潮中脱颖而出，在中国广泛传播开来。

中国传统的小农经济模式衍生了封建保守的小农思想，与这种经济模式和思想相适应的是家国同构的中国传统政治结构。经济、政治和文化之间存在必然的联系。经济是一个社会发展的基础，政治则是经济的集中表现。文化是政治和经济的反映，同时，又反作用于政治和经济。经济、政治、文化这三个因素共同组成了一个超稳定结构，支撑着中国 2000 多年的阶级社会统治。经济基础决定上层建筑。随着外国的入侵，封建社会部分解体，中国沦为半殖民地半封建社会。民族工商业兴起，生产力必然要冲破小农经济的樊笼，寻求更大的发展。加上臃肿的宗法制度导致的官僚主义，政治腐败现象严重。至此，文化嬗变成为必然。

与国内的封锁闭塞形成鲜明对比，15 世纪的欧洲社会从方方面面开始发生重大变革。圈地运动、开辟新航路和海外贸易带来巨大的资本积累。新的生产工具的问世，不断革新着生产手段，提高着生产效率，工业革命的势头一日千里。文艺复兴、思想启蒙运动日益解放人们的思想，令人耳目一新。随着大洲之间孤立状态的打破，西方传教士开始在世界范围传道布施。其中，中国是重要目标国之一。两次西学东渐除了给中国带来了天主教，还使得上层社会第一次接触和了解到西方先进的科技知识和学术思想。林则徐、魏源、郑观应等早期改良主义者提出"师夷长技""中体西用"的主张。1861 年，清政府建立总理各国事务衙门，洋务运动兴起。维新派和革命派的斗争将西学东渐带到更深的层面，民主政治进入人们的视野。

辛亥革命以后，到五四运动前后，中国思想界呈现空前活跃的状态，几乎所有的西学门类都被介绍进来并引发不同范围的传播。无政府主义、实用主义、国家主义、马克思主义等形形色色的思潮，通过留学生回国宣讲、翻译外著以及邀请西方学者来华讲学等渠道传入国内，整个中国社会被潮水似的西学思潮包围起来。其中，马克思主义得以传入并迅速被接纳和发展起来，既有上述的国内社会因素，又与国际社会尤其是俄国有关。十月革命胜利的消息如一针强心剂注入中国知识阶级的心房——俄国能够成功，中国何尝不可？内外交困的社会历史背景为马克思主义传入中国提供了有利条件。

一、马克思主义在中国的早期传播

（一）马克思主义早期传播渠道

1. 日本渠道

五四运动前后，中国人接触和了解马克思主义主要通过赴日留学生和日本马克思主义学者，他们写作和翻译了一批马克思主义著作。忆及这一点，郭沫若承认，中国知识阶级关于马克思和恩格斯的认知最早确实是从日语书籍中得到的。后来这些书被翻译成中文，开始在中国流行。日本在中国马克思主义早期传播的渠道中扮演了主要角色。通过日本传播而来的马克思主义思潮主要有如下三个显著的特点。

一是在类型方面多为介绍性质的著作，经典原著比较少。中华人民共和国成立以后，李达提及当年马克思主义在日本的传播状况时说："当时日本社会主义信徒开始介绍马克思主义、列宁主义的学说，但都不是系统的介绍。马克思、恩格斯的《共产党宣言》的日文本是看到了的，但被省略的空白点是很多的。"①虽然这跟一些经典原著还没有被整理和公开面世有很大关系，但足以证明马克思主义学说在日本被接受和传播是从零散到系统的过程，由点到面逐步填补盲点和空白。经过一个时期的积淀，马克思主义开始传入中国。马克思主义在中国的早期传播基本上复制了马克思主义在日本初步传播的过程。这个过程符合由浅入深、由表及里的认识规律，由介绍性的著作引起人们的兴趣，继而开始深入研究和传播。

二是在内容方面多为有关社会主义的著作，纯哲学的著作比较少。并且，一方面，日本学者对马克思主义的研究比较零散，另一方面，有些所谓的"对马克思主义的认识"与马克思、恩格斯的科学社会主义有较大出入。尤其是打着社会主义旗帜的形形色色的社会学说，更是混杂不清难以分辨。这说明作为当时中国马克思主义传播的主要来源，日本学者对于马克思、恩格斯的社会主义学说认识程度尚浅。更无须说这样的理论传到中国之后，中国学者对马克思主义的理解程度了。然而，救亡图存的时代主题亟须找到一种理论作为指导思想，指引困顿中的中国人走向光明。加上十月革命的影响，虽不能完全正确地划分马克思主义与非马克思主义的界限，但先进知识分子依然十分狂热地接收、

---

① 李达：《十月革命与中国知识分子》，载《李达文集》第 4 卷，人民出版社 1988 年版，第 535 页。

理解和传播社会主义相关的理论学说。

三是日本早期的马克思主义者在译介马克思主义著作时，常常借用中国古典文化中的词句来表达要转译的意思。这些词句再传播回中国，有些保留了新的意义并继续流传下来，沿用至今。这体现了翻译、传播与时代的互动。因此，早期传入国内的马克思主义著作多打着深深的日本语和中国传统文化的双重烙印，这在一些专有名词的译法上，表现得尤为明显。比如，在英文版的马克思主义著作中，"社会主义"一词用"socialism"来表述，日本明治维新时期的译介者将其翻译为"社会主义"。"社会主义"就是借用自中国古代典故的词汇。在我国古代，通常把土神和祭土神的地方、日子和祭礼统称作"社"，如"春社""社日""社稷"等，"会"则是聚合在一起，会见、会面的意思。近代以来，除祭祀外，祠堂逐渐转变为家族议事平台，"社"和"会"也逐渐合用进而延伸出团体集会的含义。"主义"一词由英文"principle"转译而来，同样借用了中国古典著作。《史记·太史公自序》表达对事情的主张时写道：敢犯颜色，以达主义，不顾其身。因此，"社会主义"就有了"团体主张"的意义。

此外，还有一些词汇是从日语词汇直接拿来的。如"分业"，现译作"分工"，是日语词汇"分业"的对应词。《新术语辞典》中只收录了"分工"而并没有"分业"，由于编辑凡例已给出标准，我们有理由认为"分工"是当时（20世纪30年代）更流行的表达。再如，《新术语辞典》中只收录了"工资"，指"工人把他们底劳动力卖给雇主所得的代价"，没有提及"工银"，但"工银""工银劳动者"等用法频繁出现在20世纪20年代的译文中。鉴于《共产党宣言》第一个中译本就有"工银劳动者"的表达，因此，这种现象可以看作翻译界受日译本影响在国内的一种延续。

李季从中学时期就对新思潮的书颇感兴趣，总是尽力搜罗一切能够找到的有关新思想的书并详细阅读。在进入北京大学之前，他在这方面已经有所积累。在北京大学就读期间，他对西学的认识更加深入。到他毕业着手翻译《社会主义史》，译介中"社会""社会主义"的字样比比皆是，可见在转介的过程中，他对这些由日本传来的专用词汇已经运用得相当纯熟。

2. 法国和俄国渠道

除日本渠道外，法国也是不容忽视的主要传播渠道之一。有党史资料证实，受十月革命和五四运动的影响，留法勤工俭学受到空前追捧。1919 至 1920 年，"全国各地赴法勤工俭学的青年达一千六百余人，以湖南、四川、广东三省最多"[①]。其中，著名的留学生如周恩来、蔡和森、李立三、邓小平等，都为建党建国立下了不朽功劳。他们一边深入法国工人的工作和生活的方方面面，一边努力钻研马克思主义原著经典提高自身的理论水平，并通过报刊、信件等多种形式积极向国内传达马克思主义相关讯息。以蔡和森为例，他赴法国之后，在勤工俭学的同时将新民学会的活动开展到了海外。从他写给毛泽东的信不难看出，蔡和森是较早树立起马克思主义信仰，并坚信中国应该尽早建立无产阶级政党的中国留学生。他的主张对毛泽东产生了极大影响，促使毛抛弃无政府主义，转到马克思主义的道路上来。留法学生做的这些努力对于建党的筹备工作起到举足轻重的作用。

由于在地理位置上与中国北部接壤，留俄、旅俄相对容易实现。十月革命以后，俄国逐渐成为马克思主义在中国传播的重要来源。这一时期由俄国传来的马克思主义理论主要来自转译成中文的列宁著作。如《俄国的政党和无产阶级的任务》《论民族自决权》等。以瞿秋白为代表的旅俄华人，写就了一批反映俄国社会和革命情况的纪实文献，全方位介绍了俄国的真实状况，为在中国坚持马克思主义指导和逐步实现马克思主义中国化奠定了坚实的基础。此外，共产国际派往中国的俄国友人也是宣传马克思主义的重要力量。1920 年 4 月，在共产国际同意的前提下，俄共（布）远东局派遣苏联共产党员维经斯基（中

---

① 中共中央党史资料征集委员会：《共产主义小组》（下册），中共党史资料出版社 1987 年版，第 922 页。

文名吴廷康）一行赶赴中国，考察中国国内情况，联络中国进步力量，并考虑在上海建立共产国际东亚书记处。[①] 维经斯基到中国会见了李大钊、陈独秀、李汉俊、沈玄庐、张东荪等人。不久，共产国际东亚书记处在上海顺利成立。[②] 在第三国际的领导下，海参崴、哈尔滨、北京、上海分别成立了相应的出版机构，印刷各种马克思主义著作和小册子，用以宣传革命理论。书记处还与革命局一道，将马克思主义传播到学生和工人中间，开始与工人运动相结合。维经斯基在美国生活的经历使他精通英文文献，他提供的英文版社会主义相关书籍在一定程度上沟通了马克思主义传播的美国渠道。

作为中国最高学府的天之骄子，李季接触有关社会主义和马克思主义的著作相对容易。结合上文提及的传播特点和原因，以及经历了震撼人心的五四运动，1919 年 9 月，李季选择英国人克卡朴（Thomas Kirkup，今译作托马斯·柯卡普）的《社会主义史》开始他的翻译生涯。并且，作为李季的翻译处女作，《社会主义史》一经问世就在知识界获得了颇高的地位。

（二）马克思主义早期传播派别

1. 中国改良派

1902 年，梁启超署名"中国之新民"撰文《进化论革命者颉德之学说》，盛赞颉德的学说。文章引述了"麦喀士"（马克思）嘲讽斯宾塞借生物学原理以定人类之原理的一段话，认为马克思这个日耳曼人堪称社会主义之泰斗。1903 年，梁启超又在《新民丛报》第 46—48 号合本上发表《中国之社会主义》一文，提及经济社会的形成基础时，再次引用了马克思的观点，认为经济

[①] 中国社会科学院现代史研究室、中国革命博物馆党史研究室选编：《"一大"前后》（三），人民出版社 1984 年版，第 155 页。

[②] 维经斯基·西比利亚科夫给共产国际执委会的报告提及："今年 5 月，为领导业已展开的工作，成立了临时的集体中心机构。其取名'第三国际东亚书记处'。"参见中共中央党史研究室第一研究部：《联共（布）、共产国际与中国国民革命运动（1920—1925）》，北京图书馆出版社 1997 年版，第 39 页。

社会是少数人对多数人的掠夺而形成的。并且进一步提出这一论断同样适用于中国古代，"中国古代井田制度，正与近世之社会主义同一立脚点"①。然而，井田制与社会主义有着根本的不同，将两者相提并论，说明梁启超对社会主义的理解十分粗浅。因此，改良派对于马克思主义的传播贡献甚小，不仅没有系统的介绍，还试图以中国传统文化解读马克思的零星思想。

2. 民主革命派

民主革命派最早发表马克思主义相关文章的是马君武，他在 1903 年 2 月《译汇编》第 11 号发表《社会主义与进化论比较》一文，指出社会主义发源于法国人圣西门，极盛于德国人拉萨尔、马克思。通过与进化论比较，马君武大概介绍了唯物史观。"马克司者，以唯物论解历史学之人。马氏尝阶级竞争为历史之钥。马氏之徒，遂谓是实与达尔文言物况之合也。"② 指出马克思的学说与达尔文不同，但又有相通之处。可以说是相对准确的介绍了。此外，孙中山也曾心仪马克思的学说，他曾于 1905 年以社会主义追随者姿态访问第二国际书记处，要求接纳兴中会为第二国际成员。同年，孙中山在日本将兴中会、华兴会、光复会等革命团体改组为同盟会，并热情介绍马克思的社会主义学说。在同盟会机关刊物《民报》的发刊词中，孙中山第一次提出民族主义、民权主义、民生主义的"三民主义"，他后来称民生主义就是社会主义。辛亥革命以后，马克思主义学说在国民党人中间流行起来。胡汉民、沈玄庐、朱执信、廖仲恺等一众国民党人在《星期评论》《建设》以及《民国日报》副刊《觉悟》等刊物以大幅版面宣传马克思主义理论观点。在当时，《星期评论》与新青年社"最占势力"。有数据统计显示，《星期评论》自 1919 年 6 月 8 日创刊，至 1920 年 6 月 6 日终刊，共刊载宣传马克思主义的文章 50 篇左右，占总刊载量的 1/9，还有一些文章零星涉及马克思主义。《建设》在 1919 年 8 月至 1920

---

① 梁启超：《中国之社会主义》，《新民丛报》1903 年第 46-48 号合本。
② 马君武 ：《社会主义与进化论比较》，《译书汇编》1903 年第 2 卷第 11 期，参见《五四运动前马克思主义在中国的介绍与传播》，湖南人民出版社 1986 年版，第 105—106 页。

年 10 月，发表宣传马克思主义的文章 20 篇左右，比《新青年》杂志的数量多，占该刊总刊载量的 1/5。总之，这些国民党人对马克思主义在中国的早期传播做了许多工作。

3. 无政府主义派

无政府主义派的代表人物刘师培脱离自同盟会。1907 年 9 月 1 日，他在自己创办的《天义》杂志第 6 卷学理栏，署名"申叔"发表《欧洲社会主义与无政府主义异同考》一文，指出，社会主义"有以科学为根据者，则始于犹太人。一为马尔克斯（马克思），一为拉萨尔"[1]。此为无政府主义对马克思主义学说的最早介绍。后来，无政府主义与社会主义长期被混淆在一起，难分彼此。甚至无政府主义曾经一度甚嚣尘上，盖过社会主义思潮，一时间风头无两。但随着传播的系统深入，两者的区别也逐渐明显，马克思主义的传播势头便如烈火一般长起来了。

总的来说，社会主义思潮的传入在极大程度上契合了早期知识阶级的心理。李季就是这样的知识阶级的代表。他自幼经私塾开蒙，传统文化的影响深入其骨髓。北京大学是新文化运动的重要阵地，李季身处其中深受熏陶。兼受中西文化的影响使他形成了特有的译介风格。此外，他利用课余时间参加了李大钊创办的马克思主义学说研究会，是较早接触马克思主义理论的基本内容和观点的知识分子。作为沿海的大城市，上海一向是国内外资讯往来的前沿阵地，在接受新事物、新思想方面有明显的地理优势。1920 年，李季追随陈独秀赴沪，成为共产党上海发起组的 15 位成员之一。如果说五四运动的鼓舞直接导致了《社会主义史》中译本的问世，那么，奔赴上海则表明李季愿意接受马克思主义并成为马克思主义早期的译介者和传播者。当然，其中不能忽视包括蔡元培、李大钊、陈独秀等在内的北京大学教授对他的深刻影响。

---

[1] 万仕国辑校：《刘申叔遗书补遗》（上），广陵书社 2008 年版，第 769 页。

（三）马克思主义早期传播特点

1. 传播过程从谬误到科学

达尔文进化论的提出，不仅为自然科学奠定了理论基础，还沉重打击了唯心主义和形而上学的思想方法论。1897 年，为了唤醒国人，救亡图存，严复以英国生物学家赫胥黎的《进化论与伦理学》为蓝本，翻译创作了《天演论》一书，正式向国人介绍进化论这一西方理论学说。此时的进化论说已不单单是生物进化论，而是已然套用到整个社会发展中，形成了较为完备的社会进化论说。马克思和恩格斯的阶级斗争论从一定程度上吸收和发展了进化论原理，结合辩证法和唯物论最终形成阶级斗争学说。从某种程度上来说，马克思和恩格斯的理论也可以称作社会进化论。曾有人质疑，既然人类社会自然进化，又何必走革命道路。对此，陈独秀提出这样的见解，他认为，马克思的"革命"与空想家们完全不同，所谓的"进化"也限定在人类社会范围内，而阶级斗争是人类历史进化的客观结果。因此，经济发展与阶级斗争可以在人类社会及其发展规律中实现统一。有了广泛接受的进化论作哲学基础，早期共产主义者对于马克思主义阶级斗争学说产生天然的亲近感，相对来说更容易把握唯物史观的内涵。

辩证唯物论在中国传播最早可追溯到 1919 年 7 月《晨报》刊载的一篇译文——《马氏唯物史观概要》。此后，产生了以李汉俊的《唯物史观不是什么？》、石夫翻译的《马克思主义辩证法底几个规律》等为代表的一批介绍和阐释辩证唯物论的作品。需要说明的是，在 20 世纪 20 年代至 30 年代，国人对"辩证唯物论"（或称"辩证唯物主义"）与"唯物辩证法"这两个概念的阐释与运用，不似当今学者那样严格区别。对时人而言，二者几乎是同义词，因此，在同一著作或文章中常有交替使用的情况。至于普遍接受唯物辩证法的方法论，并广泛运用到实际问题的研究和解决中，则要到 1927 年之后了。在系统介绍唯物辩证法方面，瞿秋白功不可没。他编写的《社会哲学概论》《现代社会学》《社会科学概论》（简称"三讲义"）等一系列教材，打破了国人认为马克思主义仅限于唯物史观和经济学说的认知。

20 世纪初流行的社会主义思潮中有相当一部分是举着克鲁泡特金的"互助思想"和日本的"新村主义"旗帜的无政府主义。恽代英、李大钊、毛泽东等都曾是无政府主义的信仰者。1919 年 7 月，李大钊在《阶级竞争与互助》中表示，阶级竞争的历史就要结束了，人类会向着互助的光明大道走去。同年 9 月，恽代英在写给王光祈的信中坦承，自己相信可以通过自身对互助、平等、自由、博爱等信条的实践，改变整个社会。除了理论上的信仰，他们还曾积极试验"工读互助团""新村主义"等。然而取消国家和政府并不能拯救中国于水火，在对社会完成改造之前，没有政治权威的绝对自由的社会也不可能建立起来。无政府主义的空想性质决定了这些试验注定失败。无政府主义试验的破产促使中国早期知识分子认识到局部的改良无法改变社会现状，只有彻底革命才是正途。由此，这些知识分子看清了无政府主义与马克思主义的区别，从而回到了马克思主义的道路上来。

2. 传播内容从零散到相对系统

马克思主义最早传入中国时，与当时其他西方社会思潮的传播情形并无二致，主要通过零星的节译和摘译使读者了解其主要观点和基本理论，其中一大部分还是通过二手转译而来。因此，无论是准确性，还是系统性，都不尽如人意。

李大钊是国内系统介绍马克思主义理论的第一人。他在《我的马克思主义观》中将马克思的社会主义理论分为历史论、经济论和政策论三大部分。其中有些表述虽不甚准确，但已经比较系统和完整了。即使早期马克思主义者在传播过程中加入了自己的理解，将马克思主义的理论划分得更加细致，依然没有超出这三大部分。著名马克思主义理论大家李达同志曾在他的著作《马克思还原》中这样描述："马克思社会主义是科学的，其重要原则有五：一、唯物史观；二、资本集中说；三、资本主义崩坏说；四、剩余价值说；五、阶级斗争说。"将前述的三大部分重新分解组合，实质上还是那些内容。值得一提的是，瞿秋白在传播马克思主义时,对唯物主义辩证法做了重点介绍,这一举动极大弥补了国内对马克思主义方法论认识不足的短板。

十月革命成功以后,中国的先进知识分子为之一振,纷纷积极介绍革命情况,并把目光投向寻求救亡图存的俄式道路,马克思主义的指导思想成为研究的重点。由此,马克思主义在中国的传播才真正广泛起来。经过俄国式的解读,马克思主义的理论体系被划分为三大组成部分——马克思主义哲学、马克思主义政治经济学、科学社会主义。这样的划分办法被原封不动地传到中国,至今我们依然基本沿用。

3. 具有鲜明的实用理性倾向

王凡西在他的《双山回忆录》里写道:"在北京,至少在整个东城部委所属的诸支部中,流通着阅读的理论书,只有一本郑超麟同志翻译的《共产主义ABC》和李季翻译的《通俗资本论》。前者尤为一般同志所欢迎,因为浅显易懂。我们拿他来油印了好几本。《通俗资本论》看起来太吃力,根本又没有功夫让我们研究,所以看了也还是不懂。"[1] 这说明与俄国的经过普列汉诺夫等人的多年介绍、翻译、研究、宣传马克思主义,具有充分的思想理论的准备阶段大不相同,马克思主义在中国,一开始便是作为指导当前行动的直接指南而被接受、理解和运用的。[2]

实用理性倾向还体现在马克思主义早期传播的侧重点在于唯物史观,尤其是阶级斗争学说。面对马克思主义理论的三大组成部分——马克思主义哲学、马克思主义政治经济学、科学社会主义,中国马克思主义者首先抽丝剥茧地找到了唯物史观的方法,进而将其运用于中国的社会实践。那时,中国的资本主义才刚起步,无产阶级非常薄弱,连进行宣传鼓动的厂矿企业都少得可怜。在当时的社会环境下,相对于马克思主义的其他观点,阶级斗争显然更能打动人。[3]

---

① 王凡西:《双山回忆录》,东方出版社 2004 年版,第 44 页。
② 李泽厚:《中国现代思想史论》,东方出版社 1987 年版,第 144 页。
③ 李泽厚:《中国现代思想史论》,东方出版社 1987 年版,第 148 页。

因此，最易被接受的阶级斗争学说成为传播马克思主义的突破口，得到广泛传播。必须指出的是，这种实用理性与当时流行的实用主义截然不同。虽然中国传统的实用理性与实用主义都比较重视理论的实用性，轻视形而上学的思辨模式。然而，实用理性承认事物的客观规律，实用主义则不然。具体来说，实用理性认为"有一种客观的'道'支配着现实社会和日常生活"[1]。因为马克思主义不但提倡认识和运用客观世界的普遍性规律，而且阐发了未来社会发展的蓝图。因此，中国的知识分子在马克思主义与实用主义之间更倾向于前者。

考察马克思主义在中国的早期传播，应当将其置于中国文化的大环境之下，包括译者在内的接受者和传播者出于何种考虑来介绍或翻译关于这种主义的论著，这种主义会给中国文化造成何种冲击，可能引起什么样的矛盾，未来发展的方向，等等。这些都使马克思主义在中国的早期传播受到中国社会文化语境的制约，这种整体的影响将走向何方，则是通过传播者的选择以及策略调整得以操控的。

二、李季与中国马克思主义传播史

李季（1892—1967），字懋猷，湖南平江人，是发起上海共产主义小组的15名成员之一。他出身于较为富裕的地主家庭，少年时代勤勉好学，经过私塾开蒙后辗转于多个学校。于1915年考入北京大学英文科，迅速成长为一名既深受中国传统文化熏陶，又接受了西方先进思潮，并以翻译英文著作见长的青年知识分子。1918年，李季从北大一毕业就将主要精力投注于海外社会主义思潮的译介活动，是较早投入这一工作的知识分子，因此，极大地弥补了中国共产党创建时期理论准备不足的缺陷。

---

[1] 李泽厚：《中国现代思想史论》，东方出版社1987年版，第154页。

李季以翻译马克思主义著作见长,广为传阅的《社会主义史》中译本就出自李季之手。他翻译此书时刚刚从北大毕业,时任北大校长的蔡元培以及北大著名教授胡适、张申府等都曾在他遇到翻译困境时伸出援手。此书的顺利付梓除了有赖于陈独秀的"新青年"系列出版计划,蔡元培亲自作序也为该译本增色不少。当时的中国知识界对于社会主义知识的了解十分有限,《社会主义史》白话文中译本的出现无疑是一场及时雨,给饥渴的知识界带来一场关于社会主义发展历史的普及运动。该译本甚至一度被上海各学校选为国文读本。毛泽东在延安时期回忆起自己在北大读过的三本使他了解阶级斗争并树立起马克思主义观的书,李季翻译的《社会主义史》便是其中的一本。紧接着,李季受张申府之托完成罗素《到自由之路》的一半译文之后,又先后投入《工团主义》《社会主义思潮及运动》《现代奴隶制》《价值价格及利润》《不要调和》等著作的翻译工作中。这些译著直接推进了中国共产党创建时期的理论准备工作,填补了当时的知识界关于社会主义认知的空白。

除了翻译,李季还以论战闻名。他擅于以破为立,在论战中不断深化马克思主义基本原理和方法论。即便是帮助过李季的胡适,李季对其实验主义的方法批判起来也是深刻且不留情面。20 世纪初的几次论战,李季大多发表过自己的观点,尤其是在社会史论战中,李季堪称一名"宿将"。他以马克思主义理论为指导,严格立足生产方法的标准划分中国经济发展时期。面对社会史分期的分歧,李季以《读书杂志》为平台,同郭沫若、胡秋原、顾颉刚、王宜昌等学者针锋相对地做出过精彩论战,有的甚至不止一个回合。他的著作《中国社会史论战批判》进一步总结、归纳了自己关于社会史的观点,同时回击了一些与他相左的观点。1946 年,李季与童书业、杨宽等"疑古派"的论战掀起了另一个小高潮。20 世纪 30 年代,李季曾批判顾颉刚的实验主义方法、对于史料"疑古太过",固守公式以致"层累地造成中国史"。1946 年,李季在《求真杂志》第 1 卷第 1 期发表《古史辨的解毒剂》,更加系统地对"古史辨派"

的研究方法、研究范围以及对于中国史具体研究的缺陷做了批判。很快招致"疑古派"回击，李季遂又撰文继续批驳。双方三五回合下来打破了当时学术界沉闷的空气，使许多青年知识分子见证了马克思主义史学与实证史学的较量。

从某种程度上讲，各种论战的出现是思想界进步的表现，也是知识分子心系国家、情牵人民、期望为社会发展做出努力的表现。所谓观点越辩越明，学者们把不同的观点呈现给读者，相互之间多番辩论，于学术而言大有裨益。一些与社会发展息息相关的方面也在论战中得到了阐释。比如，社会史论战在探讨社会性质、社会发展阶段的同时，揭示了中国未来发展的道路、革命的动力、革命前途等。这些思考对中国革命思想策略的制定产生了一些影响。李季论战性的文章、著作为我们留下了宝贵的史料，为后人进一步思考提供了线索。

李季的一生都浸润在马克思主义理论著作中，即便是加入"托派"①的几年实际上也从未脱离马克思主义。他亲赴欧洲，自学德语，独立钻研马克思主义原著，自觉运用马克思主义的基本原理，很早就具备了马克思主义中国化的意识。加入"托派"的5年一直是他人生的污点，以致长期被排除在马克思主义谱系之外。这无论是对李季本人还是中国马克思主义发展历程来说都有所不公。梳理李季传播与研究马克思主义的过程，有利于从历史和哲学视域厘清马克思主义在中国的发展历程。

（一）李季与马克思主义在中国的早期传播

关于马克思主义在中国的早期传播，王凡西的《双山回忆录》有这样一段记录："在北京，至少在整个东城部委所属的诸支部中，流通着阅读的理论书，只有一本郑超麟同志翻译的《共产主义ABC》和李季翻译的《通俗资本论》。

① 李季曾在陈独秀和彭述之等发表的《我们的政治意见书》上签字，实际上是别人代签，李季还曾因此向陈独秀、郑超麟等提出抗议，说自己有公开职业，并不希望真名列入"托陈取消派"之列，因此，颇有点被"逼上梁山"的意思。并没有直接证据证明李季实际参与了"托派"的政治行动，所以说李季这个"托派"名头有些有名无实。参见唐宝林：《中国托派史》，东大图书公司1994年版，第90页。

前者尤为一般同志所欢迎，因为浅显易懂。我们拿他来油印了好几本。《通俗资本论》看起来太吃力，根本又没有工夫让我们研究，所以看了也还是不懂。"①这既印证了李季的海外经典翻译贡献，又从侧面揭示了马克思主义理论在中国早期传播的特点，那就是，马克思主义在中国，一开始便是作为指导当前行动的直接指南而被接受、理解和运用的。

吴海勇的论文《中国共产党创建时期李季翻译经历考述》以李季《我的生平》为经，纬之以晚近公开的史料，详尽考察了李季从五四运动到1921年党的一大召开前夕的翻译经历，提出李季翻译的《社会主义史》《到自由之路》《工团主义》《社会主义思潮及运动》等著作在当时影响很大。可以说，李季埋头翻译海外社会主义思潮论著，为党的创建做出了突出的贡献。2016年，北京大学张红扬通过对李季致蔡元培、胡适17通书信的分析和研究，发现李季早期的翻译离不开蔡元培、胡适的指导和帮助，这是从另外一个角度阐释李季对于早期马克思主义传播贡献的文章。此外，美国学者阿里夫·德里克也在他的著作《革命与历史：中国马克思主义历史学的起源（1919—1937）》中多次谈到李季，并对他赞赏有加，认为他对马克思主义理论文献有着令人叹服的掌握，是"最为博学的中国马克思主义者之一"②，极大地推动了马克思主义在中国的传播。

可以说，李季是较早参与中国马克思主义传播事业的知识分子，其中，既有他本身对新思潮感兴趣的原因，也受当时社会背景的深刻影响。加上他从北京大学英文科毕业，擅长译介，而马克思主义在中国的早期传播以译介为主，因此，自然而然地投身翻译传播界。

---

① 王凡西：《双山回忆录》，东方出版社2004年版，第44页。
② ［美］阿里夫·德里克：《革命与历史：中国马克思主义历史学的起源（1919—1937）》，翁贺凯译，江苏人民出版社2010年版，第172页。

（二）李季与胡适实验主义论战

《胡适中国哲学史大纲批判》（以下简称《批判》）1931 年由上海神州国光社出版，是李季运用辩证唯物主义原理和方法批判胡适庸俗进化论和实验主义唯心论的著作。李季对实验主义的评价很低，认为客气一点可以称之为"商业哲学"，如果不客气的话，简直可以称之为"市侩哲学"[①]。对于《批判》，学界的评价褒贬参半。出乎意料的是，作为被批判的对象，胡适本人在晚年与唐德刚论及早期左翼学者时直言，"批评我的书李季写的还比较好"[②]。这些书当然包括《批判》。

2012 年，13 封"陈独秀等致胡适信札"这一珍贵史料公开，中国人民大学黄兴涛教授从该信札入手，重新解读了胡适与陈独秀、李季的关系。其中，他将 1932 年 10 月 10 日陈独秀致胡适的最后一封信，与 1933 年 10 月 15 日胡适的回信结合起来，揭露了胡适不愿推荐李季翻译的《资本论》尽早付梓的原因是李季对胡适毫不留情面的批判。作者认为，李季站在左翼立场上，对胡适思想学说的系统和尖锐批判，是近代中国思想史上一个重要的历史现象。它不仅具备了中华人民共和国成立初期"胡适批判"的诸多基本特征，而且在许多方面所达到的广度、深度和辛辣度，也一点不亚于蔚为大观的后者。可惜迄今为止，学界的深入探讨还没有展开。[③]

李季在贯彻唯物史观和辩证法的过程中的确存在一些缺点和不足，但不能否认的是，他已经有自觉运用马克思主义基本原理来解释中国问题的意识。受限于彼时的马克思主义理论素养和对现实生活的理解，早期马克思主义者往往无法保证对马克思主义的理解和传播不偏不倚。唯物史观的发展过程也是击退其他反科学的研究方法的过程，这不仅不能作为批判李季是非马克思主义者

[①] 参见伍启元：《中国新文化运动概观》，上海现代书局 1934 年版，第 74 页。

[②] 唐德刚：《胡适杂忆》，广西师范大学出版社 1980 年版，第 42 页。

[③] 黄兴涛：《中国人民大学博物馆藏"陈独秀等致胡适信札"释读》，《中国人民大学学报》2012 年第 2 期。

的依据，相反，正反映了马克思主义理论工作者的成长轨迹。尤其是对实验主义的抨击方面，李季的贡献十分卓越。

（三）李季与社会史论战

20世纪二三十年代，作为社会史论战中唯一通晓德文的学者，李季在学界十分活跃。《读书杂志》是社会史论战的主战场，对主编王礼锡而言，李季堪称这场著名论战的"宿将"。持类似看法的还有黄文山，他认为，李季无论在知识储备、文笔犀利程度还是逻辑严密程度方面，都比论敌略胜一筹，加之对辩证法运用灵活，甚至直言李季可以代表"中国社会史研究之方法论"。[①] 李季严格按照马克思和恩格斯的社会发展理论，将生产方式作为划分社会分期的唯一标准，提出了自己关于中国社会分期的"五阶段论"。这一理论使他在知识界收获了许多关注。

学界对李季社会史论战时期的研究颇丰，关于他的社会分期观点的讨论主要集中在亚细亚生产方式和前资本主义阶段。何干之指出，李季划分社会发展阶段以地理的唯物论为标准，地理环境导致了他所谓的东西社会两种模型。亚细亚生产方法不是独特的社会经济形态，不具备经济构成的基础，不应当将其看作一种历史分期。而且李季列举的六个特点过于一般，不能指示出亚细亚生产方式的独特之处。针对李季所说的严格遵照马克思关于社会分期的论述，翦伯赞在《历史哲学教程》中指出，李季的亚细亚的生产方法，"是对于马克思'古代的，亚细亚的，封建的……'这个公式之误解……'亚细亚的'是指'希腊罗马而外的其他国家的奴隶制的变种'，不是相续于'古代的'，而是与'古代的'相并的一种生产方法"[②]。在林甘泉看来，把奴隶社会与亚细亚生产方式并列起来，表明李季并没有厘清这两个社会形态下阶级关系的不同之处。

---

① 黄文山：《中国古代社会史研究方法论》，台湾"商务印书馆"1982年版，第4页。
② 翦伯赞：《历史哲学教程》，新知书店1938年版，第16页。

李季高扬唯物史观的大旗，否定奴隶社会，进而歪曲了马克思主义理论。[①]

关于前资本主义时代，翦伯赞继续指出，整体看来，将前资本主义生产方法看作旧的生产方法的残余，比将其当作一个独特的历史阶段来看待更准确一些。并且从特征上看，李季所谓的前资本主义生产方法"没有一点不是封建的生产方法的特征，有些是封建生产方法固有的特征"[②]。关于"前资本主义"这一名词，何干之认为完全可以用，但是在内涵上它指的是资本主义之前的生产方法的混合，所以对于它的特殊性要客观冷静地看待。然而，李季没有把主要的生产方法和封建制度以前的各种生产方法的残余区别开来，李季的前资本主义"不外是封建社会末期的现象"[③]。同样地，王礼锡也指出，李季的"前资本主义"的术语在表达上并不清晰，对于秦至清这一时期的社会特质没有明白阐释，并且"前资本主义的生产方法"前都冠以"诸"或"一切"，可见马克思并不将"前资本主义"当作一个时期看，也不当作一个生产方法看。[④] 对于王礼锡的批判，李季在《中国社会史论战批判》中给出回应，表示这是由于自己在征引《资本论》的时候没有详细解释而引起的误会。"统观马克思的著作，凡泛指资本主义以前的各种生产方法，即将前资本主义的生产方法这个名词变成多数（我因中文表现不出来，故代以"诸"字），有时且冠以'一切'的形容词，凡专指真正的前资本主义的生产方法，则这生产方法的名词必为单数而非多数……所以广义的前资本主义的诸生产方法与狭义的前资本主义的生产方法是两桩事，不是一桩事，后者有一定的内容，并不与前者相混。"[⑤] 因此，李季指出，对于这个时期所用的术语，绝不致混淆他对于这个时代的特质的认识。

① 林甘泉：《中国古代史分期讨论五十年》，上海人民出版社1982年版，第30—35页。
② 翦伯赞：《历史哲学教程》，新知书店1938年版，第161页。
③ 何干之：《中国社会史问题论战》，上海生活书店1937年版，第106页。
④ 王礼锡：《中国社会形态发展史中之谜的时代》，《读书杂志》1932年第2卷第7、8期合刊。
⑤ 李季：《中国社会史论战批判》，神州国光社1936年版，序言第35—36页。

　　1949 年以后，学界对李季的评判转向了意识形态领域。林甘泉在《中国古代史分期讨论五十年》第五章十分尖锐地提出，李季之所以提出前资本主义一说，是完全出于政治需要的考虑。叶桂生和刘茂林直接将论战划为"党派之争"，对李季的评价完全走向意识形态化的路径。[①] 1992 年，桂遵义的《马克思主义史学在中国》基本是对叶桂生、刘茂林观点的沿袭，认为李季的社会史分期方法是对马克思主义社会经济形态理论的阉割，这种划分还是对人类社会发展规律的否定，是典型的穿着马克思主义的外衣行骗的行径。

　　这种意识形态化的批判延续了 40 多年，在一个历史时期内占据了主导地位。直到 20 世纪 90 年代，学术界才开始摒弃固化思维，重新看待李季和"托派"的思想观念。这一时期比较深入的研究有李洪岩的《从〈读书杂志〉看中国社会史论战》《半殖民地半封建理论的来龙去脉》《20 世纪 30 年代关于奴隶社会的论争》以及罗新慧的《读书杂志与社会史大论战》等。这些研究基本能抛开意识形态成见，表明"托派"信仰唯物史观的立场，指出李季具有马克思主义倾向并且能够自觉运用马克思主义基本原理。这种评价的转向是一个重大转变，对李季的学术评价基本做到了客观和公允。

　　另外，山东大学陈峰教授对于社会史论战有十分深入的研究。关于论战中的李季，陈锋指出："李季登台虽晚，但的确身手不凡，几乎将战场上的几支生力军都攻击了一遍。他的加入，使论战更趋白热化。"[②] 这与李季的知识背景不无关系，"他是社会史论战中惟一的留德学生，能读马恩原著"[③]。在另一篇文章中，陈峰指出，社会史论战整体处于唯物主义历史观的语境之下，活跃在论战中的李季也应当被视为唯物史观派学者。因此，将"李季划入非马克思

---

① 叶桂生、刘茂林：《中国社会史论战与马克思主义史学的形成》，《中国史研究》1983 年第 1 期。
② 陈锋：《社会史论战与现代中国史学》，山东大学 2005 年博士学位论文，第 50—51 页。
③ 陈锋：《社会史论战与现代中国史学》，山东大学 2005 年博士学位论文，第 147 页。

主义、反马克思主义有些情理不通"①。这是直接为李季正名的学者观点。

海外方面，美国学者阿里夫·德里克的《革命与历史：中国马克思主义历史学的起源（1919—1937）》认为，李季的理论总是富有深度的。在德里克看来，虽然李季同样未能克服大多数中国马克思主义者表现出的裁剪中国历史以适应源于欧洲经验的社会发展模式的不良倾向，不过，相对于同侪来说，李季对于马克思主义社会形式的理解和处理显然更为灵活一些，能够将马克思的学说根据实际情况做适当调整，其中最重要的就是他视前资本主义社会为一种社会形式而非仅仅是一个过渡阶段。这表明，他比其他绝大多数马克思主义同侪更接近于将社会形式视为一种"类型"，而非是历史发展的连续性的阶段。因此，在灵活运用马克思主义来解释和解决中国问题方面，德里克毫不吝啬对李季的赞扬。

由于李季长期被排除在马克思主义谱系之外，所以关于他的专门性研究少之又少。就搜集到的资料来看，近年来有两篇学位论文以李季作为主要研究对象。一篇是山东大学汤艳萍的硕士论文《马克思主义史学家李季初探》，该文从史学的角度，主要从中国社会史论战过程中剥离出李季的观点，进而论证其马克思主义立场。另一篇是清华大学刘霞的博士论文《李季著〈马克思传〉研究》，该论文 2022 年由中国社会科学出版社出版。作者深入分析了李季《马克思传》的成书体例、主旨思想、学术背景与渊源，将其与梅林、梁赞诺夫所著马克思传记做了比较研究，并探析了中华人民共和国成立前马克思传记在中国传播的特点和启示，该著也主张将李季列入马克思主义学者之列。不足之处是这两部论著都没有立足李季生平，从他的思想演变和著述观点上做全面梳理。因此，在为他做思想史的定位时，支撑性稍显不足。

---

① 陈锋：《中国社会史论战的学术定位再认识》，《山东大学学报（哲学社会科学版）》2009年第 1 期。

　　总的来说，由于意识形态等原因，不仅李季，同时期还有许多唯物史观史学家被归到非马克思主义或反马克思主义之列。现在看来，这种划分给中国的马克思主义史学的发展带来极大的局限性，并且很大程度上削弱了唯物史观学派的力量。事实上，以李季为代表的一批史学家最早在中国应用唯物史观来构建马克思主义史学，他们的尝试是大胆的，同时，也是值得褒奖的，这一点应当得到重视。

第一章　对马克思主义的早期认知

第一节　李季早年思想流变

虽然李季在私塾和中小学时主要接受的是与四书五经相关的教育，但偶然读到的新思潮书籍为他打开了新世界的大门，探索世界的强烈兴趣激发了李季对新思潮继续研究的兴致，这一点到他就读北京大学后表现得尤为明显。相对自由的环境与流通便利的各种书籍为他了解西学提供了前提条件。由于根深蒂固的儒教文化的影响，李季曾被托尔斯泰主义吸引。发现其不足之处后遂改为信仰当时大热的社会主义。李季的社会主义信仰经历了从懵懂到科学，从原著理论到中国化的过程。

一、从克己复礼的儒教主义到托尔斯泰主义

1892 年，李季出身于湖南平江一户富裕的地主家庭，幼时经蒙馆开蒙辗转于多个私塾，后入小学、中学读书，成绩一直十分优异。借用李季自己的话说，

一般的社会状况和四周的环境对于一个人，尤其是对于一个青年人具有十分重要的影响。每个人都是社会生活与行动的结果，是时代精神的产物。少时的成长经历对于李季世界观、人生观和价值观的生成起着基础性的作用。探寻李季的成长经历、知识谱系以及思想流变的过程，对于理解他的马克思主义思想具有重要意义。

虽然幼年家境比较富庶，但是由于受到封建残余的影响，李季的母亲在家族中常常受到祖父母的欺压。碍于"女子无才便是德"和女人天生就该相夫教子、忍气吞声的旧习，他的母亲受了不少委屈，这些李季都看在眼里。他在《我的生平》中曾回忆道："不幸的母亲真是哭得太多，连带我小时候也不知道陪着流了多少眼泪。此事对于我后来走上革命的道路有极大的关系，可以说是主要的原动力之一。"① 李季幼年目睹了母亲在家庭中付出极大却地位低下，他想为母亲辩驳却也无从下手。这样的经历在他的心中埋下一粒种子，促使他暗下决心支持妇女运动，促进男女平等。李季小时年幼体弱，虽得到母亲的悉心照顾，仍然经常生病。加上他的身份是地主家的小少爷，因此常常遭到周边小伙伴，尤其是贫农家孩子的歧视和霸凌。"我因为小时怕遭他们打，一人不敢离家远出，同时也不懂得他们为什么要那样迫害我。现在想来，这只是阶级对抗的反映，并不足怪。"② 地主家的孩子生活富足，不愁吃穿，还能上学。穷人家的孩子别说上学读书，就连吃穿可能都存在短缺的现象。即便不懂得阶级斗争的观点，阶级性在孩子的心里已然打上了深深的烙印。有阶级性的差别就有斗争的存在，虽然孩童间的斗争多数只是打打闹闹。在打闹过程中，李季势单力薄常常落下风，而对方人数众多，在李季看来，这"正是他们成功的秘诀，在小的争斗中是如此，在大的争斗中又何莫不然！"③ 尽管只是孩子间的打闹，在一般情况下，人多势众方取胜仍是不变的道理。这对于李季之后理解工人运动也是有益的经验。

① 李季：《我的生平》，亚东图书馆 1933 年版，第 13 页。
② 李季：《我的生平》，亚东图书馆 1933 年版，第 47 页。
③ 李季：《我的生平》，亚东图书馆 1933 年版，第 47 页。

还有一件事情对李季的影响很大，那就是与私塾先生的冲突事件。由于私塾先生的学识不能使李季信服，李季萌生了退学的想法。但私塾先生认为此事让自己蒙羞，便设下圈套污蔑李季以便找回面子。获悉此事原委的李季家人非但没有为他出头，反而训诫他不尊师重道。客观来说，尊师重道本无可厚非，但是学识不能令人信服就利用卑鄙的手段，用高高在上的老师身份陷害学生，从而达到自己的目的，哪怕是在"一日为师终身为父"的信条之下也是不能令人欣然接受的。这一事件给李季留下了阴影，他回忆称"这是我生平第一次大的打击，我对于这种压迫终身不忘，对于所谓先生也是终身不耻。此事可以说是我日后走上革命道路的第二种原动力"①。

李季在私塾和小学、中学读的书多为四书五经，能接触到一些改良教育的成果，但很少。总的来说他的思想带有浓厚的儒教主义特点。但这些有限的新思潮的书犹如一粒种子，在适宜的环境下一旦被播种，就有萌芽出土的一天。1915 年夏天，李季考入北京大学英文科，成为"辫子先生"辜鸿铭的学生。由于自身勤勉和翻译方面的天分，李季得到辜鸿铭的赏识，可算得上是辜先生的得意门生。对于辜鸿铭的为人和学识，李季是敬佩和尊重的，对于老师的政治主张，李季却有着清晰的看法。"他（指辜鸿铭）是一个帝政主义者，我则为决切的共和主义者，在政治上固绝对不接受他的主张，然在其余的行为中几乎都为他的马首是瞻。"②在北京大学就读期间，李季接受了西方的先进文化，与他少年时期接触的中国传统文化交织在一起，形成了一种兼收并蓄的处事和认知态度。

从北大毕业之后，李季在校园附近任课外补习老师，切身经历了五四运动的洗礼。青年学生不顾生命鼓动民族革命，为全民族谋利益的做法使李季大为震动。他立刻意识到，自己受的多年教育如果只为自己谋利益，未免太不值

---

① 李季：《我的生平》，亚东图书馆 1933 年版，第 62 页。
② 李季：《我的生平》，亚东图书馆 1933 年版，第 182 页。

得了，所以下决心要为民众的幸福而奋斗。对于新思潮的关注使他各处搜罗相关书籍资料，无意间得到托尔斯泰的几本小册子，读后觉得很受用，还将其译作中文刊登在上海的一个杂志上。一时间，李季便化身托尔斯泰的信徒了。之所以相信托尔斯泰主义，是因为这种主义与中国传统文化，具体来说，与儒家"克己复礼为仁"的思想十分相近。托尔斯泰的不抵抗主义可以视作克己之说向前跨越了一小步。这种心理上的亲近感使得李季一接触便觉得被说服了。

后来，得益于李季关于社会主义史的研究，通过对各家学说做横向的比较，托尔斯泰主义的缺陷暴露无遗。其最大的缺点是，"不抵抗"并不能解决问题。托尔斯泰主义带来的只有消极的态度，而缺乏积极的行动，任何不满的现状都不能得到改善。一旦得知自己信仰的主义存在诸多先天性缺点，便无法从心底为它辩护。加上这一信仰之下，李季在生活中获取的不能令人满意的经验也使他明白，这种主义并不适合自己。积极进取的欲望终于战胜了克制的"不抵抗"，李季也就离开托尔斯泰主义的领域，转向科学社会主义了。

二、从托尔斯泰式的不抵抗主义到社会主义

19 世纪末 20 世纪初，中国内有军阀混战，外有资本主义压迫，寻求出路迫在眉睫。社会主义思想交织在各种思潮之中被引进和传播。自给自足的小农社会回不去了，作为资本主义的对立物，社会主义受到青睐。诚如列宁所说，被压迫、被欺辱的劳动群众更自动地倾向于社会主义，并且彼时西方资本主义初现颓势，社会主义似乎成为跨越资本主义的更高级的社会形式。这时的中国知识界被资产阶级民主主义思想和救亡图存的爱国主义思想驱使着探索前进。社会主义分为许多派别，先进的和落后的交织在一起，使人难以分辨。由于中国当时以小农生产为主，外国资本主义的入侵损害了他们的既得利益，小生产者们渴望维持原有的互帮互助、平等自由的生存模式，"各尽其能、各取所需"

的理想社会与他们的设想最大程度上达成一致。这成为社会主义思潮在中国受欢迎的主要原因之一。

在社会主义思潮席卷中国的境况下，《社会主义史》的译介工作直接将李季推离托尔斯泰式的不抵抗主义，进到社会主义的正途。该著是英国社会主义家克卡朴关于社会主义运动的力作，1920年由李季翻译，蔡元培作序出版。这一白话文著作在20世纪20年代引起很大反响，译者李季彼时刚刚从北京大学英文科毕业，满怀救国救民的热情，受五四运动的鼓舞，他觉得应该做些什么来声援学生。在李季看来，"我们要讨论一种学说，对于他必先具一种有统系的知识，才能够判断他的好歹，决定他是否可以实行。社会主义运动在欧，澳，美各洲非当发达，而派别亦复甚多；我们对于这种运动要想具一种有统系的知识，须先从历史下手。我译克卡朴《社会主义史》的目的，就在这一点上"①。因此，李季选定《社会主义史》开始翻译。不出3个月，已达到出版的程度。经陈独秀之手，《社会主义史》以"新青年系列丛书"的名义顺利付梓，初版2000册，旋即告罄。当时知识界对于社会主义理论的渴求程度可见一斑。

对社会主义著作的翻译使得李季逐渐厘清了马克思主义与其他社会主义流派的区别，不但坚决脱离了托尔斯泰信徒的身份，而且日益向马克思主义思想靠拢了。在《我的生平》中，他专门提到这一点，由于他对社会主义的发展史有了一定研究，因此发现，不抵抗主义的缺点和不足，以至于他认为"这样殊不能满足我的进取的欲望，于是离开这个领域，而开始向着科学的社会主义的坦途前进"②。可以说，翻译于李季的思想转变而言有巨大的影响。

同样地,五四运动于李季的马克思主义思想的形成，也是一个重大的转折点。中学时期，李季就积极参加各种风潮和运动，到高等师范也没有改变这种态度，如抵制日货、救国储金等运动，他都是学生发起人之一，可以说是个积极分子。但在五四运动之前，李季也只能算是个对新思潮感兴趣的北大毕业生，一边以

---

① ［英］克卡朴：《社会主义史》，李季译，亚东图书馆1920年版，自序第1页。
② 李季：《我的生平》，亚东图书馆1933年版，第205页。

辅导班的教学工作为营生，一边阅读和翻译一些包括社会主义思潮在内的新思想的书籍，还未曾树立起一种坚定的信仰。经过五四运动的洗礼，李季深受震撼。浩大的群众运动给他留下深刻印象，他开始自我反思，认为自己只待在书斋里，不与现实生活发生联系的做法实不可取。自此，他开始思考中国的现实问题。

三、从懵懂的社会主义到科学社会主义

除了学生运动带来的震撼，1920 年，李季曾在山东枣庄中兴煤矿担任英文秘书，期间见证了煤矿工人非人的工作条件，这令他感到痛心和不平。李季观察到，新式产业中资本家的剥削与劳动者的牺牲达到极其可怕的程度，他痛恨前者而同情后者，并且趋向科学的社会主义的意志更为坚决。"我在当时和一般急进的智识分子一样，已经自命为这种主义的信徒，但我也和他们一样，只知道一点皮毛，并没有深刻的认识，有时还觉得它不完善，要凭着自己的意思加以'修正'，使它得马上在中国出现。"[①]他还透彻分析了资本主义工商业的现状，以及资产阶级与无产阶级之间不可调和的矛盾。但可惜的是，他未曾启发工人觉醒。这与李季偏重理论的理解，而相对忽视实践有关。但正如李季自己所说的那样，那个时候他对于社会主义的理解还很肤浅，仅仅从道德的观点出发，完全将中国旧有的意识附会在它的上面。而"道德"并不是一成不变的，作为建立在经济基础之上的社会状况的产物，道德随着经济和社会的变化而变化。因此，道德的出发点是靠不住的，这也表明，当时李季对社会主义的认识还是懵懂的。

1920 年年底，李季辞去中兴煤矿职务抵达上海，恰逢陈独秀应邀前往广东办教育，遂追随同行。在上海、广东等革命前沿城市的游历，以及与陈独秀

① 李季：《我的生平》，亚东图书馆 1933 年版，第 223 页。

等早期共产党人的交往，使得李季对于社会主义的认知迅速深化，开始有一些自己的独立思考。这在他与张东荪的论战以及对于阶级性和群众力量的描述中显现出来。1921 年，李季在《新青年》发表了《社会主义与中国》①一文，成为他初步运用马克思主义理论解读中国的标志。虽然当时社会主义思潮十分风靡，但李季指出，就实际国情来说，不仅一般劳动人民不了解社会主义的实际内容，就连知识界甚至对社会主义持欢迎态度的知识分子都不一定真正了解社会主义的内容，即便有也一定居少数。张东荪就是没有完全领会社会主义真谛的知识界代表。没有经过广泛的实地考察，只是到内地简单一游，张东荪就断定中国的实业不发达，提倡通过资本主义来兴实业，未免过于武断。李季从亲身经历出发，将曾经供职的中兴煤矿作为例证，表明中国不仅有资本家，而且中国独资的民族资本家对于工人的压榨已经到了令人发指的程度。如此看来，资本主义并非拯救中国的良方。张东荪提倡的实业兴国乃是一条完全偏离社会主义的道路，这是他根本不了解社会主义之实质的结果。在李季看来，避开资本主义道路，直接走社会主义道路才能从根本上改变中国的落后现状。不仅如此，李季还大胆畅言，"就现今世界的趋势看起来，各文明国在这五六十年之内，次第变为社会主义化的国家，绝非难事"。②虽然此时李季对于社会主义的理解较之前有所进步，但也还仅停留在理论层面，在实践层面上具体如何推进社会主义的实现，该文并未提及，且文章在论证上也不十分深入。

从五四运动的震撼中冷静下来后，李季思考发现阶级性在一般情形下具有向下的传递性。为了维护本阶级的统治地位，统治阶级必须时刻防备并压制其他阶级，因而统治阶级的子弟大多也是反动的。而被压迫阶级为了解除自身的痛苦不得已要时刻起来反抗，其子弟就多为革命的。也就是说，生存条件的差异是一阶级之阶级性的直接决定因素。故此，学生运动中充当民族革命的急先

---

① 1922 年收录入"新青年丛书"第二种《社会主义讨论集》。
② 李季：《社会主义与中国》，载《社会主义讨论集》，新青年社 1922 年版，第 314 页。

锋的正是被帝国主义（特别是日本帝国主义）压迫了数十年的中国资产阶级和小资产阶级出身的学生。李季断言，此时统治中国的资产阶级如果今后不大受压迫，那么，其子弟也必将趋向保守或者反动。

关于群众的力量，在李季的认知中，从前的学生很少发起干预政治的群众行动，即使有，也只是温和的而非暴烈的，主要寄希望于局部改良而非整体革命，因此，五四运动的爆发无疑使当时的国人为之一振。五四运动中以北大学生为主要组成部分的学生队伍先是集结上街示威游行，到各国大使馆游说，后又分别拥至曹宅、章宅讨伐曹汝霖和章宗祥，最后以当政者抓捕了 30 余名游行学生告一段落。虽然游行学生主要来自北大，但李季清醒地指出，五四运动是自发的学生运动，并非北京大学有意谋划而为之。将这场运动归功于北京大学或者某个杂志社实有不妥。后来，李季了解到，经过多方斡旋，被捕同学被保释后仍然前赴后继地上街继续爱国演讲。学生群体的巨大力量让李季意识到，群众的力量是无限的，群众的革命精神是伟大的，要推动整个社会的革命，必须最大限度地发动群众。五四运动也是知识界真正与劳动人民相接触的发端。

1921 年 8 月 13 日，李季与吴稚晖一起从上海登船赴欧。42 天后，船抵马赛，然后换乘火车去往巴黎。李季放弃了出国前制订的"先到英国，后往德国"的计划，在法国拜访了几个北大的同学，得知目前美元兑换马克的汇率对于留学生而言十分划算，遂听取了他们的意见，转而直接赴德。1922 年 10 月，李季抵达德国，全力补习德文之余，[①] 各处搜集马克思主义的书籍[②]。经过不懈努力，他顺利进入法兰克福大学经济系，并结识了德国极为著名的马克思主义学派的经济学家阿白海默（Frary Oppenhaimei），听其授课，收获颇大。除了听课，李季利用一切课余时间研究马克思主义经典著作，包括搜集资料、阅读、摘录、整理分类等。由于德语本身比较难懂，马克思主义原著数量多且十分晦涩，这在很大

---

① 李季在大学的第二外语是法语，第三外语是拉丁语，对于德语从未入门。
② 主要是经济学与社会主义相关，高语罕曾提到，李季的房间里马克思主义书籍"堆了满满一屋子"。

程度上加大了李季的研究难度。

李季在次年年中曾写信向胡适汇报学习的进度，提到自从抵达德国之后，一直致力于学习德语。通过对照阅读英、德版的《资本论》迅速提升了自己的德语水平。当然，关于马克思主义的学习李季也没有废弃，他写道："生在此数月中对于德文经济学和哲学的书籍共买了七百多部，内中关于马克思主义的书有一百四十多种，生已看过三十多种。"①通读了100余种马克思主义著作，李季深深感到要研究马克思主义还得从马克思的生平传记入手。由此，他萌生了为马克思写传记的想法。

1922年7月15日，李季写给蔡元培的信中透露自己将要写作一部大书，"要研究马克思主义，自然先从马氏的传记入手"②。到次年2月，李季又将书目的内容及大纲详细地写信告知蔡元培。李季立志"用打仗的精神求学，以批评之眼光读书"③。对比了已有的马克思传记，李季意图作一部更加详尽、全面翔实但又不絮絮赘言，使读者读来清晰明了的马克思传记。不但如此，李季还计划将中国问题融入该著，以马克思主义的基本原理来解释并给出解决方案。之所以说这是一部大书，是因为李季规划该著上下两卷约30万字。但实际成书仅仅上卷（分为三册）就已经达70万字，确实是个大部头的著作。李季作《马克思传》，从准备到出版用时约10年，花费了巨大心血。

1924年，李季入选中国共产党干部培养名单，通过共产国际和苏联政府的安排，转入苏联莫斯科东方劳动者共产主义大学④（简称东方大学）学习。东方大学1921年4月21日创办于莫斯科，专为苏俄、东方各共和国及帝国主义殖民地、附属国培养干部。外国班主要招收东方各国的学员，设有中国班、日本班、

---

① 杜春和、韩荣芳、耿来金：《胡适论学往书信选》，河北人民出版社1998年版，第559页。

② 杜春和、韩荣芳、耿来金：《胡适论学往书信选》，河北人民出版社1998年版，第561页。

③ 李季：《李季信十四通》，参见耿云志《胡适遗稿及秘藏书信》第28卷，黄山书社1994年版，第82页。

④ 布罗伊多和舒米亚茨基曾先后担任校长，斯大林为名誉校长。学制初为7个月，后来改为3年。主要用俄语授课，虽然有些中国学员兼任翻译，如瞿秋白就担任过翻译和助教，主讲社会学课程，但对一般学员而言，语言方面的压力依然不小。

朝鲜班、伊朗班、土耳其班等。参考 1922 年至 1923 年的教学大纲可以大致推断出李季在东方大学接受的知识范围。这份教学大纲有 4 个系列 30 门课。第一系列包括 9 门课：自然地理与经济地理、社会形态发展史（文化史）等。第二系列包括 10 门课：政治经济学、俄罗斯史（包括俄共 [布] 历史）等。第三系列包括 10 门课：历史唯物主义、政治经济学（方法论）、生物学（高级神经活动）、哲学史、社会学说史、马克思主义政权与国家理论、西方史、工人运动史、外语等。第四系列课程包括苏俄经济政策（包括土地关系）等[①]。课程十分繁重，并且许多学员的学习年限只有一到两年时间。到 1924 年，东方大学有 60 多个民族的 1000 多名学员，外国班的中国学员约占到 1/3。许多优秀的学员在学习之余，加紧翻译马列著作，撰写文章，向国内传播马列知识。在苏联学习的近一年时间，李季吸收了许多带有苏联特色的马克思主义思想，这为《马克思传》的写作增加了很多新的思想资源。1925 年下半年，李季从苏联回国时，手稿不幸被海关扣留。直到 1926 年夏天，邓泽生由德国经苏联返回中国时，秘密携带了《马克思传》草稿，才使得该著有重见天日的机会。

1925 年，李季返回国内，到上海大学经济学系任教授并兼任社会学系主任，开始将自己留洋所学知识通过大学讲坛讲授给学生。

四、从马克思主义经典到马克思主义中国化

20 世纪 20 年代的李季主要从事介绍社会主义和马克思主义相关学说的事业，很少发表自己的观点。1921 年发表在《新青年》杂志的《社会主义与中国》一文，是他运用科学社会主义为中国找寻道路的尝试。这篇文章标志着李季马克思主义世界观和方法论的正式确立。由于李季的马克思主义理论知识还很匮乏，导致该文论证不够深入，仅以事例作支撑，尤其是利用马克思主义

---

① 栾景河：《中俄关系的历史与现实》，河南大学出版社 2004 年版，第 283 页。

观点来解释和解决现实问题的能力还很缺乏。但这并不失为一次勇敢的尝试。李季本人也承认自己"当时所谓社会主义是从道德的观点出发，完全将中国旧有的意识附会在它的上面"①。然而，食人的野蛮人以吃人肉为道德，希腊人和罗马人以奴隶制为道德，中古时代的封建领主以农奴制为道德，近世的资本家以工资劳动及工厂和夜工糟蹋妇女童工为道德。不同的社会制度，道德的内容完全不同。在逐渐深入社会主义理论和实践后，李季才明白，单单将信仰建立在道德的基础上是不牢固的。尤其是面对现实问题时，如果不能从根本上明确信仰的基础，是很容易改旗易帜的。

归国之后，李季的马克思主义理论素养和翻译功底都更进了一层。1932年，陈独秀写信给胡适，信中大力举荐李季翻译的《资本论》，称李季的英文、德文以及对于马克思主义政治经济学知识的掌握，在当时的中国来看，无人能出其右。他对中国现实问题的理解也更加深入和透彻了。比如妇女解放运动，李季年少时只想将跟母亲一样受封建礼教压迫的女子解救出来，但如何解救，解救出来之后去往何处从未思考过。具备了马克思主义素养后，李季逐渐清醒地意识到，女子解放绝非易事。就资产阶级提倡的女子解放来说，"虽具有相当的意义，终久没有跳出资产阶级妇女运动的范围，即使——达到目的，也只能替生长在有产家庭的少数妇女谋得利益，绝不能改变最大多数贫苦妇女的命运。他们的解放在乎推翻现社会制度，因此他们必须与工人运动携手共进，才有成功的一日"。论及当时泛滥的娼妓问题，李季更是直言，"必须推翻资产阶级的社会，否则不过是徒托空谈罢了"②。可以说，这时李季对妇女解放问题理解得比较透彻了。

20世纪20年代的上海大学可以算是中国共产党培养干部的摇篮，在师资方面除李季外，副校长邵仲辉、总务主任韩觉民，社会学系教授施存统、高语罕、

---

① 李季：《我的生平》，亚东图书馆1933年版，第223页。
② 李季：《我的生平》，亚东图书馆1933年版，第125页。

蒋光赤、尹宽、王一飞、萧朴生、彭述之、郑超麟等都是共产党员。学生受到科学社会主义思想的影响很深，许多人因此志愿加入中国共产党。李季在上海大学任教期间主讲的课程包括"社会主义史""资本论"等。其中，"社会主义史"课程主要讲授马克思与恩格斯的生平、著作与学术思想。课程讲义取材自李季计划撰写的《马克思恩格斯传》①。关于上海大学的授课情况，郑超麟印象最深的是"除了李季以外，其他的共产党教员都是敷衍塞责。李季译了《通俗资本论》作为讲义，我们则说明不编讲义，上课以前也未曾有好好的准备"②。说明李季十分重视大学讲坛这个宣传马克思主义的绝佳渠道。此外，李季还曾积极支持上海大学的课外学生活动，并担任该校学生社团的"社会问题研究会"③指导员。1926年1月12日，李季和上海大学的其他教师如沈雁冰、周建人、周予同、周越然、蒋光慈、郑振铎、丰子恺等人，联合郭沫若、丁晓先等社会知名人士，为刘华④遭秘密枪决一事提出"人权保障宣言"，谴责军阀当局的暴行。1926年3月21日，李季在上海大学教职员会议上当选为行政委员会委员。这一时期，他密切地参与了马克思主义理论指导下的工人运动和学生运动。客观地说，李季党内"马克思主义的汉学家"的名头着实不虚。李季"完全是一位有理论，有实践，更有自己翻译主张和个人追求的优秀翻译家"⑤。

到了1927年年初，遵照党的指示，李季到武汉任教。同年4月8日，他

---

① 由于种种原因该著最终未能完成。

② 郑超麟：《郑超麟回忆录》，东方出版社2004年版，第207页。

③ "社会问题研究会"是中国共产党直接领导和组织的上海大学的主要学生社团组织。1923年11月，中共上海地委在研究教育宣传工作时，决定由上海大学党小组负责组织"社会问题研究会"，其宗旨是"研究社会现象，讨论社会问题"。研究会规定每周聚会一次，活动内容主要是聘请专家学者演讲、会员演讲和互相评论、开展社会现象调查、读书并写出读书报告。先后请李大钊做《社会主义释疑》、恽代英做《中国民生问题》、杨杏佛做《从社会方面观察中国政治的前途》等讲演。由于各系前来听讲的人很多，实际上成为全校性活动。会员开始有80多人，后来增至100多人。1925年10月，执行委员会改选，选举了社会学系学生高尔柏、武思茂、李宇超、詹至圣、汤有光5人为执行委员，教师李季担任指导员。参见王家贵、蔡锡瑶编《上海大学1922—1927》，上海社会科学院出版社1986年版，第13—14页。

④ 刘华（1899—1925），原名炽荣，字剑华，四川宜宾人，早期中国工人运动的杰出领袖，五卅运动的组织者、领导者和参加者，1925年12月17日被军阀孙传芳秘密枪决，牺牲时年仅26岁。

⑤ 张旭：《湘籍近现代文化名人（翻译家卷）》，湖南师范大学出版社2011年版，第77页、118页。

同郭沫若一道参加了"国立武昌中山大学"的演讲，发表了题为《中国民族解放运动与青年学生的责任》的演说。李季从唯物史观的视角出发，分析论证中华民族的解放运动将最终取得胜利，并且叮嘱青年学生应该掌握辩证唯物主义的基本原理，避免被形形色色的主义迷惑。后来，汪精卫掀起反革命政变，李季转而离开武汉返回平江暂避风头，直到 1928 年再次离湘赴沪。此时，托洛茨基主义在中国已经小有规模，各个"托派"组织相继成立，李季也追随陈独秀加入了中国"托派"组织。

1931 年冬天，李季开始动笔撰写《我的生平》，本来打算取材自己半生的经历，做一本几万字的写实小说，供青年朋友阅读参考。该著第一部基本是李季的生平经历，夹杂着一些对社会问题的看法。后面两部则主要是对胡适实验主义的批判。应该说，《我的生平》是李季对马克思主义理论的理解和把握相对成熟后的作品，他对于社会问题的解读和对胡适的批判都是站在唯物史观立场上，以辩证法为武器展开的。该著是他半生的思考结果，也是他钻研马克思主义的一大成果。《我的生平》于 1933 年出版，第二年李季就退出了"托派"，此后，他专心从事译著工作，再也没有参与政治实践活动。

第二节　马克思主义早期传播的认知考察

哲学信仰是辩证统一的世界观、价值观和人生观的基础。马克思主义在中国的早期传播时期，不同的知识群体对于马克思主义的认知迥然不同。要了解李季的知识谱系的完善程度，以及他对当时社会问题的解读是个例还是大致类似同时期的思想家，必然要对同时期思想家（包括马克思主义者与非马克思主义者）对于马克思主义的认知做出考察。经过比较相对立体地展现李季传播和研究马克思主义的长处和不足，同时，从侧面反映早期马克思主义传播与接受状况概貌。

一、对马克思主义基本原理的把握

作为新文化运动的倡导者，陈独秀经过五四运动的洗礼转变为一名马克思主义者。逐步树立马克思主义信仰，研究马克思主义原理，传播马克思主义的基本内容，并尝试运用马克思主义的世界观和方法论来解决中国的困境。与李季类似，瞿秋白也是翻译传播马克思主义的重要人物。他早年赴苏，研读了大量马列主义著作，形成了扎实的马克思主义理论基础，并且能够根据中国国情灵活运用。胡适很早就赴美留学，博士毕业之后到北大任教，将他的老师杜威的实验主义思想继承下来带到了中国。他倡导的文学改良运动在客观上为马克思主义的传播扫清了障碍，并且他本人也认可唯物史观的某些观点，以胡适为代表的非马克思主义者对马克思主义的认知也是考察的重点之一。

（一）对马克思主义主要观点的认知

1917 年，胡适的《文学改良刍议》打响了文学改良运动的第一枪。他在文章中提出的八项改革主张具有提纲挈领的作用。虽然这些观点和主张主要基于实验主义立场，但对于封闭的中国来说，无异于一场新雨。尤其是他主张文章要言之有物，直指旧文学空谈的弊端。文学要改良，而改良的突破口则在推行白话文。关于白话文的标点，也是胡适、陈独秀等文化领袖关心的问题。20 世纪 20 年代，李季在翻译中遇到新式标点问题，还曾专门写信向胡适请教："英文中的书名要是加上 quotation marks，在中文中如何表达，是用引号还是用直线？"① 当时李季称胡适为"适之先生"，对他尊敬有加。文学改良虽在文学界进行，但其反响远远超过文学界限，已经深深撼动了封建文化的根基。白话文作为更加浅显易懂的交流工具，使得普通民众获得了参与社会变革的入场券。以文学改良为核心的新文化运动涤荡了旧式封建思想余毒，启蒙了民众，肃清

---

① 杜春和、韩荣芳、耿来金：《胡适论学往书信选》，河北人民出版社 1998 年版，第 559 页。

了思想环境，为马克思主义的传播和生根发芽提供了思想上的准备。

1920 年 5 月 1 日，陈独秀在《答知耻》中宣传了剩余价值学说。同年 9 月，又通过《谈政治》一文揭示了阶级斗争和无产阶级专政学说是马克思主义的精髓，开始相对系统地阐述马克思主义的基本原理。陈独秀《马克思学说》是继李大钊后系统介绍马克思主义的一篇重要文章，陈独秀在文章中将马克思主义的内容归纳为剩余价值、唯物史观、阶级斗争和劳工专政四个方面，是那个年代系统了解马克思主义为数不多的直接文章来源。可贵的是，陈独秀在文中对于马克思的学说采用更加准确的表述，并且点明了唯物史观学说和阶级斗争学说的关系，还增加了劳工专政的内容。这些较李大钊的文章都更进了一步。

1923 年 5—6 月，陈独秀发表《关于社会主义问题》的演讲。其中提到，实现社会主义"第一原则就是要有科学的根据……要处处不离开唯物的历史观，不可陷入维新派的思想。第二个原则就是……因为各民族之经济的、政治的、文化的进步各不相同，所以改造的步骤不能一致。第三个原则就是每一步骤都须用革命的方法……不可用改良的方法"①。陈独秀阐述的这三条重要原则体现了他对马克思主义精神实质的理解和把握。在他看来，唯物史观是看问题的科学方法，要解决现实问题就要立足客观实际，以唯物史观作为观察的工具。一旦陷于主观唯心思想，对于解决问题则有百害而无一利。世界各个民族具有多样性特征，要改变落后的现状实现社会主义，应该实事求是地选择适合本民族的方式方法，不能一刀切。他强调通向社会主义非用革命的方法不可，改良只是修改皮毛，本质丝毫不会发生改变。陈独秀在这一演讲中从思想方法到改革方式都给出了自己的看法，可以说是对马克思主义基本原理进行灵活把握的结果。

与陈独秀相比，瞿秋白反复重申马克思主义哲学乃是整个马克思主义的理论基础，他在中国第一次提出用辩证唯物主义和历史唯物主义观点和方法观察、

---

① 《陈独秀文章选编》（中），生活·读书·新知三联书店 1984 年版，第 295—296 页。

分析一切社会历史现象，解决社会问题。并且，他还第一次把辩证法和唯物论作为一个整体宣传，最早提出"互辩律的唯物论"概念。瞿秋白以马克思主义哲学见长，因此，能够运用马克思主义哲学的基本观点批判反马克思主义的错误观点，如胡适实验主义以及党内以陈独秀、彭述之为代表的经验主义等。

胡适虽然说过被"马克思列宁牵着鼻子走算不得好汉"之类的话，他对"唯物史观"的治学意义却有十分到位的认识。他指出，"马克斯主义的两个重要部分：一是唯物的历史观，一是阶级竞争说……这种历史观的附带影响——真意义——是不可埋没的"[1]。胡适对于唯物史观的整体把握决定了实验主义派与马克思主义派处在同样的语境下，然而，理解的出入导致两种思潮必然存在根本分歧。

胡适受他的老师杜威先生的影响很大，关于中国社会变革的可能性，杜威提出，"进步不是自发的，但进步也不是整体的，它是积累性的，这里前进一步，那里改进点……进步是零售的，不是批发的。它是一点一滴地完成的，不可能一蹴而就"[2]。这样的改良主义思想被胡适完整地继承下来，并根据实际提出中国必须走一点一滴的改良道路。这也就意味着，胡适完全反对阶级斗争的路线。在他看来，对阶级性的强调"无形之中养成一种阶级的仇视心……这种仇视心的结果，使社会上本来应该互助而且可以互助的两种大势力，成为两座对垒的敌营，使许多建设的救济方法成为不可能，使历史上演出许多本不须有的惨剧"[3]。因此，他认为，教育人民才是进行下一步建设的基础。虽然"这必然是个缓慢的发展过程……但这个缓慢过程是唯一的出路"[4]。这种说法将实用主义的特点暴露无遗。

实验主义倡导的民主自由思想对中国思想界产生巨大冲击，它的怀疑方法论也对动摇封建文化根基产生了积极作用。正如艾思奇所说，"对于传统的推翻，迷信的打破，科学的提倡是当时的急务，以'拿证据来'为中心口号的实

① 胡适：《四论问题与主义》，载《胡适文存》第 2 卷，亚东图书馆 1924 年版，第 529 页。
② 欧阳哲生主编：《胡适文集》（二），北京大学出版社 1998 年版，第 213 页。
③ 胡适：《胡适文存》（一），黄山书社 1996 年版，第 235 页。
④ 胡适：《胡适留学日记》，海南出版社 1994 年版，第 64 页。

验主义被当时认作典型的科学精神"①。在当时，作为与传统迷信抗战的武器，实验主义"不失为历史推进的前锋"②。尽管实验主义与马克思主义对当时的中国而言都具备一定的进步意义，但这并不能弥合实验主义与马克思主义的根本分歧。

实验主义从实用角度出发导出改良路线，马克思主义从辩证唯物的角度出发推出革命道路。两者的方法论不同，社会历史观不同，其结果更是大相径庭。20世纪20年代初，实验主义显著的实用特色，加上杜威亲自来华讲学，使其在青年知识分子中间流传甚广。相比之下，马克思主义的势力相对逊色不少。可以说，实验主义的广泛宣传在一定程度上削弱了信仰马克思主义的知识力量。但是，实验主义与马克思主义的摩擦与论证又有利于知识阶级廓清二者的区别。客观地说，实验主义提倡的自由民主思想有利于开启民智，使民众有意识地从封建文化的漩涡中自救。再者，实验主义所谓的"实验"的实践行为，有利于民众及时发现和对比救国方案的优劣。在实验后转而投向马克思主义的案例也有许多，"工读互助"的失败就是其中一例。

二、在批判中拓展马克思主义的影响

（一）资本主义的实质与社会主义的未来

1920年，面对梁启超、张东荪等关于"中国的唯一出路是增加富力"的言论，陈独秀写道："资本主义生产制一面固然增加富力，一面却也增加贫乏"，要想使国人彻底摆脱贫困，"非废除资本主义生产制采用社会主义生产制不可"③。指出资本主义的生产和分配制度存在天然的缺陷，不仅非人的工作条件严重危害着工人的健康，不合理的分配制度更极度压榨着工人的劳动成果。

---

① 艾思奇：《廿二年来之中国哲学思潮》，《中华月报》1934年第2卷第1期。
② 艾思奇：《廿二年来之中国哲学思潮》，《中华月报》1934年第2卷第1期。
③《陈独秀文章选编》（中），生活·读书·新知三联书店1984年版，第54—55页。

不仅要求增加富力的愿望不会实现，更不会改变当时落后中国的现状。共和政治代表的是少数资产阶级的利益，唯有社会主义是主张多数人的幸福的。"社会主义要起来代替共和政治，也和当年共和政治起来代替封建制度一样，按诸新陈代谢底公例，都是不可逃的运命。"① 因此，只有走社会主义的道路，才能从根本上铲除有产阶级的剥削方式，实现广大无产阶级物质丰富、政治民主的愿望。

1923 年，丁文江、胡适代表的科学派与张君劢、梁启超代表的玄学派发生了一场论辩。陈独秀本来并未牵涉其中，但亚东图书馆老板汪孟邹，也是陈独秀的多年密友，计划将科玄论战收录成集，命名为《科学与人生观》。该书出版前汪孟邹邀请陈独秀与胡适各作一序。陈独秀在序言中对双方均做出批评，称"可惜一班攻击张君劢、梁启超的人们，表面上好象是得了胜利，其实并未攻破敌人的大本营，不过打散了几个支队，有的还是表面上在那里开战，暗中却已投降了……有一支可以攻破敌人大本营的武器，他们素来不相信，因此不肯用"②。这个武器，指的就是唯物史观。针对这一批评，胡适做出回应，指出导致历史发生的原因多种多样，将"经济史观"作为解释大多问题的工具固然没错，但是，必须承认的是，人的思维意识也是客观存在，同样能够改变历史。在这里，胡适将唯物史观直接称为"经济史观"，多少是失之偏颇的。不过好在他终于承认唯物史观能够解释大部分问题，这也不失为他在马克思主义认识上的一大进步。

明确了资本主义的实质之后，陈独秀开始大力宣传阶级斗争和无产阶级专政的理论，指出社会改造不能用改良的办法，而"非用阶级战争的手段来改革社会制度不可……可以说除阶级战争外都是枝枝节节的问题"③。同时，为了反驳黄凌霜等无政府主义者极力宣扬个人的"绝对自由"和社会的"绝对平均"，

① 《陈独秀文章选编》（中），生活·读书·新知三联书店 1984 年版，第 32 页。
② 陈独秀：《〈科学与人生观〉序》，载《陈独秀著作选》，上海人民出版社 1993 年版，第 133 页。
③ 《陈独秀文章选编》（中），生活·读书·新知三联书店 1984 年版，第 17 页。

反对一切国家和权威，反对一切政治斗争和暴力革命，陈独秀强调，"若劳动阶级自己宣言永远不要国家、不要政权，资产阶级自然不胜感激之至；你看现在全世界底国家对于布尔塞维克底防御、压迫、恐怖，比他们对于无政府党利害的多，就是这个缘故"①。那么，无产阶级革命胜利后，是否还需要无产阶级专政呢？对此，陈独秀这样回答："我们要明白各国底资产阶级，都有了数千年或数百年底基础，站在优胜的地位，他们的知识经验都比劳动阶级高明得多。劳动阶级要想征服他们固然很难，征服后想永久制服他们，不至于死灰复燃，更是不易。这时候利用政治的强权，防止他们的阴谋活动；利用法律的强权，防止他们的懒惰、掠夺，矫正他们的习惯、思想，都是很必要的方法。"②也就是说，无产阶级专政是必要的。但这并不意味着无产阶级专政是永久的，陈独秀指出，待人类实现自由全面的发展之时，政权也会自然消亡。

（二）方法论的极端重要性

研究辩证法与实验主义的论战，李季著述是不二之选，后文会针对这一问题展开具体阐述。除李季外，1924年瞿秋白的《实验主义与革命哲学》也对胡适的实验主义提出了辩证批判。瞿秋白认为，实验主义的根本精神就是使一切"思想"都成为某种行动的"动机"，它时时刻刻注重现实生活的实用方面及积极性质。这都是实验主义的优点。然而实验主义的弱点，亦在它的轻视理论，因为实验主义的宇宙观根本上是唯心论的。③实验主义在欧美纯粹是维持现状的"市侩哲学"，所谓"市侩哲学"就是这样有一点，那样也有一点：一点儿科学，一点儿宗教，一点儿道德，一点儿世故人情，一点儿技术知识。色色都全，可是色色都不彻底。瞿秋白进一步指出，实用主义者"一切理论自身本无何等价值，对人有用才是真理"的观点是根本错误的。在实用主义者看来，现实世界是

① 《陈独秀文章选编》（中），生活·读书·新知三联书店1984年版，第5页。
② 《陈独秀文章选编》（中），生活·读书·新知三联书店1984年版，第5页。
③ 《瞿秋白文集》（政治理论编）第2卷，人民出版社1988年版，第621—622页。

人的种种色色的感觉之综合，人们凭自己的利益和需要来选择感觉的内容，以形成观念，因此，真理都是主观的，都为我们行为的方便而设。这完全是主观唯心主义的观点。"实验主义的积极精神早已包含在互辩律的唯物论里。互辩律的唯物论的根本观念，是承认我们对于外物的概念确能与外物相符合。因此，我们要利用外物，只能尽他实际上所含有的属性，来满足我们的需要，达到我们的目的。"[1] 只有把握事物发展的规律也就是真理，才能利用事物满足人类发展需求。

此外，瞿秋白还在《中国革命中之争论问题》指出陈独秀、彭述之的根本错误同样源于方法论上的疏漏，称他们并没有从主观上真正分析过中国实际状况，"是唯心主义的多元论的敷衍涂砌的实验主义的"[2]。以此加深时人对方法论的重视，认为这是实现理论与实际相结合的前提条件。

（三）实验主义的短暂示好

1926 年，胡适赴伦敦参会，途经莫斯科参观，不禁为革命博物馆的陈列动容，感慨苏联人民坚韧不拔的革命精神和艰苦奋斗的建设精神，深深感叹苏联取得的巨大成就。实地的参观和考察使胡适大受震动，这种激动的情绪在他写给张慰慈的信中一览无余，他提到苏联正在"做一个空前的伟大政治新试验"[3]。他还将这一见闻转告给了徐志摩，结果被徐调侃为布尔什维克主义者。可见胡适的激动之情已经无法克制地溢于言表。

但是，这真的是对马克思主义的赞成和肯定吗？这其实是胡适的误读，加上现实的冲击，混合成的一种激昂情绪。认为"我所见已足使我心悦诚服地承认这是一个有理想，有计划，有方法的大政治试验……这是最低限度的实验主

---

① 《瞿秋白文集》（政治理论编）第 2 卷，人民出版社 1988 年版，第 625 页。
② 《瞿秋白文集》（政治理论编）第 4 卷，人民出版社 1993 年版，第 546 页。
③ 胡适：《胡适往来书信选》，社会科学文献出版社 2013 年版，第 366 页。

义的态度。"[1]在他看来，整个苏联就是在进行一个巨大的试验场。苏联施行的"新经济政策"使胡适联想到美国的市场经济，认为苏联在发展生产力方面是向美国看齐的。但是，也不能说他完全误读了苏联，因为他在苏联特意拜访了莫斯科中山大学的蔡和森等中国共产党人。他们的交谈内容我们不得而知，但这种行为也许表明，胡适曾经愿意暂时抛开他的实验主义，兼听一下其他派别的主张。

此外，胡适对李季早期的影响颇深。李季著译生涯近 50 年之久，共翻译和撰写了 30 多部（篇）作品。在 1920 年 3 月 1 日至 1923 年 2 月 20 日，与胡适和蔡元培保持通信的这 3 年时间里，就完成了其中的 13 部（篇），占全部作品的三分之一还要多。可以说，这一时期是李季著译生涯的一个小高峰。而胡适与蔡元培的指导和点拨，以及对他经济上的援助，无疑起着莫大的支持作用。不过李季看清胡适的实用主义立场后，便与他彻底划清界限，为了给马克思主义正名，李季甚至不惜大费笔墨批判胡适的实验主义。

三、马克思主义原理的初步运用

（一）关于建党、革命性质、前途问题

陈独秀很早就提出在中国建立无产阶级政党的主张。他认为，"实行无产阶级革命与专政，无产阶级非有强大的组织力和战斗力不可"[2]，这就需要一个强大的政党。并且，陈独秀还指出，党的奋斗方向和战略任务是将一切生产工具都归还给生产劳动者。要实现这一任务应首先从改造经济制度入手，因为"历史上一切制度底变化是随着经济制度底变化而变化的"[3]。为此，陈独秀主持起草的《中国共产党宣言》强调，党要凝聚阶级斗争的势力铲除现存资本制度，从而夺取政权。这一政权的形式是无产阶级专政，直到逐步过渡到共产主义。

①胡适：《欧游道中寄书》，载《胡适文集》第 4 卷，北京大学出版社 2013 年版，第 42—43 页。
②《陈独秀文章选编》（中），生活·读书·新知三联书店 1984 年版，第 199 页。
③《陈独秀文章选编》（中），生活·读书·新知三联书店 1984 年版，第 157 页。

瞿秋白对马克思主义哲学在中国的系统传播做出了卓越贡献，在运用马克思主义解释中国问题方面，瞿秋白的起点高，程度深。他早期曾立志追随陈独秀，力求应用马克思主义于中国的实际。1927 年，瞿秋白主持了八七会议，总结大革命的惨痛教训，结束了陈独秀右倾机会主义在中央的统治，确立了土地革命和武装反抗国民党反动统治的总方针，在危急时刻挽救了党和革命。

关于中国社会的性质，陈独秀于 1922 年 6 月发表《对于现在中国政治问题的我见》，分析了中国的经济政治状况，提出"半殖民地""半封建半民主的国家"的概念，并且指出中国革命的对象是帝国主义和国内封建军阀。关于革命性质，陈独秀认为应该分为两个阶段，"第一段是大的和小的资产阶级对于封建军阀之民主主义的争斗，第二段是新起的无产阶级对于资产阶级之社会主义的争斗"[①]。这一论断成为中共二大两步走战略的直接理论来源。他还进一步分析了辛亥革命失败的原因，指出一是在半殖民地半封建的中国，"资产阶级十分软弱、幼稚"，"不能单独革命"[②]；二是革命目标不明确，只知"排满"而不知"反帝"，只知"护法""护国"而不知"反封建军阀"；三是没有发动群众，"专力军事行动，轻视民众宣传及党的训练"[③]。在中国殖民地半殖民地的社会条件下，"固然不会有资产阶级的革命，同时也不是无产阶级单独的革命，而必然是工农中小资产阶级联合的革命"[④]。

瞿秋白持类似看法。他认为，要将马克思主义应用于中国国情，就必须观察中国社会的发展，包括政治上的统治阶级和经济状况中资本主义的趋势，以及中国革命史上的策略战术等问题。关于中国的阶级关系，瞿秋白指出："一方面是工农阶级，一方面是封建的余孽地主，和殖民地半殖民地上畸形的资产阶级，帝国主义的掮客——买办阶级。"[⑤] 因此，中国革命的性质是资产阶级民

---

① 《陈独秀文章选编》（中），生活·读书·新知三联书店 1984 年版，第 185 页。
② 《陈独秀文章选编》（中），生活·读书·新知三联书店 1984 年版，第 365 页。
③ 《陈独秀文章选编》（中），生活·读书·新知三联书店 1984 年版，第 593 页。
④ 《陈独秀文章选编》（上），生活·读书·新知三联书店 1984 年版，第 432 页。
⑤ 《瞿秋白论文集》，重庆出版社 1995 年版，第 447—448 页。

主革命，中心任务在于驱逐帝国主义者，实行土地革命，彻底推翻地主阶级私有土地制度，达到中国真正的统一。瞿秋白还指出，五四运动是划分中国之政治经济思想为前后两时期的运动。五四运动以后的中国革命的任务虽然还是反帝反封建的资产阶级民主革命，但已经由无产阶级领导，成为世界无产阶级革命的一部分，它的前途是社会主义。

对于工人阶级的历史地位和特点，陈独秀也有深刻的认识。1923 年 4 月 18 日，他在《怎样打倒军阀》中指出："劳动阶级不但要求真民主主义最切，而且能为真民主主义奋斗的力量也最大。并且此时中国的国民运动，劳动阶级不但是重要部分，已经是最勇敢急进的先锋了，试看铁路工人已经首先起来以血肉和军阀相搏，便可明白。"①当然，工人阶级也存在弱点，体现在数量上较少，质量也较低。当时，有组织的工人才 30 万左右，共产党员仅 400 多人。工人阶级成为自为阶级才三四年，其政党也才成立两年多，对马克思主义理论的把握水平不高，对中国的国情、革命特点和规律还没有清楚认识。1925 年 1 月，陈独秀主持党的第四次全国代表大会时明确提出了无产阶级领导地位思想，紧接着，又在《中国国民革命运动中工人的力量》一文揭示出工人阶级是新生产力的代表者，是富于集合力及决战力者，是农民的天然同盟者，是最革命的阶级。强调中国国民革命运动须"由革命的工人阶级领导此运动，一直行向革命。以至完成全中国的民族解放"②。即使到了大革命末期，陈独秀仍坚持认为"工人阶级的确是全国最革命的阶级，能够切实担负起革命的使命，能够领导其他被压迫阶级摧毁军阀的武力，并建立新的革命的民主政权"③。但遗憾的是，陈独秀并未提出争夺领导权的具体政策，甚至一度把共产党放在"在野党"的位置，这一举动为历史的悲剧埋下伏笔。

二大后，瞿秋白最早提出并反复强调无产阶级在民主革命中的领导权问题。

---

① 《陈独秀文章选编》（中），生活·读书·新知三联书店 1984 年版，第 252—253 页。
② 《陈独秀文章选编》（下），生活·读书·新知三联书店 1984 年版，第 244 页。
③ 王广元：《陈独秀年谱》，重庆出版社 1987 年版，第 255 页。

他于 1923 年提出，"务使最易组织最有战斗力之无产阶级，在一切反抗旧社会制度的运动中，取得指导者的地位，在无产阶级之中则共产党取得指导者的地位"①。不久，在为党的第三次全国代表大会起草的党纲草案中，瞿秋白又指出："在此革命之中，只有无产阶级是唯一的、最现实的、最先进的、最彻底的力量。"②1927 年 2 月，瞿秋白再次提出"工人阶级要自己做主干，集合农民并及一般反帝国主义的革命分子于国民党，使国民党成为中国革命的中心，而自己努力做这一革命中心的元核——领导者"③。当然，这并不意味着无产阶级具备"天然领导权"。相反，瞿秋白提出无产阶级的领导权是需要竭力争取的，其中最重要的渠道无疑是通过掌握军队获得领导权。总之，瞿秋白关于中国革命的性质、前途和领导权问题的论述都为中国革命的发动、胜利奠定了理论基础。

（二）关于革命动力和武装斗争问题

作为当时党的主要领导人，陈独秀从未停止将马克思主义理论应用于中国实际。面对国内的复杂形势，他积极思考，针对许多悬而未决的问题提出了自己的见解和看法，体现了早期共产党人的理论水平。为了明确革命的动力和阻碍，陈独秀对国内各阶级的阶级特点以及其同革命的关联做了细致分析。他在 1923 年 4 月的《资产阶级的革命与革命的资产阶级》中，将中国资产阶级具体划分为革命的资产阶级（民族资产阶级）、反革命的资产阶级（官僚资产阶级）、非革命的资产阶级（小资产阶级）。④ 瞿秋白则从中国实际出发，多次强调农民的重要地位。1923 年，瞿秋白在起草党的纲领时指出，农民占全国

---

① 《瞿秋白文集》（政治理论编）第 1 卷，人民出版社 1987 年版，第 479 页。
② 但被陈独秀改为"无产阶级却是一种现实的最彻底的有力部分"，从而抹杀了无产阶级应取得革命领导权的意思。参见《瞿秋白文集》（政治理论编）第 4 卷，人民出版社 1993 年版，第 489 页。
③ 《瞿秋白文集》（政治理论编）第 4 卷，人民出版社 1993 年版，第 520 页。
④ 这里非革命的看法其实是错误的，陈独秀 1923 年 12 月《中国国民革命与社会各阶级》对这一看法做出了修改。

人口的百分之七十以上，占非常重要的地位，国民革命"不得农民参加革命不能成功"①。然而，1926 年 7 月，中共四届三中扩大会议通过了陈独秀压制农民运动的决议案。对此，瞿秋白于 8 月在广州做题为《国民革命中的农民问题》的演讲，指出中国革命必须联合农民阶级。只有"真是拥护工农的党，才能够领导中国革命"②。为了解决农民问题、发动农民参加革命，瞿秋白还提出了四条具体办法。

瞿秋白对于武装斗争的正确认识也比较早。1923 年他就指出，要解决中国问题，"拥护平民自由的武装革命与团结平民奋斗的群众运动，应当同时并进互相为用"③。他总结五卅运动失败的教训之一就是没有真正人民的武力。要取得胜利，必须"武装平民，成立全国统一国民革命军"④。北伐战争前夕，瞿秋白写了《中国革命之武装斗争问题——革命战争的意义和种种革命斗争的方式》，较为完整系统地提出了武装斗争的战略思想。1927 年 12 月 10 日，他撰写《武装暴动的问题》一文，进一步从理论上概括了"工农武装割据"思想。至此，瞿秋白对于中国革命的性质、形式、步骤、领导权以及主体力量等问题，都结合马克思主义理论，结合中国的实际情况做出了一一回应。

可以说，在同时期的思想家中，李季与陈独秀、瞿秋白对于马克思主义基本原理及中国化方面的把握基本是一致的。尤其是李季与陈独秀都擅长以论战的方式抨击论敌，同时，阐释马克思主义的相关理论。这一点在李季对胡适实验主义的旷日持久的深入批判中得到充分显现。胡适与马克思主义的疏离，在很大程度上反映了当时非马克思主义者既承认马克思主义的一些观点，甚至客观上为马克思主义的传播做出过积极贡献，但因主张不同又拒绝同马克思主义站在一起的现象。胡适实验主义与马克思主义最大的区别在于方法论，这也

---

① 后被陈独秀改成："不得农民参加革命也很难成功。"参见《瞿秋白文集》（政治理论编）第 4 卷，人民出版社 1993 年版，第 489 页。
② 《瞿秋白文集》（政治理论编）第 4 卷，人民出版社 1993 年版，第 393 页。
③ 《瞿秋白论文集》，重庆出版社 1995 年版，第 44 页。
④ 《瞿秋白文集》（政治理论编）第 3 卷，人民出版社 1989 年版，第 311 页。

是李季批判的重点。就唯物主义辩证法的传播来说，瞿秋白的贡献最大，他将辩证法放回唯物史观体系，使之重新成为一个整体。李季虽然也同瞿秋白一样，试图坚持运用唯物辩证法，但李季的短板是理论上重视实践，行为上忽略实践，以致他从未有过系统的党建和指导革命的理论。在理论与实践的互动层面上，陈独秀与瞿秋白无疑走得更远。这种对实践的忽略也为李季之后一段错误的政治走向和学术纰漏埋下伏笔。

第二章 从翻译到建构：
对马克思主义经济学和史学的诠释

翻译、宣传和诠释马克思主义著作是李季为马克思主义在中国传播做出的重大贡献。其中，翻译是不可或缺的一环。译者与马克思主义传播的密切性远比人们意识到的要强烈得多，译者在思想传播的进程中扮演着中间人的角色，对于传播的内容、走向甚至受众的接受程度都有影响。在马克思主义传播中，李季最为重视的两大领域分别是经济学和史学领域。理解马克思主义政治经济学是理解唯物史观的前提，李季深谙这一道理，因此，为马克思主义经济学的普及花费了许多心血。史学领域则是李季具体运用唯物史观与辩证法的领域，他撰写的一系列著作与文章为中国马克思主义史学搭建了框架。

第一节 翻译与马克思主义在中国的早期传播

译介的过程是将一种文化符号转化为另一种文化符号，目的是使目标文化地的受众了解和领会源文化地的某种思想或学说。这就涉及一个问题，那就是转译而来的译文究竟在多大程度上保持了原著的意思，不同渠道的二手甚至三手转译的过程是否增加或流失了一些内容。可以说，翻译的准确性受诸多因素的干扰。例如，目标国的文化特性、经济发展水平、政治文明程度，以及译者的理论素养。如果中间还有一个转译国，那么影响因素自然就翻倍了，误传、讹传的可能性也大大增加。

一、翻译在早期传播中的角色

许多中国共产党人第一次接触并开始树立起马克思主义信仰，是源于日本传来的转译书籍的启蒙。李达、李汉俊、鲁迅、郭沫若等，都是从日本接受了马克思主义，回国后继续从事马克思主义理论的研究和工人运动的鼓动。日本著名社会主义家片山潜、幸德秋水、安部矶雄等，一边组织公开演讲，一边著书立说，马克思主义宣传的势头感染着每一个赴日的留学生。通过这些熏陶，中国留学生自觉发起一系列的宣传活动，并把《社会主义神髓》《广长舌》《近世社会主义》等一批著作带回中国译成中文。这些译著不可避免地带有日本文化的属性。遗憾的是，早期知识分子在阅读和理解的时候，并没有注意加以辨别和吸收。在一定程度上，日本传来的马克思主义著作只是为马克思主义在中国的系统传播奠定了基础。

除日语外，当时也有与马克思主义相关的英文著作被译成中文。李季的第一本也是反响极大的一本——《社会主义史》中译本就是由英文翻译过来的[①]，这也是他社会主义思想的启蒙书籍。一经接受了科学社会主义的思想，李季就开始注重传播马克思主义经济学的相关理论。在他看来，经济理论是马克思主义的基础。早在1927年他就翻译出版了《通俗资本论》，1932年又翻译出版了《社会经济发展史》和《马克思主义经济学》。他早就注意到了经济的极端重要性，

---

① 李季在北京大学读书时入的是英文科，早年他也以英译中见长。他的译作中，源语言是英语的多达12部，德语有5部，俄语有1部。

因此，十分注意传播经济发展的思想。

除经济思想外，李季还十分看重唯物史观与辩证法的实际应用。他的著作《胡适中国哲学史大纲批判》《辩证法还是实验主义？》以及《中国社会史论战批判》，都是实际运用唯物史观与辩证法的尝试。李季对胡适实验主义的批判十分深入，直到今天来看，他都是批判胡适的先锋。这些论战性的著作，对于唯物史观与辩证法在中国的传播和影响都有极大的价值。

可以明确的是，马克思主义在中国的早期传播基本上依靠翻译外著得来。虽然当时国内一些共产主义者已经开始自行撰写唯物史观相关著作，但这些著作很大程度上是在马克思与恩格斯原著或译介外著的基础上稍加改动，加工而成。这在严格意义上来说，并不能算作原创作品。还需要指出的是，翻译虽然是早期知识分子了解马克思主义的主要方式，但这些译著至多也只是扮演了一种"传声筒"的角色，从知晓到接受，再到自觉运用，是一条相当漫长的道路。

二、跨语境下的早期知识阶级

（一）资产阶级知识分子

在早期传播中，革命派对于社会主义学说持一种热情欢迎和积极宣传的态度，在他们看来，自己才是真正的"中国社会主义者"。孙中山早年倡导的"平均地权"来自欧美社会党的民生主义，这也是革命党派在中国传播的所谓"社会主义"思想。到同盟会成立，革命派知识分子开始翻译和介绍马克思与恩格斯的著作，较之前的传播更进一步。虽然有意详细介绍唯物史观而忽视无产阶级专政学说，资产阶级革命派对于科学社会主义的传播不能不说是进行救亡图存的有益探索。革命派的宣传推动了马克思主义的进一步传播。

除孙中山外，朱执信也为社会主义思想的传播做出了积极贡献。早在1906年，朱执信就在《民报》发表了《德意志社会革命家列传》，详细介绍了马克思的生平、著作和主要思想。尤其是剩余价值学说，朱执信花了许多笔墨介绍，并高度赞扬。朱执信对于科学社会主义的宣传一方面体现在介绍马克思主义的内容，另一方面则体现在对于改良派代表人物梁启超诘难的反击。朱执信撰文指出："社会革命与政治革命当并行者，吾人所夙主张者也。"[①] 直接指出革命的必要性。朱执信还解答了梁启超关于社会革命原因的疑虑。他指出，社会经济组织发展不完全和贫富不均并不是社会革命的全部原因，社会制度的弊端才是必然的原因。朱执信透过社会现象看到了社会制度的不足，看问题具有一定的透彻性。但是限于阶级性，他的资产阶级立场决定了他对于社会主义的理解还有很强的局限性。国民党元老胡汉民也曾对梁启超的改良观点展开批驳。他指出，梁启超对社会主义的态度缘于他根本不了解经济学和社会主义是何物。关于梁启超质疑的中国能否实行社会革命，胡汉民直接予以答复称，中国近百年的经济发展状况表明，改良的办法丝毫不能带来起色。只有通过由内而外的革命，将土地和大资本收归国有，小资本继续自由竞争，才能给中国的经济发展带来生机与活力。因此，资产阶级分子虽有意回避阶级斗争理论，但他们对于马克思主义理论许多问题的理解都比较深入和细致了。

（二）无政府主义者

无政府主义传入中国的时间较早，在 20 世纪最初的 10 年里，已经占据中国思想界的主流。许多早期中国共产党人曾信仰无政府主义，无政府主义者成为他们从封建传统思想过渡到马克思主义思想的中间身份。无政府主义之所以在中国受到热捧，与中国的社会特点有直接的联系。就社会状况来说，中国内外皆动荡不安，封建主义与帝国主义对国民进行着双重的迫害和剥削，独立自主、安居乐业是人民的主要追求。就经济发展来说，中国的经济已经陷入困顿，既回不到传统的自给自足的小农业生产制度，又不能完全自主地发展资本主义

---

① 朱执信：《论社会革命当与政治革命并行》，《民报》1906 年第五号。

经济。伴随着传统产业的破产和新生资本主义的兴起，越来越多的人加入贫困的无产者行列。就在这个时候，无政府主义传入，"互助""平等""集产"等概念给国民带来一线希望。

在国内普遍不能真正了解俄国十月革命性质的时候，知识界曾一度将布尔什维克误解为无政府主义。而无政府主义这个时候也在宣传马克思主义。随着对十月革命和马克思主义的深入研究和传播，马克思主义与无政府主义的界限逐渐清晰，无政府主义也就在此时开始对马克思主义展开攻击。无政府主义者如黄凌霜、朱谦之等，纷纷著文声称无政府主义才是真正的共产主义；同时，污蔑马克思主义为"集产主义"，断定无产阶级专政的强权政治不能为国民带来自由，等等。陈独秀、李达等早期共产主义者一一予以还击。通过与无政府主义论战，许多共产党人厘清了马克思主义的精神实质，自觉放弃无政府主义的主张，站到马克思主义的阵营中来。可以说，无政府主义与马克思主义的论战客观上促进了马克思主义的传播。

（三）革命派知识分子

从理论和实践两个方面来看，革命派知识分子对马克思主义的认知更进一步。1920 年 5 月 1 日，陈独秀在《答知耻》中阐释了剩余价值的概念："工人劳动所生产的价值，远在他们每日所得的工资以上，这工资以上的剩余价值，都被资本家抢去，叫作'红利'分配了。所以工人所得的工资就是能够衣食饱暖，就是衣服楚楚，而被抢的权利，仍然是绝大的损失，终究是要大声喊冤的。"[1]几个月后，他又在《谈政治》一文中提出革命的形式非暴力革命不可。"我敢说：若不经过阶级战争，若不经过劳动阶级占领权力阶级地位底时代，德莫克拉西必然永远是资产阶级底专有物，也就是资产阶级永远把持政权抵制劳动阶级底

---

[1]《陈独秀文章选编》（上），生活·读书·新知三联书店 1984 年版，第 528 页。

利器。"① "我承认用革命的手段建设劳动阶级（即生产阶级）的国家，创造那禁止对内对外一切掠夺的政治、法律，为现代社会第一需要。"② 关于革命的步骤问题，陈独秀提出先进行民主革命，再进行社会主义革命。"我们无产阶级有我们自己的利益，民主主义革命成功了，无产阶级不过得着一些自由与权利，还是不能完全解放，而且民主主义成功，幼稚的资产阶级便会迅速发展，与无产阶级处于对抗地位。因此，无产阶级便须对付资产阶级，实行'与贫苦农民联合的无产阶级专政'的第二步奋斗。如果无产阶级的组织力和战斗力强固，这第二步奋斗是能跟着民主主义革命胜利以后即可成功的。"③ 而革命需要一个强有力的政党来组织和实施，陈独秀很早就提出过建党的提议。与陈独秀一样，瞿秋白也持这一观点，他认为，无产阶级虽然是最先进最革命的阶级，但觉悟程度是参差不齐的，"所以必须有先进的一部分组织政党，来指导全阶级的革命运动"④。关于党的建设，瞿秋白还指出，在党内必须坚持民主集中制。党员具有选举和批评党的基层组织负责人和领导机关的权利；但是党必须有铁的纪律，在民主的基础上实行集中统一的领导。他极度强调批评与自我批评的重要性，认为这一举措能够保全党的威信，使党不断前进。在进行党内批评时，不能过于追究个人责任，而是要客观地研究错误的来源，勇于承认错误，承担责任并及时改正。关于这一点，瞿秋白身体力行，在党的第六次全国代表大会上作《中国革命与中国共产党》，自我检讨"左"倾盲动主义错误。

总之，在传播的早期，各个派别对于马克思主义理论多多少少都存在一定程度的误读。以朱执信对"资本"一词的翻译为例，充满了资产阶级知识分子对于马克思主义的生吞活剥式的理解。就古汉语而言，"资本"至少含有四层含义，其中，用得比较多的是"经营工商业的本钱"之意。由于文化语境和

---

① 《陈独秀文章选编》（中），生活·读书·新知三联书店 1984 年版，第 9 页。
② 《陈独秀文章选编》（中），生活·读书·新知三联书店 1984 年版，第 10 页。
③ 《陈独秀文章选编》（中），生活·读书·新知三联书店 1984 年版，第 209 页。
④ 《瞿秋白文集》（政治理论编）第 3 卷，人民出版社 1989 年版，第 44 页。

生产力发展阶段的不同，朱执信不能理解马克思所谓的资本来源于剥削积累，而简单地把"资本"理解为扣除了生产和消费后的个人劳动所余。马克思主义经济学的丰富内涵被简单化了，阶级性、资产阶级的剥削性也被掩盖了。这种简单化的理解使得马克思主义经济学在社会发展角度的功能泯灭了。

随着传播的深入，各派别对于马克思主义相关理论和观点有了更加深刻的理解。这时，资产阶级知识分子所提倡的民生主义实质上是一种资产阶级的社会主义，他们对于欧美资本主义的批判和对中国未来社会主义的设想，出自对中国社会发展的美好夙愿，试图通过平均地权、资本收归国有等途径，创建一个没有剥削和压迫，人人自由、平等、博爱的社会，这客观上推动了社会主义思想的进一步传播。但是，资产阶级对于科学社会主义的理解存在偏差，故不能将他们的学说视为正统的马克思主义学说。

三、马克思主义早期传播中的译者权利

人类有语言有文字记载以来，不同民族和国家的文化差异就出现了，而翻译几乎是获知异质文化的唯一可能，尤其是当落后的东方文化碰撞到先进的西方文化时，西学向中国的译介传播似乎成为必然。译介在马克思主义早期传播中带有一定的普遍性特征，那就是译者有权对著作和内容的偏重做出选择。译者选择翻译何种著作，其中大有文章。选择一部书译成目的语，更多的是目的语社会文化的需求给译者提供了翻译动机。李季最早从社会主义思潮开始翻译事业，一方面受到国内外环境的直接影响，另一方面他自己本身对新思潮感兴趣，由此开启翻译生涯。留学欧洲研读马克思主义原著，使他建立起系统的马克思主义知识谱系，他研读的德语和英语的马克思主义经典著作及相关理论成果，没有经过二手转译，所以在理解上更贴近原著的意思。经过整理、归纳和内化，他选择翻译一些经济学的著作，补充国人对于经济发展史的知识空白。这是本

土文化思想需求的直接折射。李季对于经济的决定性作用的介绍，是建立在唯物主义历史观的基础之上的。除此之外，他认为，马克思主义最重要的是世界观和方法论的内容。因此，他花大力气创作了《马克思传》以及另外几部论战性的著作，以这种直接的方式向国人普及马克思的学说和思想。

马克思主义在中国传播之初，传播内容并非系统的，在传播势头上也并未呈现出明显的优势。当时最早的传播主体是外国传教士，他们将西方的著述带到中国，按照自己的理解转述给国人，又或者国人依据著述转译为汉语。这个过程中发生了主体的转换，由西方文化传播主体转变为中国文化接受主体。相应地，译介内容往往也会发生一定变化。例如，转向国人容易接受的倾向，也就是加入本土化的理解。再者，一本著作被译介过来之后，受众的反应如何也是传播的重要因素，甚至是可以提前设定好的。这也就解释了为何译者在选择著作进行翻译的时候要提前做多方面的考量。早期知识分子对于西学也是陌生的，他们在转译的过程中会不自觉地以中国传统文化来解读西学的概念。可以说，西学东渐衍生出以中学"化"西学的现象。蔡元培就曾将《论语》《孟子》《汉书·食货志》中的大同思想称作"中国的社会主义"。此外，"养民策""安民新学"等说法也体现了早期知识阶级以传统文化解读社会主义学说的倾向。

以李提摩太为代表的传教士，本意是配合进化论热潮将西方社会发展模式及思想传入中国，以教化中国国民。因此，在内容上偏重介绍社会发展规律相关内容。阶级斗争思想之所以一开始就被国民普遍接受，其原因就在于这与中国的"贫民联合以制富人"的思想十分契合。贫富差距产生阶级分化进而引发阶级斗争，这一社会发展规律在唯物史观的阐释顺序上再次得到证明。由于中国当时的经济发展水平已经远远落后于西方资本主义国家，因此，经济相关的内容一度被译者轻视或搁置。就"资本"一词而言，在当时的中国文化中无法找到与之对应的词汇，所以曾与"财富"混用，这一现象完全将无产阶级与资产阶级之间丰富的阶级关系以及阶级斗争的直接来源掩盖了。《大同学》还加以发挥，将生产资料决定社会生产方式的历史唯物主义观点转化为"贫民联合起来抵制富民是解决贫富分化的路径"。这种做法无异于译者自身夹带私货。译者的这种处理，导致早期的知识分子全盘理解和掌握马克思主义的基本理论成为泡影。

此外，译者在译介某种思想时，也往往会根据自身的历史语境和社会需要，调整翻译的内容和表达的形式。受当时中国社会环境的影响，经济落后、阶级矛盾尖锐的特点使得许多马克思主义著作传入中国后，翻译的重点都放在了阶级斗争上。值得一提的是，李季凭借对马克思主义的整体理解，始终没有放弃经济学思想的译介重点，这一点实属难能可贵。李季几乎所有的译著都处在唯物史观和唯物辩证法的语境之下，这样的预设决定了他不会离开马克思主义的理论阵地。李季既能"译"，又能"著"，这也是当时许多马克思主义者的共同点。因此，译者的理解起着举足轻重的作用。这种理解加上国情的需要，在一定程度上重建了马克思主义思想在中国的理论化体系。这是马克思主义中国化的最初条件和基础。

总体而言，译者受两大因素的主导。一是当时中国的社会大背景，社会需要何种思想体系，未来发展将向何处是时人孜孜以求的论题。二是译者本身的知识谱系和政治立场，知识谱系决定译者的理解程度，政治立场促使译者在译介中表现出一定的侧重或倾向。同时，一些概念在译介过程中呈现出目的语多个词汇代指的现象，体现了译介的随意性和偶然性，这是译介发展过程中的必然。

对比中、英版《社会主义史》，[①] 我们可以通过观察李季对某些概念的翻译，来体味译介的发展过程。马克思主义早期的译著在译法上大多沿袭了日本转译而来的译法，并在汉语中逐步确定下来。但在个别词汇的译法上，此时的译

---

① 本书关于中、英版《社会主义史》的对比研究，中文版选取的是克卡朴著、李季译《社会主义史》1920年版，英文版选取的是Thomas Kirkup, *A History of Socialism*, Peass eds, London: A and C. Black, 1913.

者更倾向于从汉语中重新选择与其对应的词汇来代替日语词汇。早期译介在重点词汇的选择上，经历了从不成形到成形的漫长过程，且这一过程伴随着反复。同一词汇往往对应几个译入语词汇，这种过渡性是早期译介作品的共性。

英文"repress"或"oppress"在日语中一般被译作"壓制"或"壓抑"。日本社会主义家堺利彦（Sakai Toshihiko）在《科学社会主义》中，用的就是"壓制（する）"一词。受日本传来的马克思主义著作的影响，中国早期译介也多使用"压制"一词。这从民鸣翻译的《〈共产党宣言〉序言》①中可以寻到。

李季在《社会主义史》中也沿用了日语的这一译法，在马克思章，"压制"出现了两次，具体见下表。除"压制"外，李季还在译文中采用过"压迫"一词。如下表，Crash原意指坠毁、暴跌、（机器或系统的）崩溃，这里引申为资本主义竞争如影随形的打击、打压，致使工人崩溃，使用"压迫"一词来集中体现，实际上带有意译的倾向。

表1 李季在《社会主义史》的词汇表述

页　码	英文原文（1913 年）	中文译文（1920 年）
141/168	repress/repressing force	压制（力）
150/178	oppressed	压 制
137/164	And this is entirely satisfactory to the capitalist class, whose interest it is to have a reserve army of labourers disposable for the times when industry is specially active, but cast out on the streets through the crash that must necessarily follow.	而资本阶级对于这种情形是非常满意的，因为当工业特别活动的时候有许多闲的工人可以随时雇用，当竞争中所不能免的压迫出现的时候，又将工人逐出工场，这是于资本家很有利益的。

1920年陈望道翻译的《共产党宣言》表明，"压迫"的译法已经在汉语中确定下来了。同年，陈独秀在《关于社会主义的讨论》中写道："我们急于

---

① 民鸣：《〈共产党宣言〉序言》，《天义》1908 年第 15 期。

要排斥资本主义……大部分还是因为外国资本主义压迫我们紧迫似一天。"①
说明"压迫"一词也已经出现本土用法。而这一词汇既非取自日语，也无法在
汉语文献中找到典故。在出现的时间上，日语与汉语几乎同时，很难说是日语
借用汉语还是汉语采纳日语词汇，只能模糊地解释为相近文化在构建新的思想
体系时发生的融会。

此外，为了与 Proletariat（日译"無產者階級"）相对应，河上肇在其节译
的《共产党宣言》中为 Bourgeoisie 选定"有產者階級"的表达。这一表达被李
大钊带回国内，后来"者"字被省略掉，逐渐变为"有产阶级"。

表 2　陈独秀在《关于社会主义的讨论》的词汇表述

页　码	英文原文（1913 年）	中文译文（1920 年）
137/163	Bourgeoisie	有产阶级
138/165	Bourgeoisie	有产阶级

到 1920 年，翻译界逐步开始运用"资产阶级"来替代"有产阶级"，成
为 Bourgeoisie 的对应词。李季译《社会主义史》始于 1919 年，1920 年下半年
出版，正处在这两个词汇新旧交替的过渡时期。李季"有产阶级"的译法印证
了译介的发展脉络。此外，《社会主义史》中译本全部用"底"来表示"的"，
也明确显示出该著处于文白过渡时期。

除了重点词汇的译法在发展，译者翻译的形式也在变化发展。这表现为从
主要意译变为尽量忠实原著的直译。虽然由于异质文化在语境和语法上的区别，
为了使得译入语受众更直接地接受和理解，译者偶尔会采取颠倒小句，或转译
为更好理解的词汇等一些翻译策略，但在意思的表述上一般没有太大出入。如
"Holding the producing class in subjection"，直译的表达为"使劳动阶级处于

---

① 陈独秀：《关于社会主义的讨论》，《新青年》第 8 卷 1920 年第 4 期。

从属地位"①，但为了更好理解，李季将其译为"压制劳动阶级"，在意思的
表达上没有什么变化，但更容易理解了。

20世纪的中国完全陷入困顿局面，大批有识之士为救国救民各处奔走。社
会主义思潮的出现为内外交困的中国带来了曙光。社会主义相关译著的问世，
契合了此时中国社会的文化需求，也体现了仁人志士的爱国赤子之心。在社会
主义思想传播的早期，许多马克思主义的专用术语还没有最后成型，中译文的
准确性并非该著影响深远与否的决定性因素。马克思主义译介事业的成熟，整
体也体现出译者对于马克思主义传播的规划性。可以说，与译文的准确性相比，
这种选择性和自觉构建的意识更加能够凸显译者与传播的密切互动以及对中国
现实的关切。译者对于译本的选择以及对于相关术语译法的替换与反复，奠定
了马克思主义在中国语境中的接受和转化模式。

第二节　唯物史观是"经济史观"吗？

唯物史观传入中国后，其中关于经济基础的决定性作用的内容就被接受了
下来，许多早期知识分子甚至将唯物史观与经济史观直接画等号。李大钊就曾
指出，将唯物史观称为"经济的历史观"更妥当些。这一现象的出现与唯物史
观在中国早期传播的渠道大有干系。日本著名学者河上肇就是"经济史观"的
倡导者，而他的这一观点承继于塞利格曼的《历史的经济说明——新史观》。
鉴于河上肇在日本马克思主义传播中的地位，一大批中国知识分子直接从他那
里拿来了这一观点。这一方面体现了先进同人对于主要矛盾的抓取能力，另一
方面也暴露出他们对唯物史观的理解偏离了马克思主义的精神原旨。值得称许
的是，李季从未将唯物史观等同于经济史观。不仅如此，他也从没有陷入"经
济决定论"的漩涡。为了厘清唯物史观同经济学的关系，李季翻译的一批马克

①［英］克卡朴：《社会主义史》，李季译，亚东图书馆1920年版，第172页。

思主义经济学相关的著作，尽力向大众解释何为资本主义经济，资本主义生产的秘密是怎么被隐藏的，进而揭示出资本主义的未来发展以及中国应该选择一条什么样的道路。

一、《通俗资本论》——马克思主义政治经济学的高度凝练

《价值价格及利润》是李季关于马克思主义经济学的第一部译作，原文是根据马克思的一篇演说稿整理而成的，阐释了马克思关于价值论的主要观点。全书120余页。《通俗资本论》则是一部大部头的关于马克思《资本论》的通俗读本，包括24章，基本囊括了马克思《资本论》的重要内容。当时，国内马克思主义经济著作十分匮乏，仅存的几部也几乎无人问津，王凡西在《毛泽东思想论稿》中还原了这种历史状况。在他看来，不仅马克思主义的经济理论没有受到应有的重视，即便是关于革命的理论在重视程度上也还远远不够。那些参加或领导了1925—1927年革命的共产主义者，虽然多数人读过郑超麟翻译的布哈林与普列奥布拉任斯基合著的《共产主义ABC》，但读了李季翻译的《通俗资本论》的则是凤毛麟角，而后一种人在当时可以算是高级理论家了。李季在当时马克思主义翻译界的地位也可以由此判断。

1925年9月，李季携带书稿从苏联几经周折终于回到祖国。3个月后，他在上海大学为《通俗资本论》写作了序言，次年，通过商务印书馆公开发行。关于翻译目的，李季提及近三四年中，国内批评马克思学说的著作逐渐多起来，读后有点大失所望。所谓的"批评家"对于马克思的学说大都是门外汉，没有研究过这种学说，偏好将一知半解发表出来。这些议论本来是信口开河，毫无价值，但是鉴于他们在理论界的地位，加上国人鉴别能力弱，竟也能哗众取宠。因此，李季希望忠实地将马克思的学说尽量介绍过来，以此制止那些"批评家"再信口开河。《通俗资本论》是李季研读过《资本论》原著后，为了引导更多

的初学者接触进而了解《资本论》而翻译的。这一想法与原作者的写作目的不谋而合。

在李季看来，马克思将《资本论》视为自己的主要著作，因此，要介绍他的作品，理所应当首先选择《资本论》。尤其是《资本论》在欧洲大陆还有"劳动阶级的圣经"之称。博洽德编的马克思《通俗资本论》涵盖了《资本论》一、二、三卷最重要的内容，既全面，又详略得当，使得《资本论》以一个整体的形象与读者见面。更为难得的是，其中的文字90%以上出自马克思的手笔，博洽德只是将这些文字衔接起来，或将一些难懂的词句通俗化，最大程度保留了马克思的原意。在章节的编排上，博洽德稍微颠倒了次序，把第三卷的一些节段放在前面。使得该著由浅入深，由易入难。简单来说，此书是《资本论》的简明本，这是其价值高于其他类似著作的地方。

《通俗资本论》开篇从商品的价格入手，指出影响价格的决定性因素是社会必要劳动时间，商品的利润高低则是在普遍的平均利润率基础上取决于资本的大小。紧接着考察了利润及商品交换，指明商品的交换和流通过程不能创造价值。随后一章进一步研究了商品的使用价值及交换价值，以及社会必需的劳动。解释了使用价值用于满足不同的欲望。当交换价值相同时，交换得以发生。而决定交换价值的是商品的价值，也就是凝结在商品中的人类的劳动量。劳动量的大小通过社会必要劳动时间来衡量，因此，商品价值的大小取决于社会必要劳动时间。将商品的基本属性阐释清楚后，作者引入了劳动力的买卖这一论题，提出工人成为商品的两个条件，并论证了劳动力是一种特殊的商品。决定劳动力价值的因素就是维持自身及家人最低生存需要，以及后代教育（补充新的生产力）的最低要求。至此，作者认为具备了考察剩余价值起源的条件了。他追溯到工人劳动进程的两个特点，指出劳动者在资本家管理之下做工，没有自由与独立；生产物是资本家的所有物，非劳动者的所有物。生产物是一种使用价值，暗含着交换价值。"劳动力的价值与劳动力在工作进程中所增殖的价值是两种不相同的分量。"① "然劳动力这种商品的特别使用价值是价值的泉源，并且是大于劳动力自身价值之价值的泉源。"② 这就是剩余价值产生的过程。

进一步地，作者考察了不变资本及可变资本、固定资本及流通资本的关系。具体来说，不变资本代表着生产工具，即原料、辅助材料和劳动工具；可变资本主要指劳动力部分。而不变资本与可变资本暧昧不清的界限隐藏了剩余价值的来源。作者又接连阐述了平均利润的出现过程，以及资本家增加剩余价值的方法。为了更大幅度提升剩余价值，资本家还主动发起生产方法的改革。大工业取得长足进步的同时，工人阶级的生活日益艰辛，尤其是妇女和儿童的权益根本得不到保障。工作日的延长和劳动强度的增加，使得工人阶级陷入食不果腹、衣不蔽体的惨境。然而，对工人的残酷压榨并没有换来长久的利润增长。资本家之间的竞争渐渐造成行业利润率下降。与此同时，从不间断的是资本的蓄积，尤其是商业资本和信用制度的介入，使得资本主义市场几近疯狂。一边是无休止的再生产，另一边是超出一般消费者支付能力的消费市场，资本主义危机如期而至。

在《通俗资本论》中，一个非常重要的概念是资本家的资本。对于"资本"这一概念的认知，李季与博洽德完全相合，同时，符合马克思对资本的定义。李季还曾经专门驳斥亚当·斯密与李嘉图。他认为，亚当·斯密和李嘉图对于资本的学说，一直被资产阶级的经济学所公认。他们以为凡用于生产中的生活资料和生产工具就是资本，用于享乐消费的财富即非资本。照他们的说法看来，不单单四千年前唐尧帝时代因"凿井而饮，耕田而食"所用的食料和工具是资本，此等凿井耕田的自耕农是资本家，原始共产社会一切用于生产方面的资料和工具都是资本，而原始共产社会的人尽成为资本家，因为当时的人都从事于生产，没有无故而不劳动的。不仅如此，兽类和昆虫为了生存而劳动的行为也成了资本，难道它们也是资本家？从马克思经济学角度出发，李季指出，资本是一种

① [德] 博洽德编：《通俗资本论》，李季译，亚东图书馆1926年版，第36页。
② [德] 博洽德编：《通俗资本论》，李季译，亚东图书馆1926年版，第36页。

社会的生产关系，即资产阶级社会的生产关系。资本不是物品，而是借物品表现出来的人与人的社会关系。通过对《通俗资本论》译介，李季进一步梳理和完善了自己的马克思主义经济学知识体系。

二、《社会经济发展史》——普及人类社会经济的发展脉络

马克思指出，经济史就是生产方法的发展史。因此，厘清社会经济的发展历史，有利于充分掌握人类社会生产方法的演化和变革过程。进一步地，马克思在论证资本主义的生产方法时强调，这一生产方法既生产物质的生产物，又生产与之相适应的生产关系和分配关系。李季抓住该观点延伸得出，马克思所谓的生产方法就是指一定的社会生产形态，而社会生产形态①决定一切。生产关系是人类在从事社会生产过程中加入的不以自身意志为转移的客观的必然的，并且与一定的物质生产能力相适应的关系。一切精神的和政治的上层建筑都建立在生产关系构成的经济组织之上，由此产生一定的社会意识形态。换言之，生产关系决定一个社会的政治和精神进程。

一般来说，马克思主义经济学方面的知识很难为一般群众所了解和掌握。《社会经济发展史》原作者是德国的莱姆斯，他出身工人阶级，他的学识是从自己劳苦的自修中得来的。他在为工人深入浅出地讲解经济知识方面具有丰富经验。莱姆斯从马克思主义的立场出发，以社会主义的观点，概括了经济发展的历史。因此，李季将这部著作译成中文意义重大。该著强调，劳动是人类社会的基础，劳动不仅是人类最原始的生存中的首要基本条件，而且使人超出动物界。凡是人类的发展与进步的一切方面都导源于劳动的进步——用现今的话来说，就是导源于技术的进步。而推动整个社会不断进步的原动力则是人类的欲望，"欲

---

① 指的就是生产关系。

望起源于社会。人类改良工具，坚持劳动是在不断满足自身的欲望"①。在劳动的过程中，人与人形成广泛的关系。人类社会经历了从原始共产主义到古代日耳曼的马克经济，从古代社会的奴隶经济到中古时代的地主经济，最后是城市及城市手工业的发达。该著以历史的时间线为轴，以唯物史观视角梳理了人类社会经济发展的历史。《社会经济发展史》充实了李季的马克思主义经济学知识，奠定了他的社会史分期思想。甚至在写作手法上，李季也受到莱姆斯很大影响。

《社会经济发展史》从人类的劳动讲起，将劳动定义为人类社会的基础。这是因为"人类最原始的生活就是建筑在劳动上面的，即使他们只要挖取植物根，收集植物种子，或摘下果实，此外，他们因为没有备具猛兽的爪牙，只要防备野兽与敌人，然就是这样，也是一种劳动"②。那么，兽类与原人的劳动是否存在差异呢？莱姆斯引用马克思《资本论》中关于动物劳作的观点："蜘蛛所创造的作品和织工的作品有点相似，蜜蜂所建筑的蜂窝足以使好些建筑师相形见绌，自觉惭愧。可是一个最笨拙的建筑师和一只最灵巧的蜜蜂歧异的地方，就在建筑师在他和蜜蜂一样建筑窝巢之前，他的脑袋中已经具有建筑的模型。"③由此揭示出意识是物质在人脑海中的反映，人实现某种劳动是有意识的，并且，有时意识的出现会早于物质的生成。人与动物是根本不同的，这体现在"人类知道去发明工具，他们知道在脑袋里想象一种东西，用手做出来"④，"创造和应用劳动工具一事在某几种动物中虽已有萌芽，然这却是人的劳动进程的特点"⑤。所以，人类是从发现者进步到发明者的。

再者，《社会经济发展史》认为，人的欲望起源于社会，人类也因此而不断改良工具，坚持劳动实际上是在不断满足自身欲望，这个过程中产生了语言。语言是建筑在人类的共同生活及其劳动上面的，它有助于推动劳动的进

---

① [德] 莱姆斯：《社会经济发展史》，李季译，亚东图书馆 1934 年版，第 20—21 页。
② [德] 莱姆斯：《社会经济发展史》，李季译，亚东图书馆 1934 年版，第 10 页。
③ [德] 莱姆斯：《社会经济发展史》，李季译，亚东图书馆 1934 年版，第 12 页。
④ [德] 莱姆斯：《社会经济发展史》，李季译，亚东图书馆 1934 年版，第 13 页。
⑤ [德] 莱姆斯：《社会经济发展史》，李季译，亚东图书馆 1934 年版，第 14 页。

步。自从语言出现，人类社会的发展如同连接了助推器。此外，血缘关系是保持人类最初生存与发展的一种自然的维系物。[1] 随着进化，开始产生人类对社会的依靠。人类关系发生于劳动与社会中，"我们必须承认他们的生活从初时起便是些社会的行动"[2]。因此，劳动本是一种愉快的实现自身欲望的活动，"自剥削社会出现，劳动目的的决定已经不同，而劳动形态的决定权不操于真正从事劳动的人的手中，但操于剥削劳动的人的手中，劳动成为人生的一种重负，原因就在于此"[3]。总而言之，劳动构成全部发展的出发点，劳动与发展通过社会实现。

人类经济的发展史起源于原始共产主义，并慢慢过渡到古代日耳曼的马克经济。从起源的形式来看，血缘的关系无疑构成原始自然的第一种结合。从霍德到一夫多妻家长制的大家庭，完全能够自给自足。"此等单个的家庭又附着在乡村自足的经济单位上，即附着在马克公社上面，在这种公社内，从前霍德的粗笨的原始共产主义已经发达成为更高的马克共产主义。"[4] 所谓"马克共产主义"，即这样一种经济形式，它以自身界限内的森林、草原、小溪、川河、池塘、湖沼、田园、道路、桥梁等为公共的所有物。它的界限是依森林、山脉、河流及湖沼自然的形势而构成的。[5] 需要指出的是，自生产力出现，一定的生产关系就形成了。人类在每一个发展的阶段中有其特别的生产关系与生活关系，所谓的霍德与霍德的联合的经济生活就是建筑在原始共产主义上面的。原始社会主义族群常常在迁徙过程中寻找一块土地维持他们的生活。且"必须为此目的而与自然争斗，藉以取得自然界未尝自由自在地生长出来的东西；所以他们必须绞尽脑浆以求经济的发展，同时又因此而促成全部社会关系的发展"[6]。种

---

① ［德］莱姆斯：《社会经济发展史》，李季译，亚东图书馆 1934 年版，第 25—26 页。
② ［德］莱姆斯：《社会经济发展史》，李季译，亚东图书馆 1934 年版，第 29 页。
③ ［德］莱姆斯：《社会经济发展史》，李季译，亚东图书馆 1934 年版，第 34—35 页。
④ ［德］莱姆斯：《社会经济发展史》，李季译，亚东图书馆 1934 年版，第 54—55 页。
⑤ ［德］莱姆斯：《社会经济发展史》，李季译，亚东图书馆 1934 年版，第 80 页。
⑥ ［德］莱姆斯：《社会经济发展史》，李季译，亚东图书馆 1934 年版，第 74 页。

群间的猎场与住所系公共的财产，猎取养料在劳动公社中实行。在原始共产主义时期，分工是以两性为标准的，妇女与男子因生理上的区别而被安排承担不同的任务。男子主要承担打猎、防御等职责，妇女则负责收集果实、照顾老幼等。这也就解释了为何妇女与农业的起点密切相关。加上火的发现，一方面提高了原始族群的生活质量，另一方面，也对农业的发展起到一定促进作用。农业的持续发展导致社会形态产生，母系时代出现。而男子也逐渐由打猎转为畜牧。随着畜牧业兴起，男性开始替代女性占主导地位。畜牧对农业具有改良的帮助，[①] 因此，出现了产品剩余。除了防备野生动物的侵犯，以农业为生的土著还需要防御游牧者的入侵。

私有经济的产生使得原始共产主义的生产关系被一种更高形态的生产关系所替代，而这带来了经济与政治的不平等。这种更高形态的生产关系就是奴隶制统治下的生产关系。"奴隶恰和死的生产工一样，都是他们（指奴隶主）的物质的财产。所有创造的生产物都属于他们，因为作工的人是属于他们的。"[②] 探究奴隶的起源会发现，战争中的俘虏构成了最初的奴隶。"当农业牧畜和初步手工业部门的分工一经发达，每个人所生产的物品超过他的需要的数量以上，于是将降服的敌人驱入劳动中，便可以加以剥削，这是有利益的。当农业经济与土著愈加发达，这种剥削的可能性便愈加强大，而奴隶制也因此开始了。"[③] 奴隶制的存在符合社会发展的基本规律。我们回顾历史时，总希望于经济关系的发展中，或于劳动的发展中去找社会变迁的终极理由。直到国家兴起，阶级出现，社会发展又呈现出新的特征，走向新的方向。

由于兵事变得频繁，伴随着人民的迁徙，从前自由选举产生的领袖逐渐变成了世袭的公爵。战争的胜利征服了更广阔的土地，也因此拥有了更多的臣民，一个国家的王就此诞生。君主为了实现自己的统治权，需要下辖一些封地。封

---

① 例如，牛拉犁形成奴隶制的经济基础。
② ［德］莱姆斯：《社会经济发展史》，李季译，亚东图书馆1934年版，第102页。
③ ［德］莱姆斯：《社会经济发展史》，李季译，亚东图书馆1934年版，第105页。

地为君主服务并定期纳贡。相应地，君主为封地领主提供庇护。总的来说，地主经济主导的社会构造大致是这样的。"这种组织的绝顶为皇帝与君主，在他们的下面有各级的俗界与宗教界的大地主，古代的高级贵族是由此发生的，在他们的下面有骑士，这是一种小贵族；此等阶级超出大多数丧失权利的和服役的群众之上，日甚一日。然此外到处也还有些旧来的自由农民，他们只承认君主能高出他们之上，但他们的土地所有权和财产权也是彼此完全不相同的。所以就大体讲，此时在大多数依赖的群众上盖着一薄层大地主。"① 由于地主的残酷压榨，农民不但对地主负有缴纳租税的义务，而且还失去了政治与身体的自由。准确地说，他们的身份是农奴。

从社会角度看，由于经济愈加发达，人的欲望也变得更加复杂和繁多。除了偶然上门提供劳动的手工业，各农庄发展出更高级的专门的手工业。这时，真正意义上的分工出现了。这样的农院或农庄是隶属于私人的，农院里的经济被称为"农庄经济"。"农庄经济是自给自足的经济最发展的形态，是一种更高的经济生活的组织，农庄经济所引起的农业力量的发展比古代马克共产主义所能引起的要高得多。"② 此时，古代的自由平等完全消失了，取而代之的是鲜明的阶级性和剥削性。所谓"初夜权"的出现就是一处明证。公元 12 世纪，商品交易与货币经济出现。生产力的提升与无限制的剥削使得阶级对立和分化成为必然。奴隶制下曾经作为生产力的进步因素都被阻遏了。在奴隶制下继续增加生产，不是由于技术的进步，而是由于人口日益剧增，奴隶主拥有了作无限制的剥削的条件。但是，当蓄奴主人的剥削达到歼灭奴隶的境界，新奴隶无限制的输入一经告终，他们自己同时就将奴隶制的基础破坏了。"我们在中古时代也看见统治阶级于货币经济出现后，完全在奴隶制的同一方法中使几世代的农奴与工奴的体力都被摧毁了。社会退化的危险又从新出现。但生产与社会的

---

① ［德］莱姆斯：《社会经济发展史》，李季译，亚东图书馆 1934 年版，第 162—163 页。
② ［德］莱姆斯：《社会经济发展史》，李季译，亚东图书馆 1934 年版，第 190 页。

发展已经取了一个方向，可以由此开出一条新路：即城市经济的路；这种经济是建筑在商业和自由的手工业上面，它并且供给现今庞大的资本主义以一种根基！"① 城市形成的原因是商业兴起，暗含着商业（交换）兴起的过程。货币一经出现，城市就以一种建筑坚固的市场的形态诞生了。在这一切的城市中，当商业与一般的繁荣状况增加，市民的觉悟也就跟着增加，于是，商人和手工业者开始试图毁灭城市的封建政治而建立一种自由的城市政权。继而无产阶级和商业资本出现了。

随着农庄经济中劳动力的数量逐渐增大，而劳动的生产力也得到提升，每个人劳动的产物远远超出满足自己需要的量了。整个手工业的工奴的生产力也增加到足以超过农庄经济需要的程度。手工业本来只是农庄经济的一部分，此刻已发达成为上门的劳动，成为替城市中商业服务的劳动。"手工业因为生产力的进步，遂使地主对于他的支配权不复是一种向前进步的元素；但变成他的一种桎梏。地主这种支配权使在历史上可以形成的生产力不能充分发展，于是手工业者努力扫除这种奴役，对于种种改变的关系，另行树立一种适宜的法律状况——此等努力便成为一种历史的必然事件了。"② 从前有一种历史的倾向促成马克经济的解体，此刻也有一种历史的倾向促成农庄经济的解体。由这种倾向发生出来的争斗最终的结果是城市脱离地主的统治，劳动脱离农役的关系。被解放的人集中于城市中，为数众多，他们此刻变成新形成的经济生活的担当者，而这种经济生活是资本主义的先驱，也是资本主义直接的前提。手工业者于是迎来了自己的经济解放。在经济解放之余，手工业者们又发起参加城市政府的争斗，诉诸武力的争斗。最终争取到了政治解放。就生产和消费来说，奴隶社会与封建社会大致相符合，都是有计划的经济，新诞生的资本主义却是在没有计划的形态中从事生产的。

---

① ［德］莱姆斯：《社会经济发展史》，李季译，亚东图书馆1934年版，第195页。

② ［德］莱姆斯：《社会经济发展史》，李季译，亚东图书馆1934年版，第249—250页。

资本家的资金和劳动者的出现，使资本主义成为现实。新大陆和新航路的发现为资本主义生产开拓了极大的原料产地和市场。资本主义从生产到流通的过程都充斥着对工人阶级的迫害。马克思毫不夸张地说，资本主义的每一个毛孔都滴着血和肮脏的东西。从家庭式手工业到工场手工业，机器对于生产力的提高起到重要的推动作用。电力出现，交通愈加发达，铁路、汽船、邮政局、无线电、电报、电话、飞机、汽车、电车等或出现或发达，人口源源不断地涌入城市，从事农业与工业的人口数量出现了大分野。

在由阶级分化引起的资本主义争斗中，中等阶级获得了政权。西方资产阶级革命印证了唯物史观的正确性。"生产方法一经从根本上改变了，便会发生想来为人所不知道的新阶级。此等阶级为贯彻他们在经济上和政治上的利益起见，开始一种争斗，即一种历史的阶级争斗。当必要的政治势力的转移在旧状况之下如果不能充分实现，这种争斗终必至于用武，至于革命，在革命之中，代表历史上进步的阶级终必取得政权，因政权的帮助，他们才得藉迅速的进步的革命的改革，去实现他们新的经济制度和阶级理想。"[1] 有了资本主义生产（机器）的发展，社会主义在历史上的出现才是可能的。并且这种发展也将实现社会主义所必需的各种力量创造出来了。"资本主义的生产使工人与雇主的利益完全分离了。它除掉压迫男子作工外，还强迫他们的家眷——妇女和小孩——从事劳动，藉以增加资本家的财富。它使工人发生职业病和职业的意外变故，这是以前的人们所不知道的。它使工人人口的康健日趋衰弱，并且把许多职业中的工人直接毁灭了。"[2] 在资产阶级的旁边又发生一个新阶级，即近世工人阶级。"在资本主义统治之下，为文化的利益计，现今社会民主主义的工人运动的兴起是一种历史的必要。"[3] 工厂手工业和机器业的资本主义生产开始出现被社会主义替代的固有倾向。

[1]〔德〕莱姆斯：《社会经济发展史》，李季译，亚东图书馆1934年版，第327页。
[2]〔德〕莱姆斯：《社会经济发展史》，李季译，亚东图书馆1934年版，第337页。
[3]〔德〕莱姆斯：《社会经济发展史》，李季译，亚东图书馆1934年版，第336页。

至此，我们可以发现，《社会经济发展史》是李季社会史分期思想的重要来源。具体来说，至少有这样一些观点。其一，莱姆斯认为，"人类从漂流无定的'霍德'（Horde 即小群之意）而进于霍德的联合（Horden—verbande）与氏族（Stamm），再由氏族而进为氏族与国家"①。李季在探讨原始共产主义之前的历史时，几乎完全继承了博洽德的说法。当然，这种说法与摩尔根和恩格斯的观点也是契合的。其二，莱姆斯称，"人类从打猎起，渐进于畜牧，农业，家庭的纺织，陶业，金属制造，交易，和专门的商业；由此又进于美术与科学之域。每一次进步的效力是革命的，它必然引起更向前走的进步"②。李季在《中国社会史论战批判》中谈及唐、虞以前至虞末为原始共产主义的生产方法时代时，也持类似的看法。他认为，就《史记》来看，黄帝时期已经达到野蛮的高级时代，当时田野农业已经出现，否则至少也在野蛮中级的末叶，即牧畜种植业已经发展，而铜器也早已发明了。其三，莱姆斯提到德意志马克公社时，指出"关于土地的耕种，最初是经营野草的田园经济，后来才发展三田制经济，即将一切农地分为三大分，在一年之中，一分定为夏季的播种，一分定为冬季的播种，一分留着不用，以舒地力。这种三田制的编制出现于德意志，俄罗斯，瑞典，丹麦，和法兰西等处。在俄罗斯的大部分地方，此制至今仍保持着，在德意志，当十九世纪过了许多时候，它仍是蓬蓬勃勃存在的"③。李季在《胡适中国哲学史大纲批判》中论证东周之后封建制度逐渐崩溃消灭，指出随着生产力和工商业的发达，商周两代区田法，空一行种一行，或者二分种一，类比了欧洲古代和中古的二田或三田经济。春秋战国每年施以肥料，达到一田经济。铁器的应用使得春秋战国农业发达，进而推动工商业的发展。交换趋势出现，生产扩大，垄断出现。除却这些观点，李季的写作手法也与莱姆斯十分相似，都是论证与举例结合，以及经常引用马克思的观点做支撑。

---

① [德] 莱姆斯：《社会经济发展史》，李季译，亚东图书馆 1934 年版，第 18 页。
② [德] 莱姆斯：《社会经济发展史》，李季译，亚东图书馆 1934 年版，第 18 页。
③ [德] 莱姆斯：《社会经济发展史》，李季译，亚东图书馆 1934 年版，第 80—81 页。

三、《马克思主义经济学》——通过现象看资本主义生产的本质

《马克思主义经济学》是河上肇负责"监修"的《马克思主义讲座》第二篇第一章，在内容上不包括劳动价值说。日本上野书店于1928年和1929年两次将其作为单行本发行。关于这本小册子的作用，河上肇在序言中直言："本书对于初学的人，虽然有不少的缺点，然而对于传播马克思主义经济学的根本纲要却有多少成效，这是著者聊足以自负的。"[①]该书的写作背景是，日本年度总选举时，虽然日本无产阶级出现在选举场所，但结果是占日本人口百分之五的大资产阶级赢得了百分之九十五的选票。在河上肇看来，这一结果极为讽刺。他希望读者能够通过现象看本质，不要被表面现象所蒙蔽。表面现象不仅有可能与事实不符，还有很大概率与事实完全相反。所以他要求读者拨开遮蔽在资产阶级面前的面纱，看清资本主义生产的本质。为此，河上肇在第一章中就强调要把马克思主义经济学作为一种科学来看待，因为科学的任务是揭示事物的本质和现象形态，因此能够揭示资本主义社会运行的法则。在唯物史观和辩证法的前提下，该书对资本主义的生产、流通领域，就生产力与生产关系的矛盾运动、资本家之间的竞争和金融资本的霸权展开详细论述，是一部将唯物史观应用到经济学领域的力作。

1932年，李季译《马克思主义经济学》在上海由人民出版社刊行。河上肇在原著中强调，为了减少普通民众被资本主义生产蒙骗的现象，运用一种辩证的视角，将唯物史观贯彻到经济领域，是一项极为重要和紧迫的事业。李季对此颇为认同，他在译者跋中表示，该书"在曝露资本主义社会的实质和指出无产者大众的出路一点上，比较其他著作更为明显更为有力。所以，我们不但可以把它当做'资本论解说'来看，并且可以当做一本'无产者政治必携'来看——

[①] [日] 河上肇：《马克思主义经济学》，温盛光译，启智书局1928年版，序言第2页。关于温译本与李译本的联系与区别可参见程运麒《李季与马克思主义经济学在中国的传播研究》，载《〈马藏〉研究》第三辑，科学出版社2022年版，第116—132页。

这也就是我动笔来译这本书的动机"①，明白地表达了自己翻译《马克思主义经济学》的初心。

马克思主义经济学是一门科学，而科学的任务就是发现事物的本质和现象形态。从人的认识规律来看，本质和现象形成辩证法的统一。在现实中，多数民众以为既存政党会为他们增进福利，而执政党也尽力助长这一与事实颠倒的错误认知。"并且这正是支配阶级所希望的。所以旧势力常常是新兴科学之敌，他不能不与新兴科学为敌。"②"科学在这纠正其错觉的一点上已经是革命的了……马克思在经济学的领域的成就，也同样是革命的事业。"③从太阳围绕地球转的错误观念，更正为地球围着太阳转的科学认知，科学家付出了极大的代价。"那末，在社会现象的领域——和各人生活利益有直接关系的领域——内要成就同样的事业，就当然不能不置身于非难，中伤，误解，压迫等等炮火之下，这是不能不觉悟的。马克思说过，'自由科学的研究，在经济学的领域，不仅要遇着像在别的一切领域一样的同一的敌人，而且因经济学处理的材料有特殊的性质的缘故，人们最激烈的最狭量的最可憎的情念，私的利益的复仇女神，都要被叫到战场上与经济学为敌'。"④《资本论》的最后目的是"近代社会之经济的运动法则的曝露"教示我们现代社会的组织是可动的并且正在变动。就这一点来说，《资本论》可谓是指导现实革命的最重要的教科书之一。"那末，经济学若值得享有科学之名，当然就应该要提供指导原理于沉沦在困厄的深渊的最无力的大众，把他转化过来为他的反对物，为一些得享受幸福的生活之最有力者。这样的价值，在马克斯的书籍中，实际是有的。"⑤

马克思的书籍中，能够唤醒世间大众的最直接的观念就是将资本主义社会

---

① [日] 河上肇：《马克思主义经济学》，李季译，上海人民出版社 1932 年版，第 170 页。
② [日] 河上肇：《马克思主义经济学》，李季译，上海人民出版社 1932 年版，第 7 页。
③ [日] 河上肇：《马克思主义经济学》，李季译，上海人民出版社 1932 年版，第 6 页。
④ [日] 河上肇：《马克思主义经济学》，李季译，上海人民出版社 1932 年版，第 7—8 页。
⑤ [日] 河上肇：《马克思主义经济学》，李季译，上海人民出版社 1932 年版，第 9 页。

特殊的运动法则公之于众。"各个历史的时代，各有他特有的法则……人类生活一经活过了特定的发展时代，一经由某一个的阶段，移入到别一个阶段的时候，他即要开始受别的法则的支配。"①《资本论》研究的是资本家的生产方法以及与之相适应的生产关系。"所谓资本家的生产方法，像后面所说明的，就是资本家雇入多数的劳动者，对于他们支给工钱，而把他们用劳动生产出来的生产物，一总归自己所有的一种特殊的生产方法。"②在资本主义生产过程中，最重要的简单事物就是商品。只有从唯物的角度出发，把被当作资本主义社会的细胞的商品设定为研究的出发点，才能真正理解资本主义生产的秘密。因此，商品必须作为我们研究的出发点是无须论证的事实。对于经济生活而言，我们为了生活要不断地将自己的劳动加于外界的自然物而造出种种衣食住的物品来。社会的总劳动以一定的比例分配于制铁、制船、纺织、农业、矿业等各种生产部门。现代经济社会的自然法则，就以商品生产的特殊形式表现出来。商品是资本主义生产的基本单位，是社会财富的细胞。资本主义社会中到处都是商品与商品的交换的关系。这个交换关系的综合，构成了现代社会经济。正如列宁所说，商品交换是有产阶级的商品社会中最简单最普通、最基础最大量、最日常最频繁的关系。

对经济发展尤其是资本主义生产的本质展开研究，首先须采取一种正确的认识方法。"正确认识的方法，就是唯物辩证法。"③用辩证法对商品进行具体分析，会发现资本主义社会的一切矛盾的胚种。商品交换是资本主义社会根本构成的细胞。商品是使用价值与价值两种对立物的统一，体现商品的二重性。使用价值是生产力所产生，价值则表现生产关系。商品中包含的这种根本矛盾是商品生产社会的所有矛盾乃至一切矛盾的胚种。商品之所以成为商品，在于其存在使用价值。我们甚至可以说，商品就是使用价值，商品离开使用价值就

①［日］河上肇：《马克思主义经济学》，李季译，上海人民出版社1932年版，第11页。
②［日］河上肇：《马克思主义经济学》，李季译，上海人民出版社1932年版，第14页。
③［日］河上肇：《马克思主义经济学》，李季译，上海人民出版社1932年版，第16页。

不存在了。交换价值相同的商品可以通过一般等价物或货币进行交换，商品的价值则是一定生产关系下的具体劳动与抽象劳动的凝结。价值通过交换价值表现出来，一旦商品要让渡出使用价值，也即实现价值，就必须进入流通领域。这就是说"商品流通，是资本之出发点。资本，是只有在商品生产及发展的商品流通（商业）到了一定的高度的地方才出现的。世界商业和世界市场是在十六世纪才开始了资本的近代生活史之端"①。被当作流通手段看的货币的介入使得物物交换变为商品流通，被当作支付手段看的货币见证了资本流通的过程。

然而，剩余价值是实实在在产生于生产领域的。"他的交易的目的，在于价值之增殖。其所增殖的部分——即 g——我们把他叫作'剩余价值'。那获得剩余价值的价值——增殖自身的价值——即是资本。"② 价值，或者说资本，为了自身的增殖这个不能完全实现的目的，而又不能不为之不断努力，以尽力求其实现。这个不可解决的矛盾就包藏在它自身之中。究其根本，剩余价值的源泉应当到资本家的生产过程中去寻找。这是因为当作商品的劳动力，是资本家生产的前提。作为商品的劳动力的特性，是生产出比自身价值还要多的价值，这就是剩余价值的唯一源泉。为了最大限度提高剩余价值率，资本家先后发掘了绝对剩余价值的生产和相对剩余价值的生产两种剥削工人的手法。进而劳动生产力之发展与相对的剩余价值之次第增大，相对的工钱之次第减少。由此引发了劳动者阶级与资本家的斗争。相对剩余价值的生产加剧了资本家之间的竞争，社会劳动生产力的提高使得劳动阶级的生活越来越凄惨。劳动手段不仅是测量人的劳动力之发展的标尺，而且是指示人们为劳动力所联结的社会关系的东西。技术的进步与机械的大规模运用，工人的必要劳动时间缩短，但相对剩余价值的比重在增加。因此，劳动生产力之发展伴随着失业者数之次第增加。随着劳动生产力提高，不变资本的比重递增，可变资本比重相对减少。"产业

①［日］河上肇：《马克思主义经济学》，李季译，上海人民出版社 1932 年版，第 52 页。
②［日］河上肇：《马克思主义经济学》，李季译，上海人民出版社 1932 年版，第 69 页。

的进步，对于劳动的需要，不是与资本之积蓄并行的。劳动的需要虽是增加，然而比诸资本的增殖，不过是递减的比例增加罢了。相对剩余价值带来的阶级矛盾更为尖锐，社会革命时期到来了。"[1]生产力与生产关系的矛盾造成过剩人口产生以及劳动者阶级的困厄。

此外，生产力与生产关系的矛盾还导致资本家无法开展再生产。资本构成升级，不变资本所占比例增大，可变资本的分量与剩余价值率没有变化，全体资本增大，利润率下降，一般利润率也次第下落。不变资本增加，可变资本减少，会导致：第一，失业人口增多，消费力下降，从而抑制生产力的增加；第二，社会总资本的平均利润率下降，小资本没落，大资本集中，自由竞争变为垄断。资本家对于生产物所应该支付的劳银榨取去大半，于是生产物愈增加而购买生产物的力量愈减少，从而生产过剩，生产物的价格不得不下落。加上资本家扩大生产，进一步导致商品滞销，利润下降，危机产生。为了转移危机，脱离资本家生产之尽头，资本主义国家将目光瞄向了世界。一旦后进国资本输入的可能性成熟了，先进国资本输出的可能性也就成熟了。以1931年中日资本输入输出为例，当时日本输出资本的主要投资地为中国，尤其是东北，日本资产阶级对东北的工场经营及炭矿铁道等投资达二十五万万元。[2]由此引起一系列蝴蝶效应,资本主义国家对世界的原本分割产生不满，发起重新分割的战争，世界范围的侵略战争爆发。

当竞争转化为垄断，金融资本占领霸权的时候，资本主义的最后阶段就到来了。股份公司兴起后，股东把股票让渡于人。当然，这种让渡仅仅是让渡对于该股份公司利润之分配的权利，因而，购买股票所提供的货币资本，不是形成该股份公司企业资本的构成分子，而只是代表资本化的收益权罢了。加上资本信用与银行加剧的资本集中，托拉斯兴起，金融资本占据了资本主义

①[日]河上肇：《马克思主义经济学》，李季译，上海人民出版社1932年版，第107页。
②雷啸岑：《国际资本战在中国的近况：译自日本外交时报》，《时事月报》1931年第4卷第1期。

生产的霸权。河上肇指出，谷村氏所谓"现在的产业资金不是由一人或少数大资本家出资成立的，换句话说，是以小资本的多数民众为背景而维持其存在的"[①]，也即"所有阶级的民众都参加于企业"的说法，其本质与"所有阶级的民众都参加于政治"正相适应。人类社会历史的将来，是把生产关系统制于人类自身的意识之下，基于自由意志的人类协力而征服自然的历史。无产阶级这个代表生产力之发展的阶级，必然是这个大变革之负担者。

第三节　建构中国马克思主义史学框架

从唯物史观的立场出发，运用唯物辩证法去分析中国古代史，可以说是李季的一大创举。他在研究社会史分期的过程中一直十分注意两者的结合，试图用唯物辩证法反映出动态的唯物史观在中国五千年历史中的表现，证明中国社会形态的更替符合马克思主义社会发展理论。虽然他的亚细亚生产方法和前资本主义生产阶段饱受争议，但不可否认的是，他的马克思主义史学理论从阶级性入手，以认识和把握社会发展的整体规律为目的，这一做法打破了以往只看重史料研究而忽略经济发展脉络和阶级特点的研究方法，给僵化机械的中国史学界带来一股新鲜活力。

一、《胡适中国哲学史大纲批判》——辩证法是科学的方法论

1917年胡适从美国学成回国，提倡文学革命，他对于西方哲学的效用持一种谨慎的态度，认为只有实验之后才能确定是否可行。虽然对李大钊等人在《新青年》杂志发表的关于马克思主义的文章未置可否，但就整体来说，胡适对马克思主义的认知只是一种笼统的观念。至于"问题与主义"之争，虽说

---

①[日]河上肇：《马克思主义经济学》，李季译，上海人民出版社1932年版，第165页。

是论争，但基本上胡适与李大钊是在较为和谐融洽的氛围内就马克思主义的相关论点展开讨论，达成了一些相合的意向，胡适还曾对马克思主义唯物史观表示赞赏。但在群体划分方面，胡适始终有着清醒的认识。实验主义在中国曾风靡一时，吸引了大批青年知识分子，展开共产主义性质的"互助"实验。随着实验失败，多数人转向了马克思主义，开始强调工人运动和阶级斗争的重要性，胡适却依然坚持文化变革的根本性地位。

胡适与李季的渊源颇深。当年，年仅26岁的胡适博士一回国就收到蔡元培的聘书，邀请他到北京大学任教。1915年至1918年李季在北京大学英文科就读，那个年代年轻的"海归"教师自然而然地受到了北大学子的追捧。尤其对学习英文的学生而言，从美国学成归来的胡适博士更增添了一重光环。李季与胡适的交情也是从北大开始的，当时，李季常常就语言问题向胡适请教。即便从北大毕业之后，李季也同胡适和蔡元培保持着密切的联系。据考证，1920年3月1日至1923年2月20日，李季致信胡适12通，蔡元培3通。李季小胡适一岁，但对他十分敬重，写信时称他为"适之夫子"或"适之先生"。不过信的内容有时也较为活泼不拘，两人可谓亦师亦友。

这种友好的交往持续到李季思想完成"左"转，成长为一名马克思主义者，开始对胡适的实验主义和点滴改革产生反感。1931年出版的《胡适中国哲学史大纲批判》就是李季批判胡适实验主义的集大成之作，其中最为核心的观点是批判胡适的方法论不是从阶级的观点去分析各派，而是玄学式地胡乱解释一通，使得中国哲学史更加混乱不堪。该著一经问世，就在当时的史学界引起极大的波澜。作为第一部运用唯物史观和辩证法来著史学的作品，《胡适中国哲学史大纲批判》的确存在一些失之偏颇的地方，引起时人的争相批驳，但这并不能抹杀该著的划时代意义。如张季同虽然对李季的《胡适中国哲学史大纲批判》有诸多指摘，但客观上说，他也承认李季能够从唯物史观的立场考察周秦哲学，研讨诸哲人的阶级，这种方法是可圈可点的。受这种方法的影响，李季得以发现几处前人之所未发的新说，这也可算作对构建中国马克思主义史学的积极贡献，理应受到人们的重视。其他学者如顾冠群、蔡尚思等，也提出李季著《胡适中国哲学史大纲批判》的方法论——辩证法是极正确的。

李季阐述辩证法在马克思主义中所占的位置时，曾指出："俄国著名的马克思主义者较能领略辩证法的真义而加以重视，如普列汉诺夫的著作即表现得十分明白。尤其是列宁，不独深谙辩证法的精髓，而其善于应用此方法且为马昂两氏以后所仅见。他常精细地研究辩证法，正确地运用辩证法，他对于这种方法的著作虽只有辩证法的问题，一篇片段的文字，然因他的郑重提倡，已经使马克思主义中的辩证法得到复兴的机会了。"[1] 李季对辩证法极端重要性的认识继承了列宁的观点，并且很早就对此了然于胸。

胡适对于辩证法的认知则停留在黑格尔哲学上。他认为，辩证法缺乏科学性，只是生物进化论成立以前的玄学方法。相反，实验主义才是生物进化论出世以后的科学方法。达尔文的进化论思想揭示出生物进化与自然演变源自点滴的变革，既不可能一蹴而就，也不可能永恒不变。而辩证法强调一正一反相毁相成的阶段是不间断地呈现的，并且事先预设了一个共产共有的理想境界，以为可以用阶级斗争的方法一蹴而就，并且达到之后又可以用一阶级专政方法保持不变。因此，在胡适看来，这种思想过于简单化了，是对达尔文进化论的根本否定。[2]

显然，胡适对于辩证法的认知是肤浅的。一方面，辩证法虽然吸收了黑格尔哲学的某些概念，但完全超越了黑格尔的唯心主义哲学；另一方面，达尔文提出的进化思想与辩证唯物论是相合的，只不过达尔文将有机物界作为研究对象，而马克思主义的研究对象则是包括人类社会在内的整个世界。"达尔文求之于生存争斗，马克思则求之于阶级争斗，达氏在这自然界中所发现的

---

① 李季：《辩证法在马克思主义中所占的位置》，《读书杂志》1932年第2卷第1期。
② 胡适：《介绍我自己的思想》，载《胡适全集》第4卷，安徽教育出版社2003年版，第658—659页。

运动律和马克思在社会中所发现的运动律都出源于同一运动律。"①除了对胡适关于辩证法的整体认知提出批判，李季还在书中进一步展开深入具体的批驳。

实验主义与辩证唯物论是中国思想方法科学化的两条不同发展路径。杜威的实验主义思想传入中国，最早见于胡适于 1919 年 4 月 15 日在《新青年》刊文介绍的西方实验主义流派及主要代表人物，后因美国实用主义哲学家杜威来华讲演而流行起来。作为一种哲学思想体系，实验主义包括世界观、人生观、价值观、认识论和方法论等方面，但胡适更为重视实验主义的思想方法论的传播。这在他的《实验主义》一文对实验主义核心思想的概括中得到印证。简而言之，在胡适看来，实验主义囊括了"科学实验室的态度""历史的态度"和"思想五步说"。前两者指的是对待事物的态度，后者是具体的方法，合起来就是所谓的"大胆假设、小心求证"。辩证唯物论在中国传播最早可追溯到 1919 年 7月《晨报》刊载的一篇译文——《马氏唯物史观概要》。但真正广泛盛行是在20 世纪 20 年代末期之后。

在世界观与历史观方面，实验主义主张"多元论"，它一方面承认宇宙是客观物质的存在，认为在"那无穷之大的空间"和"那无穷之长的时间"的宇宙里，"天行是有常度的，物变是有自然法则的"②；另一方面，它又认为思想、知识等精神层面的东西也是客观的原因，也可以变动社会，解释社会。因此，它"虽然极端欢迎'经济史观'来做一种重要的史学工具"③，但"唯物（经济）史观至多只能解释大部分的问题"④。就绝对真理与相对真理来说，辩证唯物论认为，随着自然界和人类社会的变动不居，真理也跟着变化，这是相对真理；同时，宇宙间有些客观的实在形成真理后，即具有永久性，不因时间与空间的

① 李季：《辩证法还是实验主义？》，神州国光社 1933 年版，第 157 页。
② 胡适：《〈科学与人生观〉序》，载《胡适全集》第 2 卷，安徽教育出版社 2003 年版，第 213—214 页。
③《胡适答陈独秀先生》，载任建树主编：《陈独秀著作选编》第 3 卷，上海人民出版社 2009 年版，第 147 页。
④《胡适答陈独秀先生》，载任建树主编：《陈独秀著作选编》第 3 卷，上海人民出版社 2009 年版，第 147 页。

变迁而受影响，这是绝对真理。此外，相对真理在一定的时间与空间内也"具有绝对的意义。可见，辩证唯物论认为绝对真理是存在的，它以客观真理自身的是否变化为评价相对还是绝对真理的标准，而不因人类认识的相对性否定绝对真理的存在"①。实验主义以相对论为基础，否认绝对真理的存在，认为天下没有永久不变的真理，没有绝对的真理。只能具体看"我们在这个时候，遇着这个境地，应该怎样对付他"，"这种对付这个境地的方法，便是'这个真理'②"。"这个真理"是"实在的，是具体的，是特别的，是有凭据的，是可以证实的。因为这个真理是对付这个境地的方法，所以他若不能对付，便不是真理；他能对付，便是真理：所以他是可以证实的。"③简言之，实验主义所谓真理与否的标准是以"效用"为转移的。

在李季看来，胡适《中国哲学史大纲》最大的缺点是不以阶级的观点去分析各派。为了批判胡适，李季写就《胡适中国哲学史大纲批判》一书，从经济基础决定上层建筑的唯物史观基本原理出发，一方面大致划分了中国历史的不同发展阶段，另一方面从诸子的阶级性中重点发掘了诸子哲学勃兴和中绝的原因。

李季援引马克思对于封建社会的定义，认为个人的依赖关系构成社会生产的基础，劳动和生产物以自然的劳务和自然的回报的形式加入社会的行动。这与周代的情形十分契合，所以他说封建制度始于周朝，武王克殷，大封先土后裔和功臣谋士。周室东迁，封建制度日渐崩溃。春秋时已有郡县，战国时更多，秦始皇废除封建为郡县，这种制度寿终正寝。关于封建社会制度的崩溃，他认为，由于铁器出现，农业生产水平大幅度提升，进而推动了商业的产生和发展。商业对于生产的组织总是产生一种解体的影响，一种新的生产方法将起来代替旧的生产方法。这不是以商业为转移，而是以旧生产方法自身的特质为转移。

---

① 李季：《辩证法还是实验主义？》，神州国光社 1933 年版，第 135 页。
② 胡适：《实验主义》，载《胡适全集》第 1 卷，安徽教育出版社 2003 年版，第 281—282 页。
③ 胡适：《实验主义》，载《胡适全集》第 1 卷，安徽教育出版社 2003 年版，第 281—282 页。

当封建的生产方法不再适用于当时的生产关系，封建的生产关系就在东周之后逐渐崩溃了。新兴起的生产方法一直到前清咸丰年间为止。自此以后，中国发生机器工业，才有资本主义的生产方法。[1] 马克思说过，封建的生产方法延伸出两条路，一是生产者变成商人和资本家，二是商人直接操纵生产。李季认为，秦始皇确立的郡县制致命打击了封建制度，商人资本在产业发展中取得优越地位。这时，社会生产的特点是商业统治工业，社会开始进入前资本主义的时代。

李季从阶级性出发，认为春秋战国时代思潮可以分为四大系：代表贵族和封建地主阶级的老庄系；代表士和新兴地主阶级的儒法系；代表农工阶级的墨子系；代表无产阶级的许行系。老子代表旧贵族和旧统治阶级（封建地主阶级），他反对推翻封建制度。李季说他是一个反动分子而非胡适说的革命家。旧制度的崩溃使他们反动、厌世或出世，为了拥护封建贵族的利益，老子极力反对工商业，甚至不惜主张回到封建最初自给自足的社会形态。孔子代表士族和新兴地主阶级，他提倡重视农业是为了增进地主的财富。孔子不是贵族出身，而是士阀。当他看到诸侯大夫互相侵伐征战，扰攘不宁，便想要借此确立一种中央集权的天子制，去适应他所代表的士和新兴阶级的利益。他要的是中央集权的权威，而非恢复封建制度。[2] 孔子学说之所以支配中国两千年之久，是因为统治阶级为地主阶级。荀子要求被统治阶级"明贵贱"，"寓褒奖，别善恶"指的是统治阶级褒奖则为善，统治阶级贬斥则为恶。荀子背后实际上是这样的观点：法的作用在于使一般在财富上和地位上占优势的人永久地保持这种优势。在经济上既不平等，在法律上的平等便等于欺骗。孟子的"性善论"与荀子的"性恶论"都是唯心论，与阶级立场、环境影响和遗传学有关。墨子代表小有产的农工阶级。他所谓的"兼爱"政策源于农民阶级意识暗昧，力量薄弱，只能调和矛盾，减轻痛苦。墨子的理论完全从他的阶级观点出发。智识浅薄

---

[1] 李季：《胡适中国哲学史大纲批判》，神州国光社 1931 年版，第 20 页。
[2] 李季：《胡适中国哲学史大纲批判》，神州国光社 1931 年版，第 91—92 页。

的人对于宗教的迷信非常坚强，智识较高的人则反之。"明鬼"——墨子信鬼含有阶级的意识在里面。墨子借"明鬼"之说，阐发注重民众利益的观点。"非命"也是从农工的利益出发。"节葬短丧说"是因为墨子认为厚葬与农工的利益太不相容。"非乐"因为"乐"与农工无缘，并且直接妨害他们的利益。"劳动（即所谓'力'）为人类生存的唯一要素，这只有代表农工阶级的人才能够领略得到，并说得出，决非统治阶级的人所能想象的。墨子明知道乐足以安身，甘口，美目，乐耳，而偏持一种非乐论，正是反映着当时贫苦农工的一种意识，因为他们在饥不得食，寒不得衣，劳不得息的当儿，一切音乐的功用完全谈不到。他是一个唯物论者，他的非乐论是从民众的物质生活中发挥出来的。"[1]墨子之所以反对儒家，是因为儒家生活条件优渥，注重礼乐，不准其他阶级僭用，所以用礼乐来约束被统治阶级。在墨子看来，农工贫苦的状况决定了他们不可能也没有必要僭用地主阶级的礼乐，所以加以排斥。[2]再者，墨家提出"非攻"是出于为农工阶级考虑。到了汉初，前资本主义的地主阶级成为统治阶级，墨家灭绝的真正原因是农工阶级的失败。

同样地，从阶级性出发可以得出法家代表地主阶级。李季提出，凡统治阶级的代表在实际上虽只代表一个阶级的利益，但在外表上总要加一番粉饰，装成代表全体民众，至少是代表最大多数民众的利益 。[3]商子、韩非子所说的"农战之士"和"耕战之士"[4] 指的不是普通农民和兵卒，而是地主和军官。法理学的起源是补礼之不足，其客观主义、责效主义较儒家进步。因此，李季认定法家代表地主阶级，许行、陈相、陈仲代表极贫苦的农工、雇工或奴仆，[5]他们限于教育程度较低，识文断字的水平与其他三个阶级不可同日而语，没有完整成形的学说，但主张比较激烈。在李季看来，越是下层民众的代表，主张便

---

① 李季：《胡适中国哲学史大纲批判》，神州国光社 1931 年版，第 118—124 页。
② 李季：《胡适中国哲学史大纲批判》，神州国光社 1931 年版，第 129 页。
③ 重农薄税的最大部分的利益归诸地主，并不归诸农民。
④ 这里指武士，儒家一般指文士，这是商子、韩非子与儒家的区别，但非根本对抗。法家承儒。
⑤ 与儒家互补，因此有相似之处，也常常互相补位。

愈激烈而彻底；反之，越是上层人民的代表，主张便愈温和而趋于保守。

从阶级角度出发，还可以窥见四大系兴衰的原因。第一，代表贵族和封建地主阶级的老庄系因贵族和本阶级的灭亡走向怀疑主义，只剩下微弱的叹息。第二，代表小有产的农工阶级的墨子系因本阶级受尽残酷战争的毁灭和横征暴敛的诛求，一部分死于战争，另一部分残存的受新兴地主阶级和政府的剥削压迫，生活日趋贫苦，阶级力量日益薄弱。直到秦末农工暴动失败，这一系在哲学上战斗的能力也不复存在了。第三，代表无产阶级的许行系因本阶级的力量原来异常薄弱，除为战事所牺牲外，又备受比农工阶级还要厉害的剥削与压迫。加之这一系的学说十分幼稚，本来站不住脚，更容易趋于消灭，较前两系灭亡更早，甚至连自己的学说都无法保存。第四，代表士和新兴地主阶级的儒法系因本阶级的势力飞黄腾达，日趋强大，在哲学上也一往无前，"狭义的功用主义"和"专制的一尊主义"应运而生，及至汉初形成儒法系独霸天下的局面。两千年来在政治上总是开儒家的医方，行法家的手术。除内部原因外，还有外部的和次要原因，如秦始皇焚书等。内因决定外因，外因通过内因起作用。李季进一步补充道，如果没有内部的原因，则外部的原因不能发生很大的作用，即便发生作用也只能是暂时的。

二、《中国社会史论战批判》—— 唯物史观是划分历史的科学依据

"理论在一个国家实现的程度，总是决定于理论满足这个国家的需要的程度。"[①] 从唯物史观的视角看，近代中国封建性质的变化首先发生在经济领域。在帝国主义的胁迫下，中国不得已打开了从明中期开始封闭了近 400 年的国门。自给自足的小农经济瓦解，封建制度的经济基础也就不复存在了。然而这并不意味着封建的剥削关系也得到解除；相反，大地主勾结了帝国主义、买办与军

---

① 《马克思恩格斯选集》第 1 卷，人民出版社 2012 年版，第 11 页。

阀，对农民阶级层层盘剥，形成一种畸形的、严苛的剥削关系。与此相对应的是半殖民地半封建性质的四分五裂的中国。在整个社会危机四伏的时刻，文化界空前活跃。传统文化式微，西学东渐的浪潮席卷了整个中国。中国知识阶级，无论是资产阶级还是无政府主义者，抑或共产主义者，纷纷转向西方，如饥似渴地汲取新能量。各个派别的政治信仰和对未来社会发展的设想出入甚大，却唯独普遍接受或至少不完全否定唯物史观。唯物史观的理论及其方法论在中国知识分子的心中生根发芽，使得早期的学术话语同处于唯物史观的语境之下。这也为思想界各大论战的开展提供了前提。社会史论战时期，唯物史观已成为早期知识分子的共同语境。

那么，唯物史观究竟为何物？应该明确的是，唯物史观不是一蹴而就的东西，而是经过反复实践、总结，再实践、再总结得来的关于社会发展规律的科学的基本原理。事实上，我们可以从马克思、恩格斯的相关哲学著作中窥见一些端倪。19 世纪 40 年代对于马克思主义哲学来说是非常重要的一个历史时期，《〈黑格尔法哲学批判〉导言》开启了哲学史的一个新时代。包括《1844 年经济学哲学手稿》《关于费尔巴哈的提纲》以及《德意志意识形态》等在内的哲学著作开始有意识地搭建马克思主义哲学的基本框架。一直到 50 年代末期，唯物史观的内容才较为完备。其间，马克思与恩格斯经历了欧洲无产阶级革命，将理论与实践紧紧结合在一起，使得《哲学的贫困》《共产党宣言》《路易·波拿巴的雾月十八日》等一系列不朽著作一一面世。1859 年，在《〈政治经济学批判〉序言》中，马克思首次总结归纳了唯物史观的基本原理。那就是生产力决定生产关系，经济基础决定上层建筑；生产力与生产关系的矛盾是推动社会发展的根本动力；社会存在决定社会意识；社会形态由低级到高级发展，社会主义代替资本主义的必然性的原理。为了进一步阐明马克思主义哲学的基本原理，恩格斯著《路德维希·费尔巴哈和德国古典哲学的终结》，将唯物史观高度凝练为"关于现实的人及其历史发展的科学"①。至此，马克思与恩格斯围绕唯物史观，通过相互联系的范畴体系，运用辩证法的思维考察了全部社会生活和历史，还原了现实的人及其历史发展的全过程。

李季接触唯物史观的相关内容最初是通过英国人克卡朴所著《社会主义史》一书，对马克思学说的介绍得来的。随着社会主义相关译本广泛传播开来，以及 1919 年李大钊《我的马克思主义观》的发表，国内陆续出现了较为完整的唯物史观原理的阐释。但这些都是相对零散的点线式的诠释，严格来说并不系统，甚至并不准确。1921 年，李季前往欧洲留学，并在 1925 年转入莫斯科东方大学。5 年间他阅读了大量马克思主义相关著作，逐步建立起完备的唯物史观的知识网络。但是李季对于唯物史观的传播和尝试运用早就开始了。他在北京大学就读时就曾参与李大钊牵头组织的马克思学说研究会的雏形组织，② 他还在各报刊发表文章，著书立说，参加社团组织与研究会，以及在大学设立讲坛专门讲解唯物史观的内容。

在《中国社会史论战批判》中，李季以唯物史观作为划分历史分期的科学依据，在对每朝每代生产方法的断定方面，详细考察其时的生产工具、社会阶级状况、经济发展情况以及政治形式等。严格按照唯物史观的基本原理，考证史料，引经据典，对中国古代历史展开研究。可以说，《中国社会史论战批判》是李季具体运用唯物史观来分析中国问题的代表之作。

李季在论证夏代的生产方法时，从土地所有关系入手，援引摩尔根的研究结果，指出在人类社会野蛮后期的末叶，土地的所有关系开始趋向于国有和私有两种形态。通过史料记载，李季得出夏代土地公有的事实，这与马克思关于亚细亚生产关系的观点一致。在亚细亚的生产方法下，土地归国家所有，国家从国民那里收取一定的作物，也可以看作物质形式的地租。这是从经济角度

---

① 《马克思恩格斯全集》第 28 卷，人民出版社 2018 年版，第 349 页。
② 马克思学说研究会 1921 年 2 月曾在校报登出启事，到 1922 年，李季译《社会主义史》已经作为研究会藏书供会员研读。

的考察。此外，从政治角度的考察也是必要的。摩尔根在《古代社会》中关于氏族制和世袭权的关系有过专门的描述，他指出，自由是氏族制社会的一大特点，各氏族、胞族和部族各自独立，形成一种自治的小团体，这与世袭制的君主专制有根本的区别。根据《史记》《夏本纪》的记载，夏帝王世系表中体现了世袭制的诞生。换言之，夏代不可能还停留在氏族社会。因为各自独立的氏族制与君主专制在根本上不相容。

关于亚细亚生产方法的解释是李季社会史分期思想的重点之一。首先，对于亚细亚生产方法的定位，李季的认识与胡秋原等人不同。后者认为马克思将亚细亚指定为近代中国和印度的一种生产方法，李季则认为是指古代印度及东方其他各国的一种生产方法，如涉及近代，便是指这种生产方法的残余①。亚细亚生产方法这个名词是马克思于1859年在《〈政治经济学批判〉序言》中提出的。郭沫若曾经将其看作原始共产主义的生产方法，被李季严厉驳斥。李季将其应用在殷代，又引起胡秋原的反对。杜畏之《中国研究批判》引论力言中国历史上未曾有亚细亚生产方式。李季看过他们的论文后，不但没有被说服，反而又将亚细亚生产方法应用在夏代。其次，通过考察古史，李季指出大禹治水在很大程度上促进了农业的发展，私有财产产生，阶级出现，国家应运而生。同时，李季就当时的经济展开进一步论证，他提出，亚细亚的特征是由小农业与家庭工业联合构成的。夏的社会经济状况完全与之相符，田野农业的发展催生了农业与家庭工业的初步联合。因此，断定夏代是亚细亚生产方法的开端。

李季社会史分期思想的另一个重点是关于前资本主义的划分。王礼锡曾用"专制主义"解释中国自秦汉至清鸦片战争前"这一段谜的历史"。李季认为划分经济发展的时期应以生产方法为标准，"专制主义"不是一种生产方法，而是某种或某几种生产方法所产生的一种现象，因此并不适用。由此，李季提出了前资本主义的生产方法。但"前资本主义"这一术语极易引起争论。李季

---

① 李季：《中国社会史论战批判》，神州国光社1936年版，序言第30页。

在《中国社会史论战批判》中关于这一点曾回应王礼锡。在李季看来，马克思所提"前资本主义的生产方法"分为广义与狭义两种，广义往往带有"一切""诸"等形容词，狭义则没有附加形容词，且为单数，专指前资本主义的生产方法。[①]此外，《资本论》还有《前资本主义》一章。因此，"前资本主义"这一术语属于马克思主义范畴这一点确定无误。李季还特地举出自己翻译过的无产阶级作者桑姆巴特的著作《近世资本主义》，指出自8世纪至早期资本主义以前的时代为前资本主义的时代。关于前资本主义生产方法的性质，李季运用历史唯物主义的方法明确提出，某个特定的社会历史时期一般由一种或几种生产方法共同组成，一种或几种生产方法所占据的份额随着生产力的提升或下降有所变化，一旦其中一种生产方法造成独占的局面时，就到达了这种生产方法的鼎盛期。当一种生产方法与其他生产方法共同存在并且逐渐开始占据领先地位时，就是这种生产方法的发展和崛起时期。而当一种生产方法与他种生产方法并存，但是自身趋于崩溃时，这就是这种生产方法的末期。此外，还存在一种过渡阶段，那就是旧的生产方法几乎完全崩溃，但新的生产方法还没有形成，各种参与的生产方法混合在一起的历史时期。

李季还从历史唯物主义出发，论证了中国的前资本主义阶段为何跨度如此之长。首先，李季承认前资本主义是一种过渡性的生产方法。其次，在他看来，中国的文明发展较早，公元前1134年至前247年已是封建生产方法兴起至消灭的时代。自此以后，因生产力的不发达，两千年中便停滞在前资本主义的阶段而不能进展，故前资本主义的生产方法所占的时间特别长久。针对王宜昌将秦汉至鸦片战争前这个长时期划分为几个性质截然不同的时代，李季展开反驳。他认为，中国自秦汉以后，因产业——特别是商业的发展而产生大量的奴隶，[②]这是事实。但绝没有形成古代希腊罗马那样的奴隶制度，因此，在经济中也绝

---

① 李季：《中国社会史论战批判》，神州国光社1936年版，序言第37页。
② 意味着生产力的提升。

没有占主要的地位。在这两千年的经济中占主要地位的是农工业直接结合的半封建的小农生产，至于完整的封建制度，在这个长时期中始终未尝出现，无论五胡十六国之乱或蒙古人的侵入是怎样破坏了中国经济制度，或怎样企图恢复封建制度，这种制度的基础已被商业蚀毁，单靠政治的力量是"恢复"不来的，至多不过达到一种半封建或封而不建的局面罢了。① 这也就是说，旧的经济基础不符合新的生产关系的要求，政治上层建筑的反作用敌不过生产力与生产关系间不可调和的矛盾。

李季之所以提出前资本主义生产方法期间不应有其他的划分的观点，是基于这样一种看法。李季认为，中国周代的所谓"封建"或封建制度虽带着浓厚的政治色彩，但究其经济状况，与西欧中世纪的封建制度没有什么大差异。所以无论是中国古代的"封建"，还是外译来的"封建"，在秦汉至清代都没有表现过。在这个长时期中，虽因内争外患几经变乱，使当时的经济受到重大的打击，而呈现退化的现象，或因累世承平，产业发展，而呈现进步的现象，然而只是程度的问题，于生产方法的性质绝无变更。② 经济制度是区别不同社会形态的基本依据，反映着经济最本质的社会特征。李季对于经济史的划分强调了不同经济制度的变革，其实就是对于中国历史各阶段性质的区分。这种区分建立在对各朝代经济基础和上层建筑的逐一考察之上，呈现出明显的唯物史观方法论特征。

鉴于前资本主义生产方法备受争议，李季围绕这一生产方式总结出 7 个特点：一是小农业与家庭工业的直接结合，构成一个地方小市场的网。二是高利贷资本和商人资本很占优势。三是商业宰制工业。四是地主阶级和其他上等阶级的存在。五是独立生产者和手艺工人的存在。六是各种生产方法残余的存在。七是农工的破产流为贫民和生产工具的集中。③ 这七个特点囊括了经济、政治

---

① 李季：《中国社会史论战批判》，神州国光社 1936 年版，序言第 41 页。
② 李季：《中国社会史论战批判》，神州国光社 1936 年版，序言第 42 页。
③ 李季：《中国社会史论战批判》，神州国光社 1936 年版，第 91 页。

等方方面面的内容，以一种简单明了的方式阐明自己对前资本主义生产方式的定义，显示出李季对唯物史观方法论的深入思考与对中国历史情形的细致考量。

在对资本主义生产方法的鉴定标准上，李季针对时人认为只有出现了大机器生产，资本主义时代才算来临的观点，提出大机器生产并非判定资本主义生产的唯一标准。仅仅着眼于是否应用大机器实际上违反了辩证法的实质，也不符合唯物史观的核心精神。李季还从唯物史观的立场出发，借助唯物辩证法，在论战中驳斥了顾颉刚的实验主义。他提出，从《诗经·大雅》的《绵》篇所描述的经济以至政治状况着眼，可推出独立的诸侯于殷末兴盛，这是周代封建制度的基础。文王时，已有"庶邦"向之纳贡，这便是封建制度的萌芽了。他的结论同样建立在对政治和经济情形的还原基础上。最后，李季声明，竭诚欢迎他们尽情反驳，因为他这一次也许仍旧和上次一样，没有闯进真理之门。不得不说，以开放的态度对待异见者，不仅凸显了李季的理论自信，这样的胸怀和气魄也是唯物史观者的集中体现。

三、《古史辨的解毒剂》系列文章——反对形式逻辑与实验主义的研究方法

除中国社会史论战时期对"古史辨"派实验主义和形式逻辑方法展开集中批判外，20世纪40年代的《古史辨的解毒剂》系列文章是李季对"古史辨"派的再次批判，并因此掀起史学界的一个小高潮。此时，杨宽和童书业等人后来居上，逐渐成为"古史辨"派代表人物。在几个回合的小论战中，李季始终着眼于唯物史观的方法论，以社会史的模式来助推中国史学的发展。

1946年，李季因不认同"古史辨"派的治学方法，认为长此以往中国史学将毁于一旦。遂撰写《古史辨的解毒剂》一文发表于《求真杂志》第1卷第1期。时隔10余年，李季依然首先从方法论的角度入手，给予"古史辨"派重击。他

指出，在实验主义的方法下，"古史辨"派 20 多年的所谓"整理国故"看似硕果累累，[1] 实际上无疑将中国的古史研究拖进黑暗的沼泽，越挣扎越没有出路。单就古书鉴伪来说，"古史辨"派不从实际出发，以实事求是的辩证态度去甄选，而是给古书定性，一旦定为真书就全盘接受，定为伪书则全盘否定。李季对这样的做法嗤之以鼻，认为虽然有些古书是经过窜改和增补的，但这并不能说明该书内容就完全是伪造的。相反，即便认定一部书是伪书，也不一定所有内容都是伪造而来，伪造也需要依据事实。因此，鉴别的过程不能搞"一刀切"，而应该具体问题具体分析。

当然，史料鉴别只是研究古史的第一步，一旦掌握了可靠的史料，就要具备与之匹配的科学素养。史学研究之所以难度大，就在于它覆盖的范围不仅仅局限在历史学领域，与之相关的交叉学科如考古学、生物学、地质学、民俗学等，都要有所涉猎。在研究中要能够灵活地或支撑论点，或提供反证，总之，帮助研究者得出科学的结论。以杨宽为代表的"古史辨"派新生力量，非但没有超越胡适、顾颉刚等人，反而提出一种"神话学"的研究方法，笼统地将尧舜禹时期归为神话时代。对此，李季抱着恨铁不成钢的心情批评道："他们对于这些科学，不独未曾深入，连浅尝都没有。"[2]

"古史辨"派又被称作"层累地造成古史"派，原因就在于他们研究古史遵循这样一种信条：时代愈后，传说的古史期愈长；时代愈后，传说中的中心人物愈放愈大；即便不能知道某一件事的真实的状况，但可以知道某一件事在传说中的最早的状况。简言之，就是"不言"即是"不知"，"不知"即是"没有"。李季认为这一信条或者说公式，毫无科学性可言。因为传说的历史价值是与当时的社会发展阶段相适应的，仅以时代的远近为判断标准，显然是不合适的。尤其是杨宽倡导的分化演变说，以神与兽的发现作为研究古史的前提，简直荒

---

① 当时《古史辨》已经出到第 7 册。

② 李季：《古史辨的解毒剂》，《求真杂志》1946 年 5 月第 1 卷第 1 期。

谬。在形式逻辑与实验主义的研究方法下，"古史辨"派弃可靠的史料于不顾，将古代帝王与神话人物混为一谈，使得中国古史研究的任务愈加沉重。这些批评像一记重拳正打在"古史辨"派的薄弱之处。总之，在李季看来，"治学方法的幼稚，研究范围的狭小，和科学素养的欠缺，是古史辨派的致命伤"[1]。

不久，杨宽接下李季的战书，在《东南日报》发表《"古史辨的解毒剂"的解毒剂》一文，为"古史辨"派公开辩护。在杨宽看来，李季本身对于夏朝进入铁器时代的论证都不能使人信服，批判"古史辨"派腰斩古史更是欲加之罪了。"古史辨"派的做法非但不曾斩断古史，反而是要去伪存真，恢复神话传说的本来面目，为研究古史提供切实可靠的材料。但是这一辩解并未得到李季的认可，他随后又撰一文，列出夏代进入铁器时代的五个理由，同时，进一步声讨"古史辨"派画地为牢的研究方式。当然，李季为自己的辩护也不能说服杨宽。又一个回合下来，两人均不能说服对方。这时，"古史辨"派的另一骨干人物童书业站了出来。通过对杨、李二人论争的观察，他退了一步，指出"从神话里探索人事或人话是进一步的工作——是更艰苦的工作，须得地下有大量新史料出现才可着手，现时冒险去探索，结果有成为全盘附会的危险的"[2]。童书业这一见解得到李季的初步认可，但他还是强调了不完全一致的方向。古书中虽然有古人编造的成分，但也不能因此否认其中的可信内容。像"古史辨"派那样被"层累地造成的古史"框住，只会把中国的古史研究带到教条主义的邪路上去。后来李季与"古史辨"派的论战以童书业发表的《给李季先生的一封信》为标志，暂时搁置了。在信中，童书业毫不掩饰地承认"古史辨"派与李季的根本分歧在于方法的差异。认为"古史辨"派通过立下假设，考证史料，步步求证的方法著古史。而李季"脑子里存有一个社会进化阶段的公式，一切的研究，都以证明那公式为目的"[3]。

① 李季：《古史辨的解毒剂》，《求真杂志》1946 年 5 月第 1 卷第 1 期。
② 吴流（童书业）：《论神话传说之演变质李季先生》，1946 年 9 月 26 日《东南日报》。
③ 童书业：《给李季先生的一封信》，1946 年 12 月 12 日《东南日报》。

至此，尽管期间不乏偏激的语言与片面的观点，李季与"古史辨"派的论战清晰地揭示了唯物史观与实验主义在著古史上存在不可调和的矛盾，双方在研究方法上是根本对立的。纵观史学界的发展历程，能做到对实验主义尤其是其方法论进行系统、深入、细致批判的，唯有李季一人。

从1920年《社会主义史》中译本问世起，李季就扮演了思想界的"搬运工"角色，《价值价格及利润》《通俗资本论》《社会经济发展史》《马克思主义经济学》等一系列译著在中国知识界与马克思主义思想之间架起一座桥梁，填补了学术界关于马克思主义理论认知的空白。除译介外，李季还主动参与中国马克思主义史学的构建。他运用唯物辩证法，通过对社会各阶级性质的分析，重新著述中国哲学史以及划分中国社会史的行为堪称史学界一股清新的空气。因此，李季对于中国马克思主义传播的贡献是无论如何不该被忽视的。

第三章
从现象到本质：如何理解马克思主义？

作为马克思主义理论的宣传家和翻译家，李季实现自己使命的前提是构建起完整的马克思主义基本理论的解释框架。这一解释框架囊括了他对马克思主义性质和基本原理的把握。客观地说，马克思主义理论本身就是一种超越了个人功利层面的科学的理论指导，马克思主义信仰使人自觉地从个人价值追求的层面上升到社会利益的层面，在从某种意义上来说无根据的世界中为自己定向。马克思主义基本原理为个体的人提供了科学的认识世界和改造世界的理论指导，唯物史观和唯物辩证法充当了人们观察事物与付诸实践的方法论。李季构建马克思主义基本理论的解释框架，实际上是他进一步传播和研究马克思主义的奠基性工作。

第一节　窥见马克思主义本质

一种学说的性质代表了这一学说不同于其他学说的根本属性。马克思主义的性质反映的是对马克思主义理论的根本性认识。李季综合自己的人生经历与马克思主义的基本理论，形成了对马克思主义性质的认识。在他看来，科学社会主义是为民众的幸福而奋斗的科学指南。同时，要改造世界必须承认世界是物质的，并且遵循人对事物的认识规律，采取群众运动的革命形式，实现社会主义对资本主义的替代。李季还对唯物史观和辩证法提出了自己的理解，这在当时是难能可贵的。

一、"为民众的幸福而奋斗"

李季幼年体弱多病，父亲和祖父又身染抽大烟的恶习。虽说出身较为富裕的地主家庭，但一家老小的日常生活全部依靠母亲来维持。母亲每日上要奉养公婆，下要照看子女，十分辛劳。李季的祖父母却依然不满足，每当他的母亲开口要生活费时，轻则说一些难听的话，重则动手打骂。并且不一定将钱拿出来，即便拿钱，数目上总要大打折扣，因为祖父母认为钱都被他母亲偷偷花了。这让李季的母亲常常在背地里委屈得流眼泪。李季把一切都看在眼里，深深地为母亲的委屈感到愤恨，渐渐萌生了救赎母亲的想法。然而，他势单力薄，在中国传统家庭观念下，并没有多少话语权。他对封建礼教深恶痛绝，想为母亲争口气，只能好好读书，长大成才，再来好好奉养自己的母亲。

李季在中学时虽然十分用功，但并不是书呆子。他时常参加学校的活动。例如，他曾两次当面举手反对校长，赶走办事敷衍的监督，作打油诗或对联嘲弄教员，等等，李季都有参与，具有较强的反叛精神。转入岳州府中学后，因交通便利，四通八达。辛亥革命的消息传来，李季和同学们对于革命之事跃跃欲试。为此，甚至前往省城加入学生军。后来由于名额已满，遂返回继续学业。读了一阵子新思潮书刊的李季对于辛亥革命性质的认识颇为深刻，指出辛亥革命是一种资产阶级的革命。中国的商业资本主义"在春秋时即开始抬头，至战国更盛极一时，结果使秦始皇不得不应时势的要求，废封建为郡县。自此以后，两千年来，商业资本主义虽继续发展，然工业资本主义却是由西洋输入的"①。1840 年鸦片战争失败，中国不得不与英国订立五口通商条约，西洋大工业（即机器工业）的商品正式侵入。西方的大炮打倒了中国的一切壁垒。1860 年机器工业应运而生，并从军用工业逐渐过渡为官民合办和民资独办。1894 年甲午战争失败，更加推动了新式产业的发展。为了运输商品，大兴铁路建设。资产阶级革命兴起。后来，李季回忆道，这次革命与 1848 年的德意志革命一样，只动摇了上层，而无下层的改造。北洋军阀的封建残余建筑在财政资本上面，不是建筑在"半封建的地主"上面。袁世凯富国强兵的口号也是新兴资产阶级的口号，而不是封建集团的口号。

1915 年，李季考入北京大学英文科。在学期间，为改造北大的学风，一些教育家建议校区搬迁至乡村，并在学校附近造成新村以资模范。李季提出三点理由表示不赞成。其一，提这一建议的人承认人是环境的产物，却不承认人可以改变环境。其二，学生毕业还是要面对社会，被社会同化，到时又怎样呢？其三，学校与社会不该分隔开，那样无异于闭门造车。后来，搬迁一事因遭到多数师生反对只能作罢。在北大期间，为了全班同学的切身权益，李季还曾组织全班同学罢免不称职的英文教师 G 先生。他的斗争意识越来越明显，爱国主义的色彩也越发浓重。之所以趋向社会主义，除与李季刻在骨子里的传统文化，如"先天下之忧而忧，后天下之乐而乐"的信条密切相关外，他还受到恩师辜鸿铭的莫大影响。辜鸿铭是李季在北大最喜爱的老师之一，在辜鸿铭课堂上翻译的《义利辨》，是李季翻译的起点。该文得到辜鸿铭的指点和认可，李季也因此成为辜鸿铭的得意门生。辜鸿铭曾教育他们，"诚畏天命而悲人穷也"，所以有识之士应该做一些事情来改变世道。辜鸿铭还曾劝诫李季出国留学，归

---

① 李季：《我的生平》，亚东图书馆 1933 年版，第 79 页。

来为国家做出更大贡献。李季此时已是一名无神论者，不信天命，所以只吸取了后半句，以改变苍生之命运为己任，这与社会主义的愿景不谋而合。

从北大毕业以后，李季成为一名课外辅导班的教员。此间经历了气势磅礴的五四运动，已经开始有朦胧的科学社会主义信仰。怀着满腔的爱国热情，李季开始反思自己，认为如果得到的教育仅仅为自己谋生存谋利益，未免太不值得，于是，他决定要为民众的幸福而奋斗。这样的理想与信念，与马克思《青年在选择职业时的考虑》一文所传达的意思颇为相合。

二、从物质的生产事实中发见科学社会主义

李季接触马克思主义最初由社会主义学说入手。他翻译《社会主义史》的过程也是研究社会主义学说的过程，他由此对于一般社会思想家和社会运动家的学说做了一个比较，提出科学社会主义和乌托邦的社会主义相对峙。前者是德国两个社会科学大家从已经出现的物质的生产事实中所发现的，后者是存在于英、法一些社会思想家脑海中的幻象。虽然该著的原作者为费边社会主义者，但基本上能够相对客观地阐释马克思的社会主义学说，所以李季也就能够较为明晰地掌握科学社会主义的主要观点。这应该算是他对科学社会主义的最早认知，初步奠定了他的马克思主义思想基础。后来李季还专门批判了费边社会主义者拜伦的诗歌《辛辛那提》，称费边社会主义虽然挂着社会主义的招牌，却干着麻醉工人，替资产阶级保驾护航的勾当。这表示他对于社会主义的认知更近了一步。

李季运用马克思主义观点批驳马尔萨斯的人口论，也体现了他对马克思主义性质的把握。马尔萨斯陷阱客观上为资产阶级的统治提供了一套看似无懈可击的说辞，将无产阶级的贫困归咎到无产阶级自身。对此，李季指出，人口过剩并不是贫困的根源。如果到生产事实中去追根溯源，会发现工人的穷困潦倒

其实是资本家的无情压榨造成的。工人出卖自己的劳动力，应该获得相应的补偿用以维持生计。资本家对工人的剩余价值的无偿占有和大机器生产的发达，使得工人没有得到应得的那一份补偿，因此，导致贫困产生。为此，李季站在工人阶级的立场，大力批判资本家的罪恶，完全站在了科学社会主义的立场上。

从物质的生产出发去研究科学社会主义是李季一直秉承的信条，这在他的《胡适中国哲学史大纲批判》一书中也得到实际运用。关于中国哲学史的观点，为了避免重蹈胡适形而上学的覆辙，也为了对胡适的《中国哲学史大纲》做更加深刻的批判，李季的每一条批判和对中国哲学史的重构都从中国古代社会各个朝代的经济基础出发。他细致考察中国古代各个阶段的生产工具、劳动资料，通过史料和古书反复证伪，筛选出可靠的材料，通过层层论证，才得出一个个结论。在李季看来，胡适之所以陷入实验主义的唯心论和多元论，就是因为不了解意识只是物质的反映。要找到推动社会发展前进的因素，归根结底要从生产领域中去寻找。如果不顾物质生产的事实，单单从意识角度去幻想，必然不能得出令人信服的结果。至于李季在划分中国古代史过程中出现的偏差，则是由于对辩证法的运用偏离了马克思主义的实质，这一点留待后文再表。但是，这并不能掩盖李季对于物质生产地位的正确认识。

"科学社会主义从物质的生产事实中发现"这一论断在李季关于马克思主义经济学的译著中表现得更为显著。众所周知，马克思的经济学理论是他的哲学理论的现实基础。马克思正是从资本主义生产的事实中发现了资产阶级的秘密。李季毫无疑问地理解并接受了这一点，从他的译著中马克思主义经济学相关著作的数量[①] 也可以窥见他对马克思主义经济学的看重。

以经济学中重要的概念范畴"资本"的定义为例，资产阶级经济学家亚当·斯密和李嘉图一致认为，资本家用于生活资料和生产工具的财富才能称作资本，至于用于享乐消费的那部分则不能称之为资本。通过对生产事实的研究，马克

---

① 李季译著总数 30 余部，其中，马克思主义经济学相关的约占五分之一。

思提出，资本并不是一种物品，而是借物品表现出来的人与人的社会关系。因此，单纯地将用于生产和生活的那部分财富划分为资本，实际上是非常机械的做法。由此，李季指出，只有"生产工具和生活资料为直接生产者——即劳动者自身——的财产时，即非资本。此等生产工具和生活资料同时用作剥削和宰制劳动者的工具——只有在这种条件之下，才变成资本"①。所以，资本的定义建立在是否存在剥削和宰制的生产关系基础之上，而这是在物质的生产事实中才能发见的。

三、实验主义是资产阶级的诡辩

李季认为，胡适是中国资产阶级的代言人，他所倡导的实验主义实际上是本着追求效果的目的去适应资产阶级的利益。从哲学的角度分析，胡适的实验主义派把相对论作为认识论的基础，这意味着否认了客观现实中存在不依赖于人类的客观标准。这样的结果就是要么陷入绝对的怀疑论、存疑论和诡辩论，要么陷入主观论，这是确定无疑的。从相对论出发，任何诡辩都可以被证明为正当的。于所谓的科学的意识形态之外，使一种宗教式的意识形态与之并行不悖，为个人或某个阶级提供便利，从而为一定的政治主张服务。从现实的角度看，胡适对于达尔文主义只了解一点皮毛。以"有用"和"效果"为实验真理的标准，致使他只能看见社会中个别的事物，而不见社会整体的统一。只承认渐变，不承认突变，不接受社会革命②。实验主义认为客观的事物虽然属于客观的物质世界，但不过是主观意识的结果。实验主义把"有用"看作真理的标准，认为真理是人的一种工具，不过是造出来供人使用的。由此可见，实验主义事实上在伪唯物论的背后隐藏着唯心论的实质。

---

① ［德］博洽德编：《通俗资本论》，李季译，亚东图书馆1926年版，译者序言第16页。
② 即使使用"社会革命"的字眼，实际指的不过是社会改良。

胡适实验主义否认突变，拒绝革命；承认渐变，主张改良。胡适认为，美国不会有社会革命，因为美国每天都在渐变。胡适将进化和革命、渐变和突变混为一谈，至多不过是在程度上有缓急之分，在意识上有不自觉与自觉之别。他所谓的"革命"没有脱离改良的范畴，仅时间缩短和成效增加，并不能看作真正的革命。胡适对达尔文主义存在曲解，认为无论是自然的演变还是人为的选择，都由于一点一滴的变异。实验主义从达尔文主义出发，故只能承认一点一滴的不断的改进是真实可靠的进化。在李季看来，达尔文不但没有否认突变，且屡屡谈及突变的事实。例如，同一巢的小鸡、同一果壳的果实有时表现出显著的差异；桃树的新苞结出杏子，寻常玫瑰的新苞开出苔玫瑰；自然界中的动物按不同的时节呈现各种特性，等等。李季还在《我的生平》中以大量的例子作为例证，同时，罗列了俄国和日本的科学家的见解。最后，李季引黑格尔《逻辑》中的话作为结论："水在寒冷的天气中结冰并非渐次进行，先变成稀薄的浆，然后结为坚固的水,而是一跳即成为固体。"[1]批驳胡适看不到事物辩证发展的过程，抹杀事物的界限，调和突变与渐变的区别，称这是胡适产生一系列谬误的原因。

李季理解的达尔文进化论与胡适全然不同。具体来说，李季认为：第一，达尔文主义根据生物界的事实承认有渐变，也有突变；而实验主义则抛弃突变说，专采取"一点一滴的变异"说，因此形成一种"改良主义"和点滴改造论或零星改造论。第二，达尔文主义承认自然界的规律和客观的真理，它是一种辩证法的唯物论，是一种一元的宇宙观；实验主义否认宇宙间的规律和客观的真理，只有以有用和效果为标准的"本店自造"的规律与真理，它是一种唯心论，是一种多元的宇宙观。第三，达尔文主义否认有自由意志、全知全能的造物主的存在。纵观达尔文的各种著作，他用全力证明物种的变异，否认它们的分离创造。达尔文晚年虽自称"存疑论者"，这不过是一种避免攻击的说法，非出于他本心。[2]

---

[1] 李季：《我的生平》，亚东图书馆 1933 年版，第 439 页。
[2] 李季：《我的生平》，亚东图书馆 1933 年版，第 524 页。

因此，在李季看来，"每一事物都要经过数次或无数次的突变。这是一种经常的现象，无论在什么地方可以找出证据来的"①。所谓突变不仅是由一种数量突然转变为另一种数量，由一种性质突然转变为另一种性质，而是数量上的变化突然引起性质上的变化，性质上的变化突然引起数量上的变化。一块冰如遇热溶解为水，则其所占的容积必然比固体时大；如遇大热而尽蒸化为汽，则其占的容积必然比液体时更大。因为凡物遇冷便收缩，收缩则小；遇热便膨胀，膨胀则大。这就是性质上的变化引起数量上的变化的例子。

总而言之，"自然界和社会中一切事物的演进达到某种程度，必定发生一种突变，使向来渐进的发展忽然中断（并不像胡博士所说的"表面上好像打断了历史连续性"那样轻松），而另换一个新方向和新局面。我们固不像资产阶级的学者和实验主义的信徒一样，因畏惧突变而否认突变，但也不像一般夸张突变的人一样，以为世间只有突变，没有渐变，所谓'渐变'不过是一些小的突变；我们承认有渐变，也有突变，两者正是相反相成，并不像冰炭的不相容，方圆的不相入。这是辩证法的看法，这是宇宙间的定律，这是确切不移的真理"②。如胡适一般，将一事物的效用奉若神明，而全然不顾事物发展的规律和客观存在的真理，只能陷入改良主义的沼泽。这正是资产阶级为维护自身统治而热烈欢迎的改革方式。因此，李季讥讽胡适实验主义是资产阶级的诡辩一点也不为过。

四、中兴煤矿的资本主义罪恶

从北大毕业后，除了译书，李季托胡适在山东中兴煤矿谋得了一个英文秘书的职务。他也因此得以接触矿工们的苦难生活，从而更加坚定了他的马克思

---

① 李季：《我的生平》，亚东图书馆 1933 年版，第 444 页。
② 李季：《我的生平》，亚东图书馆 1933 年版，第 450—451 页。

主义立场。之所以接受这一职务，除了因为薪资高且有闲暇从事译书工作，还因为"可亲自考察新式产业中的工人生活，获得一些实际的知识"①。这说明李季此时已然意识到单单徜徉在书海中是远远不够的，他开始注意到理论与实际相结合的重要性。在中兴煤矿供职期间，李季曾经亲身下到矿井之下。他了解到按照煤矿制定的工作要求，矿工每人每天至少要在井下工作 12 个小时。而矿井之下阴暗、通风差、环境潮湿闷热，最重要的是，绝大多数空间十分狭窄低矮，矿工不得不佝偻着匍匐前进。这些境况给本来就从事高强度挖矿工作的工人增加了难度。"在中兴公司矿洞中的骡子栖息于空气较为流通的大矿道中，每日作工八点钟，只能经过五年，就要死去。它的寿年竟减少一半或三分之一。工人的工作时间比骡子多三分之一以至三倍，他们的寿年究竟要减少若干呢？我虽无从统计，但从他们苍白的脸色，频数的咳嗽和枯瘦的肢体看来，知道他们多患'贫民病'（这是欧洲工人对于肺病所用的代名词），不是能够久于人世的。"② 李季字里行间充满对工人兄弟的同情，矿工们劳作的景象令他触目惊心，李季因此对资本主义生产深恶痛绝，开始自命为社会主义的信徒。

中兴煤矿公司完全由中国资本创办，工人达 7000 人，是规模比较大的民族资本主义企业。李季就职期间的所见所闻，让他更加痛恨资本主义制度。他参观条件较好的新矿井，都不禁感叹简直是"活地狱"。井内湿热、潮闷，伴随着炸矿井的硫黄气味，这本是意料之中的，但目睹矿工在这样的环境中匍匐于井下辛苦劳作，李季还是为之一惊。矿工要在井下连续工作 12 个小时，旧矿井因为上下不便更是要在井下工作 24 个小时，除去吃饭，不能休息片刻，不然就会被监工毒打，甚至关进公司专设的警察局接受更严苛的惩罚。如此辛劳作工，井下的矿工每天也只能得两三角银圆。除吃饭外，每天只能剩下几枚到 10 余枚铜子。在地面工作的工人每天只有铜子 24 枚。吃面 3 斤共计铜子 21 枚，余下

---

① 李季：《我的生平》，亚东图书馆 1933 年版，第 218 页。
② 李季：《我的生平》，亚东图书馆 1933 年版，第 221—222 页。

3枚连菜钱都不够，更不用说穿衣、住房和养家了。最让工人痛苦的是，一旦受了工伤，医疗费公司不仅分文不付，而且养伤期间也没有任何收入来源。工人的生命在资本家面前一文不值。

后来，李季回忆起中兴煤矿在5年内获得1000万元的剩余价值时，不禁感叹："柯尔(Cole)所说的'每天逢着巨富与赤贫，高红利与低工银这些可耻的对照'，本是指产业发达的英国讲的，不图已经表演于产业不发达的中国。既是这样，中国没有资本家或资产阶级的话与实际情形真相符合么？"[1]通过中兴煤矿工人非人的工作条件，以及极其不合理的分配制度，李季直观地看到了资本主义的罪恶。他立志揭露资本主义剥削的实质，将社会主义代替资本主义的历史必然性阐释给大众。

第二节 从世界的物质性到社会主义必然性

忆起马克思主义在中国的早期传播情况，刘少奇曾说："马恩列斯的著作，大部分还未译成中国文字，而中国党员能读马列原著的并不多，即使能读的人也很少去读完。因此，影响到中国党员对马列主义理论的学习和修养。这也是中国党理论准备不够的原因之一。"[2]20世纪初，早期共产党人对于马克思主义原理的认识大多还不健全。但李季的马克思主义理论的得来主要是亲赴欧洲研读原著，因此，他几乎完全避开了国内早期传播的不足。在系统程度和对马克思主义方法论的掌握程度上都比国内要更胜一筹。并且由于没有经过转译的多番周折，他的理解也就更贴近马克思主义的理论实质。李季对于马克思主义基本原理的阐述散见在他的著作中。他通过对亲身经历的总结和与其他学者的论战，完整呈现了他对于马克思主义基本原理的理解。

---

① 李季：《我的生平》，亚东图书馆1933年版，第222—223页。
② 《刘少奇论党的建设》，中央文献出版社1991年版，第275页。

一、世界的物质性是认识和改造世界的前提条件

《我的生平》一开篇，李季就引用奥古斯特·倍倍尔的话，以表明自己的唯物论立场。在倍倍尔看来，每个人都是社会的，人的理想观念不是大脑的创造物，也并非来源于上天，而是社会生活与行动的结果。唯物论认为，意识源于物质，是社会实践在人脑中的反映。意识不能独立存在，但它对于物质具有能动的反作用，因而又具有一定程度的相对独立性。辩证唯物论在本质上包含两层含义，一是体现了物质和意识的唯物论，二是呈现了物质和意识之间的辩证法。而两者的实现都有赖于社会现实，所以说，"每个人都是社会的"[①]。

确定世界是物质的，只是前提并不是目的。为了实现改造世界的目的，要充分认识规律和把握规律，这就离不开实践。李季在理论上十分重视实践的观点，他认为只有实践才能带来真理，闭门造车的结果只能走向封闭，并导向错误的认识。有感于五四运动中学生领袖追求理想信念的果敢和坚毅，李季提出应该让更多的学生摆脱"书呆子"的学习和生活方式，避免"被封锁在深垣大厦中，不使与实际生活接触，以致对于社会情形毫无所知"[②]。李季注意到社会状况和四周的环境对人的影响，尤其是对世界观、人生观还未完全形成的青年人的影响十分深远。从思想政治教育的角度来看，这符合思想政治教育环境的规律性。我们所处的包括家庭、学校、社会组织以及社区和同辈群体等在内的环境，对于人格的养成、待人处世的态度等会产生积极或消极的影响。一般而言，生活在友善、和谐的环境中有助于养成温和、理性的人格。相反，在充满暴力和欺骗的环境中长大，则不利于形成健全人格。"在充满了矛盾，对抗和争斗的阶级制社会中，以及遗传的关系，我们在一方面不承认孟子的人性皆善说，在另一方面，也不同意于荀子的人性皆恶说；我们承认，因先天（遗传）和后天

---

① 李季：《我的生平》，亚东图书馆 1933 年版，第 1 页。
② 李季：《我的生平》，亚东图书馆 1933 年版，第 201 页。

（环境）的缘故，人的性是有善的有恶的，不可一概而论。"[1] 因此，李季指出，孟子的"性善论"与荀子的"性恶论"都是唯心论，人的天性与阶级立场、环境影响和遗传学有关。

总之，世界是物质的，意识是物质在人脑中的反映。只有承认世界的物质性，才能理解物质对意识的决定作用，进而理解意识的反作用等一系列密切相关的真理。这是正确认识世界的先决条件，而只有正确认识世界才有可能改造世界。

二、辩证唯物主义认识论的主要观点

除了承认世界的物质性，李季对于认识论的阐释也体现了辩证唯物论的思想。首先，认识真理的基本条件是一切从客观实在出发。李季举出两位西方生物学家作为例证。屈费儿（Georges Cuvier，今译作乔治·居维叶）从上帝创造动物种属固定不变的观点出发，得出谬误；达尔文的生物进化论从自然淘汰的现实出发，得出真理。[2] 由此表明，感觉是主观的，但感觉的根据是客观的。从客观现实出发是认识的前提条件，否则必然走向谬误。其次，认识有时会出现偏差，但是这并不代表世界不可知。"我们所以认识外界，是由于受了物质的刺激，引起感觉而产生印象，我们的感觉印象和真实的外界有时不免有点差异，甚至于完全不同。然此事并不能使我们承认物的本体是不能认识的。"[3] 我们通过物的性质作用就可以认识它的本体。最后，认识存在局限性。人类的认识能力是受历史条件限制的。虽然世界始终是可以认识的，但我们在一个历史时期内并不能完全达到目的。除此之外，世间并没有什么神秘不可认识的东西。[4] 我们在无限接近绝对真理时受到历史条件的限制，但真理的存在是无条件的。

---

[1] 李季：《胡适中国哲学史大纲批判》，神州国光社 1931 年版，第 105 页。

[2] 李季：《我的生平》，亚东图书馆 1933 年版，第 332 页。

[3] 李季：《胡适中国哲学史大纲批判》，神州国光社 1931 年版，第 160 页。

[4] 李季：《胡适中国哲学史大纲批判》，神州国光社 1931 年版，第 161—162 页。

应当承认，认识能力是无限的，单个的认识是有限的。

关于如何认识绝对真理和相对真理，李季也提出了自己的看法。他指出，唯物辩证法要求在运动中、联系中和矛盾中认识真理。并且强调实践的重要性，突变的可能，以及理论要与实际保持一致。他认为，辩证法完全根据客观实在判断真理的相对性和绝对性。一方面，它承认自然界和人类社会变动不居，真理也跟着变化，因此，真理是相对的；另一方面，它承认有些真理一旦形成，即不因时间空间的变迁而受影响，这种真理是绝对的。此外，相对真理在一定的时间空间内具有绝对的意义。所以辩证法既不像机械的唯物论一样，将一切真理作为终极的绝对的，也不像实验主义一样，认为一切真理都是暂时的相对的，绝不含有绝对性。要防止一种科学变成一种固执的教义，即变成一种死板、僵硬的东西，这种螺旋式上升的认识论有别于存疑论、哲学的唯心论以及康德和休谟的门徒的诡辩论。这是辩证法的唯物论和相对论之间的一条分水岭，牢牢把握这条分水岭，才能避免堕入反动哲学的沟渠中。

李季对于唯物史观基本原理的认识符合辩证唯物主义认识论的规律。在批判胡适的《中国哲学史大纲》时，李季首先表明自己唯物史观的科学立场。提出经济基础决定上层建筑，经济是政治的基础。据此批驳胡适将政治和经济并列起来，并且胡适还把政治放在经济的上面，足以证明他不懂得历史的原动力是什么。"所以思潮无论怎样影响时势，究其根源，不过是物质生活的反映。"[1]上层建筑一定程度上对经济基础起着反作用，但经济基础的决定性作用不可更改。李季指明，将两者的作用与地位本末倒置，是不可能还原历史发展过程的。

三、群众运动是革命的基本形式

由于生产力的发展，人们在特定的社会结构中占据了不同地位，结成不同

---

[1] 李季：《胡适中国哲学史大纲批判》，神州国光社 1931 年版，第 3 页。

的生产关系，由此产生阶级的划分标准。李季因出身地主家庭，幼时常被周遭农民的孩子霸凌。因为对方人多势众，李季凭一己之力根本无法反抗。只能想办法避开，并且不敢远行。后来他意识到，这正是阶级对抗的反映。而双方人数上的悬殊对于成功与否起着决定性作用。因此，将人民群众集合在一起，群策群力才是拯救中国的不二法门。

当时，许多知识分子，尤其是国民党知识分子，认为唯物史观与阶级斗争学说是相矛盾的两个部分，因此，他们在刨除阶级斗争学说的基础上接受唯物史观的基本原理。但在李季看来，唯物史观与阶级斗争非但不矛盾，还具有必然的联系。阶级斗争理论就是唯物史观的核心。阶级斗争必须采取群众运动的形式，聚集最大的力量，一举夺取政权。

四、社会主义必然代替资本主义

除了翻译，李季在山东中兴煤矿得以接触矿工的苦难生活，也更加坚定了他的马克思主义立场。在枣庄煤矿，李季曾亲自下井，目睹矿工们每天 12 个小时置身井下不见天日，只能佝偻着匍匐而行的工作场景。工作时间之长、生活之艰苦都令他感到触目惊心。他也因此表达过对工人兄弟的同情之情。虽然这时的李季对于社会主义的认识主要是从道德的观点出发的，完全将中国旧有的意识附会在"社会主义"之上，但能够从实际中总结出这样的体会也实属难得，这使他更加趋向社会主义。

道德上的同情一则偏于主观，二则容易动摇。道德不过是每种经济的社会状况的产物，是随这种状况变化的。建立在道德基础上的信仰并不牢固。在完成这番自我剖析后，李季阐释了科学社会主义之要义。近代资本主义社会，工业支配商业。规模化的机器生产将小生产者排挤在生产领域之外。在流通环节，资本家垄断了剩余价值实现了资本的加速集中。工人只能依靠低廉的工资艰难维持生存，或者被机器所替代。结果就是，垄断的规模越来越大，资本集中到少数人手中。商品市场的发达伴随着人们购买力的下降，商业危机周期性爆发，资产阶级与无产阶级的矛盾越来越尖锐不可调和。一方面，资本主义制度再也不能容纳已经发展超前的生产关系了；另一方面，生存不下去的无产阶级开始觉悟，试图推翻资本主义制度，建立一种与生产力相适应的社会制度。无产阶级作为一种进步力量，登上历史的舞台。科学社会主义认为，资本主义社会终究会被社会主义所代替。

由此，李季参透资本主义与社会主义的本质，看清"社会主义的主要目的，就是将工人不能得到生活上和教育上自然资料的原因除去"[①]。在资本主义制度下，土地和资本都是私人的财产。为了增加这种财产，自由竞争兴起。社会和经济界呈现一种纷乱的状态。工人及其家庭渐次衰落，有产阶级和附从他们的党徒安闲度日。浪费、冻馁等事时常发生。社会渐次分成两种阶级，一方面是一种极富的人，另一方面就是大多数赤贫的人。要免去这些弊病，并且要使人类所恃以安生乐业的物品能够平均分配，一般社会主义家就提议将劳力所必需的，和财富教养所自出的土地和资本，置诸社会管辖之下，并且归社会公有。[②]此时，社会主义必然代替资本主义的社会形态于李季而言已经明了。他对于社会形态更替论的认识符合辩证唯物论的基本原理。

第三节 唯物史观与辩证法剖析

唯物史观和唯物辩证法方法论的确定，为李季传播和研究马克思主义奠定了理论和方法的双重基础。在对二者的理解上，李季曾提出几点独到的看法，基本代表了他对马克思主义理论的理解程度。比如，他看到国内污蔑马克思

---

① [英] 克卡朴：《社会主义史》，李季译，亚东图书馆 1920 年版，绪论第 9 页。
② [英] 克卡朴：《社会主义史》，李季译，亚东图书馆 1920 年版，绪论第 10 页。

主义为"经济决定论"的观点便立刻做出驳斥，在构建中国马克思主义史学的过程中创造性地提出将生产方法作为划分中国社会史的标准，以及归纳总结出辩证法的七条定律，彰显了李季对于唯物史观和辩证法的独到理解。

一、对"经济决定论"的驳斥

李季曾开宗明义地提出："现在要问我的观点是什么？就是历史的唯物论。"[①] 那么，历史唯物论的内容都包括什么呢？我们来看李季概括的历史唯物论的主旨概要。"经济是人类社会的基础，其它如政治，法律，宗教，哲学，文学，艺术等等都是上层建筑物，当基础一经变动，全部上层建筑物就会或迟或速地跟着变动。"[②] 这也就是说，生产力是经济生活中最为重要也是最关键的元素。李季还指出，生产力不是一种单一的动力，而是社会生产进程中所用的一切力，如自然力、人类劳动力、兽类劳动力、技术力等。生产技术促进生产力的发展，为了适应生产力的变革，生产关系也会发生相应的变化。社会的经济基础一经改变，上层建筑也就逐渐跟着发生变动，进而发生社会形态的更替。除此之外，李季还特别点明，除了经济对政治、法律、学术等上层建筑产生影响，后者对前者也发生作用。经济基础决定上层建筑，上层建筑对经济基础具有一定的反作用，这就是历史唯物论的全部内容。

针对一度甚嚣尘上的"经济决定论"，李季反驳指出，按照唯物史观的原则，实际生活的生产和再生产确实是起决定性作用的要素，经济状况是整个社会的基础。但是，上层建筑的各种要素的作用也不容忽视，比如阶级斗争的政治形态以及斗争的结果，又如阶级斗争取得胜利之后所制定的法律形态，等等。这些政治的、法律的、哲学的甚至宗教的观念体系，对于历史上的斗争也产生了

---

① 李季：《我的生平》，亚东图书馆1933年版，第333—334页。
② 李季：《我的生平》，亚东图书馆1933年版，第336页。

影响。在一定场所、一定程度上决定了阶级斗争的形态。经济的要素固然起着决定性作用，但所有这些要素互相影响，才能形成历史发展的最终结果。简而言之，"上层建筑物如政治，法律，宗教，哲学，文学，艺术等等对于历史的争斗的经过都有影响，在另一方面表明经济的基础是决定一切的最后的要素"[1]。"经济决定论"者单单看到唯物史观强调经济的重要性，不理解上层建筑的作用，因而他们的观点是片面的。

二、以生产方法为划分中国社会史的标准

李季在研究中也十分注意贯彻唯物史观的立场。他在划分中国社会史的时候强调，"我划分中国经济发展时期是以生产方法为标准"[2]。同时期的学者划分社会发展分期的方法有很多，许多学者仅仅把生产中的物的因素作为各个历史时期的标志，这种行为忽略了人的行为，恰恰是本末倒置了。在李季看来，他虽然也以唯物史观作为史学研究的背景，但他更倾向于以物的因素来划分社会时期。这种直接套用的方式显得相对机械。李季生产方法的标准沿袭了马克思、恩格斯研究社会发展史的方法。这种生产方法指的是一定的社会生产形态，而这种生产形态在社会中起决定性作用。所谓经济时期就是一种生产方法单独占领，或与他种生产方法共同占领的一个历史阶段。当一种生产方法独霸时，这便是它的高度发达期。当一种生产方法与他种生产方法并存而逐渐取得领导权时，这便是它的崛起期或初期。当一种生产方法与他种生产方法并存而逐渐崩溃时，这便是它的崩溃期或末期。此外，当旧的生产方法大半崩溃而真正划时代的新的生产方法没有形成之际，形成一种混杂的特殊的生产方法，这是一个过渡时代。[3] 马克思的生产力与生产关系之间矛盾推动历史发展的观点，是

---

① 李季：《我的生平》，亚东图书馆 1933 年版，第 358 页。
② 李季：《中国社会史论战批判》，神州国光社 1936 年版，序言第 29 页。
③ 李季：《中国社会史论战批判》，神州国光社 1936 年版，第 17 页。

李季生产方法标准的来源。

在社会史论战中，李季在阐释原始共产主义生产方法时，强调蒙昧和野蛮是这个社会阶段进化的一般形式。他特别指出，事物具有一般性和特殊性双重属性，这只是人类进化的通常情况，并非所有族群都完全遵循这样的进化顺序。考察古史既不能从教条主义出发，也不能从经验主义出发，必须从可靠的史料出发灵活把握，谨慎验证，实事求是。这是他运用辩证法的又一实例。随着论战的不断深入，关于社会史的各种论争也进入白热化阶段。任曙曾指出，中国资本主义的生产方式仅仅外铄而来，并引用刘镜圆"中国资本主义的发展是由于外铄，是资本主义的国家用长枪大炮打破了中国的闭关状态以后移植进来"的论断来支撑自己的"外铄论"。对此，李季展开驳斥。在他看来，资本主义生产方式的出现，前提是必须先有一个垄断生产工具与生活资料的资产阶级，和一个一无所有专靠出卖劳动力维持生活的无产阶级出现，然后才能成功。[1] 鸦片战争前，中国沿海地区已经出现资产阶级与无产阶级，所以我们的产业资本主义得以发轫。由此可见，任曙所谓的"中国资本主义外铄论"只是一种无稽之谈。如果不具备发展资本主义的内在条件，无论怎样"外铄"也是"铄"不来的。任曙分不清内因和外因在事物发展过程中的作用，因而陷入形而上学的"外因论"。内因和外因是对立统一的整体，内因起决定作用，外因通过内因起作用，这是毋庸置疑的一点。辩证法认为，事物内部的矛盾性也即内因，是事物变化发展的根据和根本性的原因。整个物质世界是普遍联系的统一整体。内因从事物内部的矛盾性说明了事物变化的性质。外因虽是不可或缺的外部条件，但并不能代替内因产生事物发展变化的原生动力。将辩证唯物论的观点纳入对生产方法的考察中，是李季研究中国社会史的特点。

李季分析中国哲学各流派时，始终从阶级的角度入手。为自己的社会分期理论奠定了一个可以自圆其说的理论基础。从阶级性的角度分析中国哲学各流

---

[1] 李季：《中国社会史论战批判》，神州国光社 1936 年版，序言第 80 页。

派，可以说是李季的一大创举。他为马克思主义史学奠定了科学的方法论基础。在分析的过程中处处注意从辩证的角度进行正反结合的论证，也是他灵活运用马克思主义的世界观与方法论的表现。

三、辩证法的七条定律

李季对辩证法的地位极为推崇，他曾说过，辩证法就是"最革命的思想方法"[①]，也是"最优良的工作工具和最锐利的武器"[②]。为此，他通过认真思考，总结出辩证法的七条定律，供读者学习探讨。

第一，在运动中考察对象。李季强调，辩证法要求在运动中考察对象。如此一来，可以保证掌握事物联系和发展的过程。相反地，形式逻辑的思想方法则与静止的世界观相适应，包括三大律——同一律、矛盾律、不容间位律。通过在历史中考察奴隶制（由来，发展，中绝），李季指出形式逻辑存在诸多不足，但也有科学之处。虽然辩证法不完全排斥形式逻辑，但辩证法确实是优于形式逻辑的思想方法。

第二，在实质中考察对象。在李季的论证中，辩证法与实验主义的差异体现在美国奴隶问题上。可以这样理解，实验主义忽视阶级的问题，只以整个美国作为整体笼统地讲一些数据，这与实际不符。辩证法则深入实质，找出其中个别的差异，而不是笼统地讲，这样做不致被片面的事实混淆。其中涉及一个非常重要的环节，那就是实践。实践是极端重要的，只停留在概念上无异于闭门造车。造出来的东西也必然与实际不符，不能达到认识世界和改造世界的目的，几乎没有任何意义。

第三，在联系中考察对象。李季强调，辩证法还十分注重在联系中考察对象。

---

① 李季：《我的生平》，亚东图书馆 1933 年版，第 361—362 页。
② 李季：《我的生平》，亚东图书馆 1933 年版，第 361—362 页。

虽然实验主义有时也考察事物之间的联系，但是往往只注重一种，那就是实验主义的"祖孙方法"——单纯的因果关系。而辩证法则注意各种各样的联系，除了因果关系，还有直接联系和间接联系，整体与部分的联系，偶然联系和必然联系，等等。辩证法的联系具有普遍性、客观性和多样性的特点。

第四，在矛盾中考察对象。对立统一规律是唯物辩证法的核心，因此，李季在对矛盾的探讨上费了不少笔墨。他首先援引恩格斯的话，对矛盾的实质做出统领性的概括，指出万事万物的运动与变化都是起于内外的矛盾，起于内外的对抗。运动自身也是一种矛盾。"它们不独彼此互相矛盾，互相对抗，而自身也含有矛盾与对抗（所谓彼此矛盾，是指物的自身与环境的矛盾，并不是说某物仅和另一物互相矛盾，与其它一切物丝毫没有关系）……整个世界不外是一个矛盾与对抗的世界。"①

然而，杜林指出，"矛盾仅存在于思想中，并不隶属于实在，事物中没有矛盾，真正设定的矛盾自身是毫无意识的。从相反方向互相争持的各种力的对抗是世界及属于世界事物的生存一切行动的基本形态，这种元素和个体的力的方向互相冲突，与矛盾不合理的思想丝毫没有关系"②。对此，李季进行了激烈反驳。他认为，在静止的状态下考察对象形成形而上的思想方法，矛盾似乎不存在，但从运动中去考察便完全不同了。运动本身就是一种矛盾。即便是机械的位置移动，也要于一刹那间在一位置上，同时又在另一位置上。矛盾不断发生然后得以解决，这就是运动。物质的高等运动形态包含更多的矛盾。一言以蔽之，事物的发展系循着正反合的公式进行的。

需要特别注意的一点是，辩证法中的"反"不是简单的否定，也不是宣布一种事物不存在，更不是随意破坏一种事物。在辩证法中不仅达成"反"，还要消灭"反"，并且第一次的"反"必须使第二次的"反"有出现的可能，这

---

① 李季：《我的生平》，亚东图书馆1933年版，第403页。
② 李季：《我的生平》，亚东图书馆1933年版，第404页。

是以场所特别的性质为转移的。每种事物都有其特有的方法，在变成"反"之后，每种概念和观念都必须表现出某种发展态势。黑格尔在《小逻辑》中描述的"反"同样是积极的，矛盾不是消灭于零中，不是消灭于抽象的虚无缥缈中。像这样的一种"反"，不是"全反"，而是自身解体的特定事项的"反"，即特定的"反"。这种"反"是一种新的意象，比从前的意象更高并更丰富，它包含后者，且多于后者，它是后者和对抗的统一。[①]

第五，突变说。关于矛盾发展的未来走向，李季归纳总结出"突变说"这一论断。他指出"整个宇宙不独充满了矛盾，并且还充满了突变。其实这也是极寻常而自然的事，因为当矛盾达到了顶点，即有突变出现"[②]。关于这一点，李季曾专门剖析了胡适实验主义否定突变的观点，广征博引地做了有针对性的反驳。对突变的态度直接导致了李季与胡适关于革命形式——革命还是改良的不同选择。

第六，理论与实际的一致。李季十分强调理论的重要性，在他看来，没有革命的理论，就没有革命的运动。因为它是实践的指南针，是实践的灯塔，没有它，实践便找不出方向，便要在暗中摸索，理论的重要程度由此可见一斑。然而，理论并非凭空产生，乃是经验和思潮的产物，它要指导实践，必须与当前局势和将来发展的实际情形相契合，否则就变成空论或胡说，而不成其为理论。"至于辩证法是要理论与实际紧接一起，并且连贯一气，如在理论上为有定论，在实际上也必然为有定论，决不能自相矛盾，这是辩证法理论与实际一致的第二意。"[③]

第七，对相对真理与绝对真理的认识。关于相对真理和绝对真理的阐释，李季尝试以光的直射与折射为例来做具象化的解释。他指出，牛顿认为光沿直线传播，爱因斯坦则发现了光的折射。两大科学家的认识虽不一致但都是正确的。

---

① 李季：《我的生平》，亚东图书馆 1933 年版，第 414—415 页。
② 李季：《我的生平》，亚东图书馆 1933 年版，第 416—417 页。
③ 李季：《我的生平》，亚东图书馆 1933 年版，第 476 页。

在区分善恶的事情上也是如此，各人有各人的看法，不能机械地判定孰对孰错。这些例子都表明一切真理是相对的，要证明世间所谓真理是有时间和空间的规定性的，在一个时候和一个地方所谓"真"，到了别个时候和别个地方也许不真了。其他真理也大多如此。换句话说，它们都是具体的真理而非抽象的真理。"可是这里有一个应注意之点值得郑重提出，就是，这些虽是相对的真理，在一定的时间空间和一定的立场内，却具有绝对的意义。"[1]标准不变时，就是绝对的。

"所以辩证法所谓相对同时就含有绝对，自它看来，相对和绝对间自身的差异也不过是相对的，两者的中间并没有彼此隔绝的鸿沟，也没有不可逾越的万里长城。"[2]"但实验主义却恰恰相反，它站在相对论上（辩证法自然也含有相对论，不过不限于相对论），排斥绝对，它的相对就只是相对，并没有绝对的元素在内。"[3]

总的来说，李季马克思主义基本理论解释框架涵盖了马克思主义理论的主要观点，反映出李季对于马克思主义理论的比较系统和全面的认知。由于家庭背景和亲身经历，他对于马克思学说"为民众的幸福而奋斗"的性质有着切身的感受，同时，对群众运动的形式也笃信不疑。可以说，李季将自己的人生经历嵌入了对马克思主义理论的理解之中，这也就解释了为何李季对于资本主义的憎恨如此之深，以及对资产阶级的实验主义学说批判的程度之彻底。虽然李季在具体运用生产方法的标准划分中国社会史时，有些观点是片面的，他对辩证法的归纳也缺乏更加合逻辑的思考和凝练，但就对马克思主义理论整体的理解来说，在当时的知识界是不俗的。

---

[1] 李季：《我的生平》，亚东图书馆 1933 年版，第 485 页。
[2] 李季：《我的生平》，亚东图书馆 1933 年版，第 486 页。
[3] 李季：《我的生平》，亚东图书馆 1933 年版，第 486 页。

第四章
论战"宿将"的马克思主义素养

在解释马克思主义学说的过程中，李季对唯物史观与辩证法的理解愈发清晰，逐步产生了带有个人特点的对二者的诠释模式。这一模式的先决条件是从马克思主义理论的原旨出发，尽量贴近马克思主义的精神实质，做到不机械、不教条，在此基础上通过论战不断强化辩证唯物主义与历史唯物主义。在李季看来，实验主义完全是玄学性质的，"疑古派"则有割裂整体与部分的联系之嫌，两者皆非著古史的科学方法。因此，李季以论战方式写就了《辩证法还是实验主义？》《胡适中国哲学史大纲批判》以及古史辨系列文章，以破为立地介绍了唯物史观与唯物辩证法。此外，李季还自觉地反思马克思主义基本原理在应用中产生的问题，从唯物史观的视角做出辩证思考。

第一节 回归马克思主义的理论原旨

应该说，中国共产党人的马克思主义观点以党的二大为分水岭，在内容上有显著的不同。在党的二大之前受到俄国渠道传来的马克思主义，即列宁主义的影响是根本性的。如李大钊和李达的"革命社会主义"，又如蔡和森和瞿秋白的"革命的马克思主义"。党的第二次代表大会以后，虽然列宁主义的影响依然存在，但"革命"的性质被"科学"替代了，"科学的马克思主义"成为研究和探讨的重中之重，"回到马克思"是当时的新主题。李季在这方面可以说具备了得天独厚的条件。除留欧的优势外，李季自身的性格特点也决定了他具备接纳并传播马克思主义基本原理的条件。他多次说："为真理而争斗，我不独有攻击他人的勇气，并且还具有承认自己错误的勇气。"[①]"我的'自陷重围'是完全没有疑义的了。但我为真理而作战，应不惜牺牲，为指摘战场上的病态而慷慨陈词应得到追求真理的人们的谅解。"[②] 从李季的著述来看，在对唯物史观与辩证法的诠释上，他始终坚持从马克思主义理论的原旨出发。

一、强调上层建筑对经济基础的反作用

1922 年，陈独秀在《新青年》发表《马克思学说》一文，从剩余价值、唯物史观、阶级斗争、劳工专政四个方面介绍了马克思的学说。他将唯物史观贯穿在各个部分，从剩余价值出发阐释了阶级斗争和无产阶级专政，将四个部分紧密联系在一起，是当时为数不多的对马克思主义理论较为完整的介绍，他在文章中指出，资本主义的生产方法怎样利用机器对手工业进行产业革命，怎样夺取剩余价值集中资本，怎样造成大规模的无产阶级，又怎样造成无产阶级对于资本主义革命之危机，这种历史上经济制度之必然的变化，在马克思学说里叫作"经济的历史观察"，又叫作"唯物的历史观察"。陈独秀深谙马克思主义经济学中生产力与生产关系这对范畴的极端重要性，因此，在文章中具体描绘了资本主义生产中剩余价值的产生、分配以及资本主义生产的总过程。经济基础对于整个社会发展的基础性作用一目了然。

---

① 李季：《中国社会史论战批判》，神州国光社 1936 年版，序言第 61 页。
② 李季：《中国社会史论战批判》，神州国光社 1936 年版，序言第 86 页。

　　然而，陈独秀在介绍剩余价值和唯物史观的时候，只是注意将经济发展与社会历史发展结合起来。尤其当他专门介绍唯物史观时，提出唯物史观之要旨有二：其一，说明人类文化之变动。经济基础决定上层建筑，社会存在决定社会意识。其二，说明社会制度之变动。生产力决定生产关系，继而决定社会制度的变迁。生产力与生产关系的矛盾原理导致社会革命的产生，进而推动社会前进。这里很明显的缺点是没有提及上层建筑对经济基础的反作用，因而没有避免经济决定论的取向。这也给论敌留下了可乘之机。

　　陈独秀并非个例，早期共产主义者对唯物史观的宣传主要突出了阶级斗争和社会革命的作用，[①]因此，上层建筑的能动反作用很容易就被轻轻地一笔带过了。与马克思主义在中国的早期传播渠道不同，李季接触马克思主义理论的主要途径是亲赴欧洲和苏联研读马克思主义的经典著作。这样一来，基本没有受到二手转译的影响，他的马克思主义知识体系也就更加系统和贴近原著。

　　经济基础与上层建筑是辩证统一的关系，这也就意味着除了经济基础对上层建筑的决定作用，上层建筑还对经济基础起着一定的反作用。单单强调一方面而忽略另一方面实际上背离了辩证法的实质。具体来说，上层建筑是指建立在一定经济基础之上的社会意识形态以及相应的政治法律制度、组织和设施的总和，它主要包括政治上层建筑和观念上层建筑，两者结合在一起为巩固经济基础并维护统治阶级的统治地位而服务。尤其是作为核心的政治上层建筑，可以通过暴虐的手段铲除异己，严格地控制统治秩序。当上层建筑适应于经济基础的发展要求时，这种反作用是积极的。更多的时候，上层建筑已经不适应经济基础的发展要求，这时候产生的反作用就是消极的。这也从侧面说明了使生产关系发生变革的艰难性，以及推进社会历史向前发展的艰巨性。不仅如此，甚至社会历史发展的进程有时还会出现反复。因此，上层建筑对经济基础具有能动的反作用。需要明确的一点是，上层建筑不能直接作用于客观事物，而只能

---

① 这又都是从经济基础的决定作用论证而来。

通过人的实践起到一定的间接作用。

这样的思想在李季批判胡适的《中国哲学史大纲》时经常可以看到。在李季的认知中，孔子代表新兴的地主阶级。春秋末期，诸侯大夫之间侵伐僭越屡见不鲜，齐、宋、晋、秦、楚、吴、越各国为了占据更广阔的领土抑或避免被吞并而掀起连年战争。以孔子为代表的儒家学派强调中央集权，要求建立起森严的等级制，以适应他所代表的士族和新兴阶级的利益。众所周知，孔子并非贵族出身，他属于士阀阶级。他对中央集权的追求并不在于要恢复封建制度，而是希冀上层建筑与新兴地主阶级的经济基础相适应。相应的，作为当时统治阶级的代表，荀子要求被统治阶级明贵贱，寓褒奖，别善恶。这里的"贵贱""善恶"是以统治阶级的意志为转移的。统治阶级褒奖则为贵、善，统治阶级贬斥则为贱、恶。可以看出，李季有意体现上层建筑对经济基础的反作用。

经过细致分析和研究，李季指出，凡统治阶级的代表在实际上虽只代表一个阶级的利益，但在外表上总要加一番粉饰，装成代表全体民众，至少是代表最大多数民众的利益。[①] 因此，越是下层民众的代表，主张便愈激烈而彻底；反之，越是上层人民的代表，主张便愈温和而趋于保守。李季对上层建筑作用于经济基础的能动反作用的强调，在马克思主义传播中是很重要的一点。这在很大程度上反击了反马克思主义者对马克思主义"经济决定论"的污蔑，肃清了广大受众的视听，对选择中国革命道路亦有启发性意义。

二、对辩证法的独到理解

李季对于马克思主义基本原理的阐述很多是在对实验主义的批驳中实现的。作为马克思主义的方法论，辩证法颇受李季重视，他曾专门同实验主义的方法

---

① 重农薄税的最大部分的利益归诸地主，并不归诸农民。参见李季：《胡适中国哲学史大纲批判》，神州国光社 1931 年版，第 186 页。

论做比对，从差异中强化唯物主义辩证法的科学性和实践性。这种对比式的研究和阐释体现出李季对于辩证法的独到理解。具体来说，辩证法与实验主义有这样几点不同之处。

第一，辩证法是革命的，实验主义是反动的。辩证法承认一切事物是运动的，而非僵化的。就事物发展而言，一旦渐变达到一定程度就会产生突变。而实验主义只承认渐变，否定突变。因此，在现实中就推出改良而非革命。

第二，辩证法是唯物的和一元的，实验主义是唯心的和多元的。唯物论与唯心论是哲学思想中的两大主要潮流。在唯物论看来，客观存在决定人的意识。与此相反，实验主义则认为主观引导客观。此外，还有一种摇摆于唯心论与唯物论之间的折中论，时而靠近唯心论，时而又靠近唯物论。用乌里扬诺夫的话说，实验主义是效颦唯物论，在伪唯物论的术语之后隐藏着唯心论。

第三，辩证法承认客观实在可以不依赖主观而独立存在，实验主义仅承认有依赖主观存在的实在。这一问题涉及认识论真正重要的问题，也是哲学派别的根本分歧所在。我们将世间万物的联系认定为一种自然的客观规律，还是取决于对人的精神特质的认识，这个问题是唯物主义者和存疑主义者（休谟主义者）必然分离的所在。辩证法承认有不依赖人而独立存在的对象和物体，它们不会因为我们是否认识而有所改变。至于我们的感觉，也只是外界的印象或摹本，换句话来说，只是独立存在的客观事物对于我们感官所起的影响的结果。而实验主义则与此相反。在实验主义者看来，客观的事物虽然属于客观的物质世界，但这不过是主观意识的结果。一旦离开人的行为，其自身就无法存在。实验主义者从唯心论出发，否认客观实在是人的感觉的源泉。

第四，辩证法承认客观的相对的和绝对的真理，实验主义秉持以有用为标准的相对的真理。恩格斯曾经指出："我们对于在社会中发生作用的诸种力如不认识，并加以考虑，则它们的作用便完全和自然力一样，是盲目的，暴烈的，破坏的，可是一旦认识它们，知道它们的活动，方向和效果，便可以使它们愈加屈服于我们的墓志之下，并藉它们去达到我们的目的。"[1] 实验主义完全否认有客观真理的存在，认为真理不过是人的一种工具，是人造出来供人用的，并且将有用和真理等同为同一物，"是生物进化论成立以前的玄学方法"[2]。

用辩证的视角去考察人类社会会发现，一切有文化的民族最初都采取土地公有。当某种原始的阶段一经越过，这种共有财产在农业发展的过程中对于生产就变成一种桎梏。生产力逐渐突破生产关系的束缚，私有财产诞生。但私有土地引起的更高的农业发达阶段又使私有财产成为生产的桎梏，对于私产再变为共有财产的要求必然会出现。然而，这种要求不是指恢复原始的共有财产，而是指形成一种更高和更发达的共有财产形态，不但生产不受丝毫拘束，而且还要首先解放生产，使它能够充分利用化学上的发现和机械上的发明。同样地，运用辩证法来审视资本主义生产也能得到意料之中的结论。资本主义生产方式产生的资本主义私有制与劳动者私有制相对立。资本主义生产的规律性将逐步导致它对自身的否定。双重否定并非导向旧有的私有制，而是在资本主义基础上，也就是"在协作和对土地及靠劳动本身生产的生产资料的共同占有的基础上，重新建立个人所有制"[3]。

通过对比，实验主义方法论的缺陷一目了然，辩证唯物主义的方法论无疑是超越了实验主义的更为科学的方法体系。李季在对实验主义的批判中，更加深刻地领会了辩证法的实质和核心，这为他之后在史学领域开展具有前瞻性的更加深入的研究奠定了方法论基础。

三、构建马克思主义学术话语体系

20 世纪 20 年代以前的知识分子的马克思主义相关知识主要来源于转译作

---

[1] 李季：《我的生平》，亚东图书馆 1933 年版，第 549 页。
[2] 李季：《我的生平》，亚东图书馆 1933 年版，第 554 页。
[3] 马克思：《资本论》，人民出版社 2018 年版，第 874 页。

品，这些作品主要从日本转译而来，质量参差不齐。将马克思主义的历史理论应用到中国的历史研究中，则是闻所未闻。有限的能运用到历史领域的学者，对于唯物史观的理解与运用也具有明确侧重，并且存在与其他社会经济方法相混淆的情况。直到1927年社会史论战后，唯物史观才真正在中国的史学领域崭露头角。

这些早期研究者进行的基础性研究和提出的新问题，为中国马克思主义史学奠基，确定了中国史学研究的原点和方向，引领着后继者不断深化对相关问题的思考和研究。这些问题正是马克思主义，尤其是唯物史观被早期知识分子普遍接受后产生的巨大的发酵反应。最直接的结果就是，在史学领域，他们试图将中国的历史概念化。概念化的过程一方面拓展了马克思主义理论与观念的传播范围，另一方面使得知识分子自然而然地归纳总结中国的过去，思考中国的现在和设计中国的未来。

将马克思主义引入史学领域，绝对算得上是唯物史观在中国传播以来具有划时代意义的历史事件。历史唯物主义对中国史学产生的影响绝不亚于中国本土思想，堪称史学界的大震荡。从实质上说，唯物史观是社会革命在思想界的体现。回顾马克思主义在中国的传播史，尽管其时无论在概念上，还是理论体系上，都可能存在或多或少的失真现象，但结合当时的社会历史背景来看，无论如何我们都不该过度苛责。这种略显粗糙和并不娴熟的运用为我们研究中国马克思主义传播史的发展提供了线索。

以李季为代表的马克思主义者迫切运用马克思主义理论来解释中国历史，以期迅速了解和掌握历史发展的规律来引导现实社会的走向。然而，当研究者站在一定的政治立场时，会不自觉地将政治观点代入史学的研究中，研究结果在一定程度上可能被剪裁，甚至偏离马克思主义的精神实质。一旦社会变革展现出一个全新的维度，研究者的解释往往不能对历史问题做出及时修正。但是，唯物史观得以在史学领域落地生根绝不仅仅出于政治原因。从文化心理上讲，一种文化权威被推翻，必须有新的替代物树立起来，重新占据权威的地位。否则，就会出现文化心理的失落。历史唯物主义强调社会是历史研究的中心，并且将与经济相关的社会要素摆在优先的位置上。因此，颠覆了以往旧的历史观评定社会发展动力和解释社会现象的方式方法。

马克思主义的历史观念假定只有在社会经济结构的内在力量的相互作用中才能揭示出历史发展的动力，这种假定改变了历史研究的范围。所以唯物史观的解释覆盖了史学领域和经济学领域，这也就揭示了为什么李季同时在史学和经济学领域有所作为。一时间，社会经济结构的变化成为研究的关注点，也是史学家划分社会历史时期的重要标的物。历史唯物主义绝不只是一种历史主义，而是一种从基础的社会经济的进程出发对于历史变革，尤其是对市场经济的兴起所促发的历史变革的发展动力的解释。

当旧秩序的崩溃和新型社会力量共同出现时，社会的革命性变革就呈现在一种急剧变化的社会环境中。马克思主义史学正是在解释革命变革的社会维度中直接生发出来的，史学领域的范式变革是其中重要的组成部分。此时，中国知识分子对于思想与价值产生了压倒一切的关注。值得注意的是，20 世纪 30 年代以前，除非传统思想和文化已经重要到影响社会分析结论的程度，马克思主义史学家在著作中对其的注意是相对较少的。他们首先关心的是如何解释过去以执行现实革命任务的问题。由此，在唯物史观应用在史学领域的过程中，马克思主义的学术话语体系逐渐建立起来。

四、纠正梅林关于马克思主义的误解

弗兰茨·梅林在其著的《马克思传》中对巴枯宁进行袒护的行为引起了李季的兴趣。他详细考察了二人的生平和思想轨迹后，纠正了梅林的错误看法。李季指出，马克思和恩格斯，尤其是马克思同巴枯宁的分歧主要体现在政治主张上。巴枯宁持一种斯拉夫主义和无政府主义的立场，而这在马克思看来无异于空想。在李季看来，"巴枯宁的大斯拉夫主义的运动不是一种革命运动，而是一种人种战争———一种投降或联合反对势力的人种战争"[1]。所以巴枯宁后来沦为俄皇的附庸也是情理之中的事了。除了巴枯宁，梅林对拉萨尔的认知也存在根本性的问题。

梅林对拉萨尔哲学的认知错误并非由于他不了解拉萨尔哲学的本质和性质。相反，梅林曾经在《德国社会民主党史》中指出，拉萨尔从唯心主义出发，"完全相信思辨的概念是世界历史的动力"[2]。这足以证明梅林充分了解拉萨尔的唯心主义哲学立场以及其与历史唯物主义之间存在难以逾越的鸿沟。尽管如此，梅林依然坚持拉萨尔"有伟大的天才，有革命的本能，首先也由于他真诚地、不倦地追求真理"，所以他的唯心主义世界观并不影响他"一直深入到科学共产主义的核心"[3]。因此，拉萨尔是"符合《共产党宣言》精神的坚决的共产主义者"[4]。之所以作此理解，究其根本，是因为梅林对于历史唯物主义哲学性质的否定，进而无法正确处理马克思主义哲学与其他哲学之间的关系。梅林对拉萨尔世界观的定位正是典型的例子。

李季提出，拉萨尔之所以陷入唯心主义世界观，是因为他不是从经济角度去理解无产阶级阶级斗争的条件和必要性。对拉萨尔而言，阶级斗争只是资产阶级时代所特有的唯心主义的思维形式。换言之，拉萨尔是从哲学和法学的角度理解阶级斗争概念的。而历史唯物主义实则不然。那么，梅林对历史唯物主义的地位是如何认识的呢？关于这一点，我们从他的著述中可以发现，梅林十分强调历史唯物主义的重要地位。例如，梅林曾指出历史唯物主义是《共产

① 李季：《马克思传》（下），神州国光社 1949 年版，第 241 页。
②［德］弗兰茨·梅林：《德国社会民主党史》第二卷，青载繁译，生活·读书·新知三联书店 1964 年版，第 243 页。
③［德］弗兰茨·梅林：《德国社会民主党史》第二卷，青载繁译，生活·读书·新知三联书店 1964 年版，第 246 页。
④［德］弗兰茨·梅林：《德国社会民主党史》第二卷，青载繁译，生活·读书·新知三联书店 1964 年版，第 245 页。

党宣言》的理论基础，一旦缺失了历史唯物主义，《共产党宣言》将不能成立。李季详细阅读了马克思的《哥达纲领批判》，指出梅林在这一点上的认知存在明显缺陷。《哥达纲领批判》中，马克思对建立在法哲学、国家哲学以及唯心主义基础上的社会观展开批判，试图从理论和实践两个方面着手，以唯物主义的历史观代替它。而唯心主义的社会观正是以拉萨尔为代表的。梅林一方面充分了解拉萨尔唯心主义与历史唯物主义的明确区别，另一方面却将两者统一起来，相信它们能够在《共产党宣言》的精神实质下融洽相处，这一点仍是令人难以理解的。

除此之外，梅林对于社会发展中的精神性要素的理解也存在一定的缺憾，具体表现为对物质性要素过度关注而忽略精神性要素，更不用说精神性要素的能动作用了。梅林评论马克思《博士论文》时期反感从前的唯物主义（以德谟克利特为代表）缺乏能动的原则，指出它们对于现实仅仅以直观的形式加以考察，而不是以实践的形式加以能动地考察。与德谟克利特相反，伊壁鸠鲁具备了反对宗教压迫的"能动原则"[1]。至于何为"能动原则"，梅林则完全不能解释清楚，只简要地总结为黑格尔"革命化的辩证法"的"颠倒"形式，一种解释历史的原则或纯粹方法。李季敏锐地发觉了梅林对精神性要素的解释建立在物质性的基础上，尤其重视对生产方式的阐述，相比之下，对于精神性要素的关注过于匮乏。不得不说，这是导致梅林的社会历史观不够完善的因素之一。对于类似的问题，恩格斯曾批评道："此外，只有一点还没有谈到，这一点在马克思和我的著作中通常也强调得不够，在这方面我们大家都有同样的过错。这就是说，我们大家首先是把重点放在从基本经济事实中引出政治的、法的和其他意识形态的观念以及以这些观念为中介的行动，而且必须这样做。但是我们在这样做的时候为了内容方面而忽视了形式方面，即这些观念等等是由什么样的方式和方法产生的。这就给了敌人以称心的理由来进行曲解或歪曲，保尔·巴

---

[1]［德］弗兰茨·梅林：《马克思传》，樊集译，人民出版社1972年版，第43页。

尔特就是这个明显的例子。"① 鉴于此，李季在《马克思传》指出，梅林在阐释历史唯物主义的过程中，并没有完全正确地理解精神要素的能动性。这正是由于对于人的能动性、对于精神在社会中的作用没有给予足够的重视的缘由。所以，很多时候他只能直接引用马克思的原话。一旦必须展开论述，他只能片面地，甚至有时做出错误的阐释。这也是第二国际主流理论家共同存在的问题。

第二节 为马克思主义的世界观和方法论而战

作为几次重要论战中的宿将，李季向来善于以破为立地宣传马克思主义。他通过论战批判胡适实验主义玄学方法论的性质，批驳"疑古派""层累地造成古史"割裂了整体与部分的联系，还通过论战阐明了生产方法对于划分社会历史分期的重要性，借此警醒学界在考察历史的时候要注重阶级和阶级性的分析。

一、揭露实验主义的玄学方法论性质

李季批判的重心是实验主义的方法论，由此揭示出以胡适为代表的实验主义的致命缺陷，给予实验主义一种直截了当的打击。在李季看来，实验主义并非科学方法，如果非要定性的话，只能算作一种"玄学"的方法。因为实验主义视"效用"至上，这是一种短视的表现。之所以运用这种玄学方法，是因为胡适不懂得唯物史观和辩证法的内容。这从根本上导致了《中国哲学史大纲》的逻辑混乱，观点牵强。胡适在描写先秦时代时，大谈老子、孔子之前的二三百年贫富不均的情况，将封建主敛财比作资本家雇佣女工。这种跨越社会性质和生产力发展阶段的写法透露出胡适的随意性，也足以证明他丝毫不

---

① 《马克思恩格斯文集》第 10 卷，人民出版社 2009 年版，第 657 页。

曾留意阶级性与社会发展阶段的问题。胡适实验主义由于不懂辩证唯物主义原理，在看问题的时候只能从表面入手，而看不到更深层的含义。胡适《中国哲学史大纲》不运用阶级的观点去分析各个派别，直接导致了一些错误，容易使读者产生误解。李季指出，胡适不懂阶级性，他混淆阶级（经济的）与阀阅（政治的）的概念，仅仅从老庄、孟、荀、墨、杨、朱等的作品和一些无法鉴别真伪的史料出发，试图梳理整个中国哲学史。而作品和不确切的史料具有迷惑性，会导向错误，只有阶级性才是稳定的依据。对此，李季申明，研究哲学史必须从事实，也就是生产力的发展中寻找线索，而不能在想象上着眼。效用本身就不是一个客观的词，个人对于一种思想或学说效用的评价是与其阶级性相符的。一种学说的影响是以客观环境为转移的，与环境相适应则效果好，不相适应则效果不好。对一阶级有用的东西，对另一阶级未必有用。以效用作为评价标准无论如何不能称为是科学的衡量标准。

笼统地看，李季认为胡适著学的方法大致分为这样几种。一是述学，包括：（一）搜集史料，（二）审定史料，（三）除去不可信的史料，（四）整理可靠的史料。在李季看来，胡适寻求证据的依据有史事、文字、文体、思想、旁证，这是不够的。对史料的整理也仅限于校勘、训诂、贯通三种方法，始终不出书本的范围。二是明变，李季认为这种方法同样狭隘，并且常常犯唯心论的毛病。三是求因，李季指出胡适仅仅从思辨的角度去想象，而不是到实际的生活中去寻找答案。四是评判，李季批判胡适没有确立可靠的科学的客观的评判标准，基本上凭空臆想，不足为信。由此，李季认为，胡适的实验主义实质上就是只存在在脑子中的玄学主义方法，用这种方法来做学问是万万不可取的。

为了指出实验主义的失误，李季从唯物史观的立场出发，着重从阶级性和阶级斗争的维度，对中国哲学展开了新的阐释。同时，为了批评到点子上，李季还特意先做了详细的经济史的考证。胡适避开社会经济条件的考察，去梳理哲学勃兴和中绝的原因，无异于无头苍蝇到处乱飞。通过对社会经济发展的分析，李季认为，春秋战国百家争鸣局面的形成得益于铁器的应用。立足于社会经济史，李季指出，铁器在极大程度上推进了农业的发展，进而推动商业兴起。封建的生产方法逐步被淘汰，引起上层建筑的变动。诸子的哲学属于上层建筑的内容，它与相应的经济基础相适应。一旦经济基础发生变动，上层建筑或快或缓地都会产生相应的改变。春秋战国时期属于矛盾集中爆发、社会动荡不安的特殊时期，封建的生产方法发生动摇，因此，思想界格外活跃。

关于儒、墨、道、法等派别的立场和观点，李季也对胡适展开批判。胡适根据思想特色把先秦思想分为"忧时派""厌世派""乐天安命派""纵欲自恣派""愤世派"等，李季认为这种划分十分混乱、毫无章法，指出胡适所谓的前四个派别实际上属于统治阶级。由于统治地位被撼动了，所以表现出忧时、厌世、安命、纵欲等特点。愤世嫉俗的一派则属于被统治阶级，他们不甘于压迫，但由于力量太弱也不敢起而反之，只能冷嘲热骂地泄泄愤罢了。接着，李季通过阶级性原理，对儒、墨、道、法几个派系做了重新分析和定位，得出这样的结论：老庄系是旧贵族和旧封建地主的代表，儒法系是士和新兴地主阶级的代表，墨子系是农工阶级的代表，许行系是无产阶级 [①] 的代表。从阶级性展开分析，才能看清各派系理论的出发点。而实验主义恰恰完全绕过了阶级性问题，被哲学的云雾遮住双眼，只能运用带有玄学性质的方法论胡乱解释一通。

二、"层累地造成古史"割裂整体与部分

顾颉刚曾经致信钱玄同，提出"层累地造成古史"的观点，得到钱玄同的认同。与"古史辨派"联系密切的胡适、丁在君（地质学家）等也赞成顾颉刚"层累地造成古史"的方法。对此，李季称顾颉刚是"中了实验主义的毒"，因此，对他痛下针砭，指出他们的疑古多系盲目的而非理智的，玄学的而非科学的，

---

① 不是马克思所谓的"无产阶级"，而是指极贫困没有私产的贫民。

形式逻辑的而非辩证法的。李季认为胡适早在1923年就立下古史的骨干，顾颉刚就是其中重要的人物之一。然而由于过度疑古，顾颉刚的《古史辨》第一册和第二册虽然分别于1926年6月和1930年9月顺利出版，但第三册后，每况愈下。"古史辨派"在考察古史时只注意个别的现象，而不能把握整体，这与唯物史观截然相反。唯物史观要求先从大体上定下整体的形状，再去考察细枝末节的东西，实际上是灵活把握主要矛盾与次要矛盾、整体与部分的关系原理之体现。李季强调，研究古史不能像"古史辨派"一样，拘泥于"层累地造成古史"。如果仅仅局限于有限的所谓的真书和真史，那么结果可能是消灭历史。

在《中国社会史论战批判》的前言，李季感叹道，自己栖息于十几年浓厚的反古和疑古的空气中，在侦探的手枪与生活的铁鞭两重压迫之下，既没有地方借到古书古物，更没有金钱购买古书古物，甚至于没有工夫来悉心考察古书古物，所以于不知不觉之中，受了他们绝大的影响，变成他们在学术上的黑暗势力地下的半牺牲者了。为了反转过度疑古的治学之风，李季专门针对"古史辨派"展开一系列的论辩。与"古史辨派"割裂整体与部分的研究方法相反，李季将整体与部分结合起来研究和考察。

从整体上看，李季认为中国历史的发端众说纷纭。《史记》从黄帝、尧、舜时期开始记载，是一部可靠的史书。就《史记》描写的情况看，黄帝时期似乎达到野蛮的高级，已有田野农业，否则，至少也在野蛮中级的末叶，即牧畜、种植业已经发展，铜器也早已发明了。尧舜时代，《尚书》的记载为一大来源。钱玄同认为《虞书》完全是伪书，并提出尧、舜只是理想人格的名称，并无真人。李季认为《虞书》虽经后人审改与修饰，但仍有一部分真迹，钱玄同的疑古等于玄学式的疑古。关于广为学界质疑的"前资本主义生产方法"，李季统观了马克思的著作，提出"凡泛指资本主义以前的各种生产方法，即将前资本主义的生产方法这个名词变成多数（我因中文表现不出来，故代以'诸'字，）有时且冠以'一切'的形容词，凡专指真正的前资本主义的生产方法，则这生产方法的名词必为单数而非多数"①。马克思提到中国和印度的亚细亚生产方法的残余时采用的是单数形式，因此，特指的是亚细亚生产方法的残余，即前资本主义的生产方法。李季还援引马克思《政治经济学批判序言》的名言："就大体讲，亚细亚的，古代的，封建的和近世资产阶级的生产方法可以称为经济的社会结构相连续的时代。"②

李季与顾颉刚"古史辨派"的争论归结起来只有两点，一是史料是否充分，二是史料是否可靠。事实上，关于史料的选择，李季一直持一种慎重的态度。对待古书古史既不像"疑古派"那样极端怀疑，也不是全盘接受毫不考证，他认为，"中国的古籍如《尚书》之类，多经过后人的改窜增补……不能完全作为信史"③。李季认为伪书的事实不一定全都是伪的，由此推断根据伪书建立的历史也不一定全部都不成立。伪书中可能有真材料，真书中也可能有伪材料。在搜集和筛选的过程中，应该坚持唯物主义辩证法的方法，加以分析和选择。绝不能笼统地认为一真百真，一伪百伪。对史料的筛选体现了李季实际运用辩证法的研究行为。除史料外，李季创造性地从社会史角度反观古代史的研究，为古史研究开辟了一条新的道路。具体来说，就是依据人类社会发展规律的同一性特点，参考西方的考古学和经济史学说，抽离出适合全人类社会发展的规律，并将这些规律套用在中国古代历史的研究中。这种唯物史观的话语背景，为中国史学的发展拓宽了道路。

据此，李季形成如下的社会分期观点：第一，唐、虞为原始共产主义的生产方法时代（至公元前 2206 年）；第二，自夏至殷末为亚细亚的生产方法时代（公元前 2205 年至前 1135 年）；第三，自周至周末为封建的生产方法时代（公元前 1134 年至前 247 年）；第四，自秦至清鸦片战争前为前资本主义的生产

---

① 李季：《中国社会史论战批判》，神州国光社 1936 年版，序言第 35 页。
② 这也是引起诸多误解的名句。社会史论战中的马克思主义者将这句话奉为圭臬，然而，理解的偏差造成他们的社会分期观点大不相同。
③ 李季：《中国社会史论战批判》，神州国光社 1936 年版，序言第 16 页。

方法时代（公元前 246 年至公元 1839 年）；第五，自鸦片战争为资本主义的生产方法时代（1840 年起）。

李季就社会分期的观点做了诸多具象化的解释。他对于原始共产主义生产方法时代的划分，参考了摩尔根的研究——野蛮时代的中级有铜锡合制的青铜器，在野蛮时代的高级则有铁器的发明。李季认为，唐虞时期已有铁器，有文字，且变为男性本位了，因此，唐、虞为原始共产主义的生产方法时代。① 李季对亚细亚的生产方法时代的划分，是依据相关史料判断得出中国北方的氏族社会至虞末崩溃，继起的夏代是私有财产制和国家起源的时代，与此前的原始共产主义的生产方法时代迥然不同。彼时的社会通过大禹治水发展了田野农业。同时，佐以摩尔根的研究，指出当野蛮后期的末叶，关于土地的拥有，已经起了大变化，它逐渐趋于两种所有权的形态，即国有和私有。更有马克思关于亚细亚的描述，得出"土地公有就是土地国有，人民用一定数量的生产物作为自然地租送给国家"的结论。而这与夏的情形相符。此外，李季还考据了《史记》《夏本纪》记载的夏帝王世系表，指出世袭制是氏族社会与国家出现后的阶级社会一条最明显的分水线。因为摩尔根表示，在氏族制度之下，人民形成氏族、胞族和部族，各组织为独立的自治的集团，他们必须是自由的。以世袭权和不负直接责任为基础的君主统治，在这样的社会中简直是不可能的。这种"不可能"取决于氏族制度与一个君主或君主的政体不相容的事实。因此，夏代已非氏族社会，并且彼时也许已经有铁器出现。又据韦伯（George Weber）的观点，用铁是在用铜之后，并且只是渐渐地把铜驱逐的。② 李季倾向于将夏定义为铁器时代，即便让步也该是青铜器时代。总之，铁器或青铜器的出现极大地促进了农业的发展，阶级出现，国家起源。李季随后又论证了殷代的亚细亚生产方法。提出商汤时氏族社会早已崩溃，中央集权的国家早已建立，中央集权不容许封建诸侯

---

① 李季：《中国社会史论战批判》，神州国光社 1936 年版，第 24—26 页。
② 也有说法是铁器在铜之前出现，铜的熔点和制作工艺都远高于铁，因此，铜器更高级。

和土地私有的出现。通过对股代政府权力的考察，确定股代也隶属于亚细亚。至此，李季得出结论，自夏至股末为亚细亚的生产方法时代。到了周代，李季认为，周是在虞末夏初结束氏族社会而进入建立国家的阶段，然而，产业状况又退却到畜牧业。周代因地域关系，田野农业难以发展，国家也出现停顿或退化的状态，但名义上还是世袭制国家。李季援引了马克思对于封建社会的描述，乌力扬诺夫对于封建徭役经济提出的四个先决条件，以及《诗经》《左传》中的相关描述，来论证周末为封建社会。李季指出，周代为封建的生产方法时代，西周是自然经济时代，直至春秋战国，商品的生产才发展，这正是封建制度的末期。所以，自周至周末为封建的生产方法时代。对于前资本主义的阐释，李季首先援引马克思的话来定义前资本主义的生产方法，继而论证前资本主义与亚细亚的不同，列举出前资本主义生产方法的 7 个特征。通过对秦之后的社会发展状况的具体考察，与之一一对应，指出自秦至清鸦片战争前为前资本主义的生产方法时代。关于资本主义的历史分期，李季提出，实现资本主义必须具备两个基本条件 [1]。中国鸦片战争前已具备这样的条件，西洋技术传入，中国的资本主义发轫。同时，他驳斥了任曙的外铄论，认定鸦片战争之后的中国为资本主义的生产方式时代。

当然，在《中国社会史论战批判》中，李季的论证也存在不少问题。有时为了完成有利于自己的论证，顾不上论据的可靠与否了。例如，李季反驳顾颉刚大禹时期农业不发达的观点，提出大禹治水使得当时的农业发达起来，可以说，禹是"以农立国"。但是，对于"大禹治水"到底是不是神话故事，是不是可以拿来作为论据使用没有明确说明。再者，论证夏代隶属哪个社会史分期时，李季先立下假设。他假设夏代已经不是氏族社会，又假设当时铁器已经出现，铁器对生产力的巨大推动促使氏族社会崩溃，国家起源。用氏族社

---

[1] 一个垄断生产工具与生活资料的阶级——资产阶级和一个一无所有、专靠出卖劳动力维持生活的阶级——无产阶级，尤其是后者最为重要。

会崩溃来证明铁器出现，又用铁器出现反证氏族社会的崩溃，实际上是用假设来证明假设。这看似形成了一个闭合的逻辑环，但假设来的论据是站不住脚的，也极易招致论敌的直接打击。同样地，李季在论证夏代实行亚细亚的生产方法时，称据考证文字记载，可以推论出夏代完全是一种集权专制的政府。但是，单单就中央集权这一点并不能将夏代定性为亚细亚的生产方法。封建制下虽有封建诸侯，但本质上也是中央集权。李季的推论无异于将中央集权这一特点视为封建制和亚细亚在政治上的区别。归结起来，李季对夏代社会性质的论证显得较为软弱无力。最易被人质疑的前资本主义时代，李季花费了许多笔墨来为自己的观点正名，然而，他在后文指出："由此可以知道它是一种过渡时代的生产方法，含有以前各种生产方法的残余。"① 将前资本主义时代定义为一个过渡时代，实在是自己拆自己的台了，这基本颠覆了他之前的论证。尽管李季尽可能地将辩证法运用于自己的研究，但也确实存在形式逻辑和形而上学的问题。一旦不能贯彻辩证法，观点就极易发生错误。

三、考察历史要注重阶级与阶级性的分析

对中国的先进知识阶级来说，1927 年无疑是一个重要的分水岭。关于社会史论战，何干之提出："中国社会性质问题的论战，是在中国民族解放暂时停顿后才出现的。"②"为着彻底认清目下的中国社会，决定我们对未来社会的追求，迫着我们不得不生出清算过去社会的要求。中国社会性质、社会史的论战，正是这种认识过去、现在和追求未来的准备工夫。"③ 随着大革命失败，许多知识分子宣布与共产主义的革命政治思想决裂，却依然沿用马克思主义的思想方法。1927 年之前，介绍马克思主义唯物史观的知识分子们极度忽视阶级分析在

---

① 李季：《中国社会史论战批判》，神州国光社 1936 年版，第 90 页。
② 何干之：《中国社会性质问题论战》，生活书店 1937 年版，第 1 页。
③ 何干之：《中国社会性质问题论战》，生活书店 1937 年版，第 5 页。

唯物史观中的重要性。到 20 世纪 20 年代晚期，才开始重视阶级问题。李季接触阶级问题的时间要从他翻译《社会主义史》算起，最迟不超过 1919 年他已经了解阶级、阶级斗争等概念及其运用的语境了。这与同时期的知识分子相比都更早一些。李季后来赴欧留学，研读马克思主义的经典著作，更加深了对阶级和阶级性的理解。到了《胡适中国哲学史大纲批判》时期，则开始频繁地运用阶级性来做论证。这对于当时的史学界来说，也算是比较前卫的做法。

李季对于中国历史的考察主要集中于社会史论战时期，因此分析中国社会史论战的主要观点能够还原李季对于阶级与阶级性的重视程度以及达成的主要结论。社会史论战时期，李季已然加入"托派"，他对于中国历史分期的看法大致与"托派"其他骨干没有根本性分歧。他们都认为中国很早就经历了封建社会，由于历史发展中的某些特殊性，封建残余未能根除，中国也就不能过渡到资本主义社会。并且十分强调商业资本对中国社会经济结构的影响。

关于社会发展规律的认识，"新生命派"和李季、王礼锡以及胡秋原等人，都将周代视为中国古代历史的重大转折点。关于西周究竟是奴隶社会还是封建社会众说纷纭，莫衷一是。关于帝国时期是封建或半封建社会，还是"特殊"或"过渡"社会也是出入较大，无法达成共识。首先来说，关于晚周时期社会变革性质的定义，李立三等人持这样一种观点，那就是西周是由一种形式的封建社会过渡到另一种形式的封建社会，即"半封建社会"。朱佩我向前推进了一步，指出晚周时期的社会变革是封建社会之后、资本主义社会之前的过渡形式，持续超过两千年。相对于二人较为激进的态度，郭沫若、王宜昌等人显然保守得多，他们认为那是由奴隶社会到封建社会的过渡，但在过渡时间的界定上，郭、王二人又不一致。还有一种更为保守的观点，1932 年后，"新生命派"提出晚周由氏族社会到奴隶社会，但这种观点并未产生什么影响。其次，所谓帝国时期是特殊阶段，这里的"特殊"究竟是何含义，不同派别有不同解读。整体来说，当时的社会状况相当于欧洲封建社会之后、资本主义社会之前的商业化社会。对此，"新生命派"提出应将其算作封建势力支配下的初期资本主义社会。王礼锡和胡秋原认为还隶属于——专制主义社会。李季则独辟蹊径，经过对当时社会存在的诸阶级的分析，提出一个全新的概念，那就是前资本主义社会。

可以说，考察阶级性是李季立论的基础，这也帮助他在社会史论战中单枪匹马地闯出一片天地。关于亚细亚生产方式和前资本主义生产方式的考察已在前文详细论述，这里不再赘述。以下关于阶级性的考察主要从李季、"新生命派"与朱佩我关于中国封建社会的论争来呈现。

要确定一个社会的社会属性，首先应该明确这一社会制度的特征。关于封建社会的特征，"新生命派"给出了明确的规定，认为经济上自给自足的庄园组织是封建制度的基础。财富的拥有者同时也垄断了政治管制功能，他们之间严格遵循着一定的权力等级秩序。经济与政治权力集中在社会的同一集团手中是封建制度的一个基本特征。李季认为，"新生命派"解释的缺陷在于对马克思著作的了解十分有限，是马克思主义的门外汉。指出陶的论断不能从马克思主义的真义出发，而带有明显的主观主义色彩。尽管陶断然否认，但他显然认为帝国时期的中国本质上是一个封建社会——因为他认为"封建势力"决定了中国历史的进程，将封建制度与封建势力做区分，实质上是陶不愿意承认封建制度的消失。并且，"新生命派"在分析中对"等级""阶层""阶级"等的使用十分混淆。李季指出，"新生命派"把帝国时期视为封建社会的一种持续，只不过把地主换成了士大夫，把自给自足的封建经济换成了部分的商品经济。而这些替换缺乏马克思主义的依据。据此，李季完全否认帝国时期中国有任何封建特征。

朱佩我从社会的剥削形式出发，强调帝国时期的中国尚处于封建阶段。他根本无视生产方式的问题，而只是一味强调自然经济和剥削方式才是封建制度的特征，因此，成为一个"封建中国派"。但是"自给自足"这个论据根本不足以证明帝国时期的中国是封建社会。随着论战的白炽化，他们的争论延伸到商业和社会变革领域。马克思在《资本论》中曾对商业的作用做如下解释："商业对各种已有的、以不同形式主要生产使用价值的生产组织，到处都或多或少地起着解体的作用。但是它对旧生产方式究竟在多大程度上起着解体作用，这首先取决于这些生产方式的坚固性和内部结构。并且，这个解体过程会导向何处，换句话说，什么样的新生产方式会代替旧生产方式，这不取决于商业，而是取决于旧生产方式本身的性质。"[①] 在这里，商业被视作在一个自给自足的社会中能够消解现存社会结构的发展因素，但是消解之后，起决定作用的就不是商业，而是旧生产方式本身。这与马克思关于社会发展机制的总体思想是一致的。"在古代世界里，商业的影响和商人资本的发展，总是以奴隶经济为其结果……在现代世界，它会导致资本主义生产方式。"[②] 但是，一系列问题接踵而至：消解旧的生产方式需要商业发展到何种程度？什么时间点新的生产方式兴起？新的生产方式的特征是否与商业的作用无关？那些将马克思这一论断作为一种普遍原则和单一解释接受下来的社会史家们，并不容易察觉到其中潜在的模糊性，他们对由欧洲历史推演出的历史分期模式的信奉，加剧了将马克思的这一解释应用于中国历史的困难。李季指出，波格丹诺夫的处理更加灵活，他在《经济科学简明教程》中将社会分为"自给自足"和"商业的"两大类型。资本主义仅是商业社会的一个部分，它本身又可以分为三个阶段——商业资本主义、工业资本主义和金融资本主义。在李季看来，这样的划分充分考虑到了像中国这样社会发展模式存在某种特殊性的国家。

"封建中国派"声称，依据马克思的论断可以推断，商业对于社会的根本构成而言只是附属物，不仅不能产生新的生产方式，甚至旧生产方式的消解也不依赖于它，而是依赖其自身的"内部结构"。封建中国论的反对者，除李

---

① 《资本论》第三卷，人民出版社 2018 年版，第 370 页。
② 《资本论》第三卷，人民出版社 2018 年版，第 370 页。

季外，均认为即便商业的作用没有产生新的生产方式，但它无疑具有消解旧生产方式的能力，在中国历史上也不例外。尽管新的生产方式（资本主义）尚未兴起，但是，封建制确实消亡了。

李季声称，自己与"新生命派"及其他封建中国论的提倡者的最大不同，在于商业化对其后的中国历史的意义的解释，但王礼锡认为李季夸大了他与这些派别，尤其是他攻击最烈的"新生命派"的不同。实际上，李季与"新生命派"的区别确实不是实质意义上的。他们阐述的立场和角度有所差别，但结论差不多。那个时期既有封建的残余，又有资本主义的萌芽。李季从资本主义的角度强调阶级性，"新生命派"从封建残余的角度强调政治精英与经济精英的分歧是一个事物的两个方面。如果说李季有强于"新生命派"的点，那就是他对于阶级分析法的坚持。总的来说，20世纪30年代中期的史学家几乎将所有注意力集中在历史问题上。"关于商业资本主义作用的争论主要是由于马克思本人的论述存在一定程度的模糊所致，而非真假马克思主义之争。"[1] 这种模糊性使得中国的马克思主义者可以对商业在中国的作用做出正相矛盾的解释。

除了社会史论战，李季最早自觉应用阶级和阶级性来考察历史分期的实践行为也体现在他对胡适《中国哲学史大纲》的批判中。李季详细总结了胡适著哲学史的方法。除述学、明变（都很狭隘）外，李季格外强调胡适在求因时，不从阶级着眼，而从个人的才性着眼；不从经济入手，偏从空洞的时势入手；不从实际生活中去找线索，偏从思想学术中去找线索。并且在评判时也无法拿出令人信服的可靠的标准。这是因为他从来不懂得客观评判的标准建立在阶级性的基础之上。"自原始土地公有消灭，阶级制成立以后，社会中即有许多阶级对立，每个人都有所隶属，断没有超阶级的人。因此个人对于一种思想或学说效果的估价虽未必人人互异，然至少是和他们的阶级观点相适合的，于

---

① [美] 阿里夫·德里克：《革命与历史：中国马克思主义历史学的起源 (1919—1937)》，翁贺凯译，江苏人民出版社2010年版，第87页。

是对于一阶级的人有效果的东西，对于别阶级的人未必有效果，也就未必有价值。"① "所谓效果，所谓有用，都是主观的，都是随阶级观点的不同而互异的，应用这种标准的评判法如何能妄称为'客观的'评判？！"② 一种学说的影响以客观环境为转移，相适应则效果好，不相适应则效果不好。李季对于胡适做学问的第三种和第四种方法——求因与评判给出一针见血的批判，一言以蔽之，经济的发展决定阶级性，只有从阶级性入手，才能领会社会发展的基本规律。

第三节　对马克思主义理论的反思与运用

李季对自己的评价："我是一个无产阶级的战士，对于我的论敌常喜用勇猛决切的战术，以期马上分出胜败。"③ 对于马克思主义基本原理的应用问题，他也是持这种态度。无论是论敌的错误，还是自己的失误，他的眼中揉不得沙子。他或著书立说，或加入论战，疾风骤雨一般指出一切反马克思主义或非马克思主义的行为。同样地，当他发现自己存在偏离马克思主义的行为时，也能够立刻悬崖勒马，回到正途。在自觉反思的过程中，李季也十分注重结合马克思主义理论思考中国的现实问题并给出相应的解决方案。

一、伯恩施坦的背叛

甲午战争中国战败，列强在华势力活跃起来。德国虽是后起的资本主义国家，但自统一之后开始奉行对外扩张的政策，并对中国的胶州湾觊觎已久。1897 年，德国不顾国际道义公然派遣军舰占领胶州湾，已经满目疮痍的中华帝国又添新伤。两年后，伯恩施坦出版《社会主义的前提和社会民主党的任务》，

---

① 李季：《胡适中国哲学史大纲批判》，神州国光社 1931 年版，第 234—236 页。
② 李季：《胡适中国哲学史大纲批判》，神州国光社 1931 年版，第 236 页。
③ 李季：《中国社会史论战批判》，神州国光社 1936 年版，序言第 51 页。

强行为德国非法占领胶州湾辩护，这一行径已经完全偏离了马克思主义的精神实质，伯恩施坦从根本上背叛了马克思无产阶级与世界被压迫民族建立统一联合战线的思想。继德国之后，俄、法、英等列强纷纷划出沿海地区尤其是优良港口作为租界，更加深了旧中国殖民地的性质。李季在《马克思传》中以一腔爱国热情义愤填膺地讨伐了伯恩施坦的修正主义："而号称无产阶级正当中的一派领袖竟毫不知羞地明目张胆宣布'社会民主党也可以赞成此举，并且丝毫没有抛弃他的原则'。由此可以证明他的堕落是达到怎样的程度了！"① 彻底划清了马克思主义与伯恩施坦主义的界限。

所谓的社会民主党在中国也有一定势力，以孙倬章②为首的一众发起人丝毫不了解马克思主义的真谛，其党员也只看重个人私利，并无革命的意识。对此，李季在《马克思传》中提出，社会民主党在德国已经沦为资产阶级的"宝贝"和无产阶级的"死尸"了，又何苦费尽周折将这样一种余孽复制到中国。站在马克思主义的派别立场上，李季对中国社会民主党进行了鞭辟入里的批判。孙倬章不明白，虽然有以考茨基为代表的马克思主义正宗派多次迁就，但伯恩施坦的修正主义已经从根本上背叛了马克思主义。德国社会民主党已经走向下坡路，中国社会民主党也注定无法取得任何成就。此种党派在中国的存在，一方面是对青年人的蒙蔽，另一方面，也对马克思主义在中国的传播起到阻碍。事实上，《马克思传》于李季而言意义十分重大。他不仅通过为马克思作传详细梳理了马克思和恩格斯的学说，还自觉地反思一些社会问题；除了对伯恩施坦问题展开思考，还延伸到当时的中国，针对时事提出自己的见解。李季在《马克思传》中关于《共产党宣言》的介绍十分翔实，并且有意为包括中国在内的落后国家提供一种国民革命的思路。"在贵族与资产阶级并存的地方，他们

---

① 李季：《马克思传》（下），神州国光社 1949 年版，第 480 页。

② 孙倬章（1885—1932），重庆云阳人。1918 年赴法，与友人成立中国社会民主党，主办《巴黎丛刊》《奋斗》杂志。1923 年秋回国。1927 年创办《民力日报》、民力大学，任社长、校长。1929 年因发表抨击蒋介石财政弊端的文章，报社被查封，本人被通缉。著有《怎样干》《中国改造论》《社会主义史》等。

（共产党）便联合革命的资产阶级去和贵族争斗，迫贵族被推翻，资产阶级掌握统治权，他们然后转而同资产阶级争斗，以图最后的胜利。"① 共产主义者有策略地开启自身的解放历程。一方面，他们为了减小革命的阻力，首先帮助有产阶级革掉贵族的命。这实际上也为无产阶级消灭了一个潜在的敌人，是有利于无产阶级运动顺利开展的英明策略。李季写作该著时正处于大革命期间，他提出的阶级联合观点具有很强的理论价值和现实意义。

二、回到列宁的战线上

关于唯物史观在中国的实际运用，王宜昌认为，早期马克思主义者对中国社会的观察仅仅停留在皮相上，缺乏进一步深入探索。因而，利用历史唯物主义进行社会分析的尝试往往不能取得成功。李季对于中国社会史分期的某些观点确实如王宜昌所言，不够深入，也不能始终坚持辩证的视角。这种失误是李季堕入"托派"的原因之一。好在面对大是大非问题时，李季没有彻底迷失自己，而是在幡然醒悟后迷途知返，迅速调整自己，回到马克思主义，即以列宁为代表的第三国际的正途中来。

由于种种原因，李季短暂地加入过"托派"。在当时的他看来，自己运用唯物史观与辩证法对于中国社会情形的分析与托洛茨基的观察没有本质上的不同，加上受陈独秀影响，李季在名义上成为一名"托派"分子。不可否认的是，托洛茨基对于中国的某些判断确实比较符合当时的社会实际。例如，在托洛茨基看来，资产阶级掌握着统治中国的权力："在中国，大中地主是同城市资本主义，包括外国资本主义紧密勾结在一起的，并不存在一个与资产阶级对立的地主阶级，在农村发放高利贷的富农是被农民所广泛痛恨的剥削者，他们是城市银行资本在农村的代理人。于是在中国，土地革命在具有反封建性质的同时

---

① 李季：《马克思传》（上），神州国光社 1949 年版，第 373—374 页。

也具有反对资产阶级的性质。"① 由此，托洛茨基得出结论：（1）中国的资产阶级无力承担资产阶级民主革命的重任；（2）无产阶级承担民族解放的领导权，并对资产阶级进行阶级斗争；（3）中国资产阶级是帝国主义的衍生品，非但不会促进中国经济发展，还会起到反作用；（4）中国应该走非资本主义发展道路。时至今日，我们回头再去看这些论点，有些还是具有一定的科学性的。这些理论对李季产生了一定的影响，李季加入"托派"的原因之一也正是接受了包括这些论点在内的托洛茨基的主要理论。

站在这样的立场上，李季活跃地出现在中国社会史论战的舞台上。如前所述，中国社会史论战主要有三个派别，一是"新生命派"，也就是国民党激进派。如前所述，该派认为受商业影响，中国的封建制度在周代（公元前 1122 年至前 255 年）中期就消失了。但中国未完成向下一个历史阶段转变，而是停留在一个由农业经济主导、从属于商业资本的过渡阶段，此时的"封建势力"属于政治上层建筑。这一漫长的过渡阶段的主要特征是阶级结构的模糊性。土地财富与商业资本融合，在剥削土地和妨碍地区专业化分工的基础上存在，于生产力无益，并且加剧了中国的分裂和地区间生产力水平的差异。中国没有一个明确的经济统治阶级能在全国范围内建立统治。政治精英和经济精英既博弈，又在剥削农民的问题上不谋而合，形成共生性的关系。直到帝国主义入侵，官僚和军阀开始为帝国主义及其买办服务。"新生命派"不赞成，积极斗争，认为阶级斗争会使争取政治统一的努力付诸东流，也会使中国更加疲弱。

二是"新思潮派"，以郭沫若为主要代表。他们捍卫斯大林的观点，提出中国革命本质上是反帝反封建的，认为阶级斗争是统一的先决条件。中国的封建性或半封建性是针对社会经济结构或生产关系的特征而言的，这种封建的剥削方式与欧洲的封建社会相同。"新思潮派"强调由无产阶级领导革命，反帝反封建，但并未反资产阶级。

---

① Leon Trotsky: *Problems of the Chinese Revolution*, ed. Max Shachman.Pioneer Publishers, 1967, p.125.

　　三是"动力派",主要由"托派"分子组成,代表人物是任曙、严灵峰。李季也应归属于这一派,但李季的观点与前二人又有分歧,在论战中他们常常成为李季的批判对象。从这一点也可以看出,李季并不看重所谓的同一政治派别一致对外、减少内耗问题,因此,认为李季的学术观点为政治立场服务可谓无稽之谈。"动力派"指出,不应将中国资产阶级同帝国主义势力区分开来,应该将资产阶级作为斗争的对象。因为帝国主义作为资本主义最先进的形式,负有摧毁封建势力和支持资本主义扩展到世界的历史使命。中国是资本主义统治下的世界的一部分,将国内和国外的资本主义区分开来,在此基础上宣称中国是封建社会,是十分荒唐的。在这一点上,中国"托派"比托洛茨基本人走得更远。他们迅速地从资产阶级控制着中国这一理论,演绎出中国已是一个资本主义社会,或者至少是一个资本主义势力塑造着生产关系的过渡性社会。他们拒绝用静止、机械的历史观定义中国的社会性质,而主张识别历史发展中的进步的推动力量。任曙和刘光毫不妥协地否认中国经济中的落后势力能扮演任何角色,资本主义在中国则起到了其在先进资本主义国家的作用。刘镜圆把资产阶级看作中国的领导阶级,但认为中国资产阶级是通过封建剥削的模式发展起来的。严灵峰认为中国的领导力量是资本主义,但也承认中国社会结构是复杂的,包含了不同的生产方式的因素。至此,"托派"提出,自给自足还是依靠市场经济才是划分封建经济和资本主义经济的最准确的标准:封建社会由自给自足的经济单位组成,任何对市场活动的参与都是偶然的。不同的阶级关系决定了不同的剥削性质。[①] 在封建制度下,这种关系不是纯粹的经济关系,其他因素如政治特权也会对剥削的性质产生影响。在同生产资料的关系上,资本主义与封建主义也完全不同。资本主义地主与土地的关系不同于封建地主与土地的关系,在中国,土地作为一种独立的商品已经存在很长时期,因而,地主已不再是封建地主。李季认为中国的资本主义在西方入侵之前已经有一定的发

---

① 而不是剥削的形式决定剥削的性质。

展，任曙强烈反对这一看法。再者，商业资本没有为封建经济服务，而是代表了资本的原始积累。在任曙看来，帝国主义时期，国与国之间的边界已不重要，世界经济和国内经济是一个整体，中国的资本主义发展是大势所趋。类似地，严灵峰认为，帝国主义绝对地鼓励了中国资本主义发展，又相对地阻碍了它的发展。刘镜圆则与此相反，认为帝国主义相对地鼓励了，但绝对地阻碍了中国资本主义的发展。简言之，"托派"在基本的重大理论问题上能够达成一致，但在许多具体问题上存在较大差异。论战中留下的是一种表里不一、内部松散的现象，而李季在社会史论战中的形象无疑就是一个最为特别的"托派"分子。

　　总的来说，社会史论战对李季的影响十分深远。这种影响即便当时未能完全展现，但也转变成一种知识性的积淀，为李季实际脱离"托派"组织打下基础。此外，在写作《马克思传》的后期，李季根据中国的实际情况，做出中国应该建立统一战线的判断。他的统一战线的政策支持源于对于中国半殖民地半封建社会的社会性质的确定，进而引申出中国是一个积贫积弱的国家的理念。这样的社会性质决定了中国社会的阶级结构——军阀、买办以及官僚与帝国主义勾结在一起，统一战线应该指向封建势力和帝国主义侵华势力。直到国民党右派背叛革命，统一战线分裂。这一判断为李季脱离"托派"吹响了号角。到1934年，李季看出了"托派"理论的重大缺陷，旋即退出了"托派"。从此，李季站到了第三国际一边，回到了列宁同志的战线上。应该指出的是，李季在许多地方坚持对马克思主义真义的追求，努力实现不机械不教条的目标。比如在《马克思传》中，他特地解释了"工人没有祖国"的真正含义："在实际上资本主义国家的工人是没有拥护自身利益的祖国的……其实马克思所谓工人没有祖国只是陈述一种事实，绝不含有工人不要祖国的意思。"[①]这些论述实际上捍卫了马克思主义的精神实质与尊严。

---

① 李季：《马克思传》（上），神州国光社1949年版，自序第3—5页。

三、以马克思主义观照中国现实

留欧以后,李季自学德语,阅读和研究了一系列马克思主义原著,尽可能详尽地还原了无产阶级伟大导师马克思及恩格斯的形象和思想,并将马克思主义基本原理运用到中国实践,自觉开启了马克思主义中国化的进程。李季的马克思主义思想在他将马克思主义与中国问题相观照的过程中表现得淋漓尽致。

其一,意识到中国发生社会革命的必然性。李季系统研究了马克思与恩格斯的思想,包括二人参与的主要活动、发表的演说等。在考察的同时,他十分注意代入中国的情况,以期在马恩的思想中找到解决中国问题的方法和途径。李季认为,恩格斯于 1845 年 2 月在德国第三次共产主义会议发表的关于各国发生革命情况的演讲,适用于世界各国,中国可以直接借鉴。李季指出:"中国农工中无产阶级人数之多与境遇之苦,在全世界上无与伦比,又加以中国的关税为协定税则,征税既少,各帝国主义国家的商品充满了中国市场,中国工业的发展宁有希望,社会革命的爆发宁能幸免?即使退一步,假定中国能脱离列强的羁绊,于获得目下所例证的关税自主权后,马上实行保护税则,以扶植本国工业,然中国工业发展的趋势又宁能超出恩格斯所指示的几点的范围,而阻止社会革命的出现?"[①]一方面是贫苦的无产阶级,另一方面是欲望膨胀的资本主义市场,两相比较之下,矛盾立刻显现。即便是民族工商业兴起,这种矛盾依然无法得到根本解决。因此,社会革命终会爆发。

其二,革命应当采取阶级联合反对共同敌人。通过对中国社会各阶级状况的观察,李季提出了阶级联合的革命策略。共产党最终的目的在于实现共产主义,当客观条件不能达成这一目标时,可以先联合具有革命倾向的阶级实现最低目标。"所以共产主义者帮助有产阶级革贵族的命,其用意是在替无产阶级减少

---

① 李季:《马克思传》(上),神州国光社 1949 年版,第 226 页。

一种仇敌，缩短他的解放时期，他们这样帮助每种革命的阶级和党派去反抗一切反动的或保守的阶级和党派的策略，是一种最贤明的策略，是一种最有利于无产阶级解放运动的策略。"①在那样的社会背景之下，直接进行社会主义革命是不切实际的，应该联合各革命阶级首先完成资产阶级革命，然后过渡到社会主义。当时正值国共第一次合作期间，李季提出的革命联合思想与民族统一战线战略不谋而合。同时，他预见的无产阶级在阶级联合过程中可能面临的困难与局限，基本上也都一一应验。可以说，李季对于中国社会现状的深入把握和对马克思主义的灵活运用，使得他在分析中国问题时表现出一定的先见性。

其三，民族独立的前提是杜绝反对派与帝国主义相勾结。李季读恩格斯写于 1849 年 2 月的《民主主义的法斯拉夫主义》②，有感于帝国主义国家昭然若揭的侵略性，以及与之相勾结的买办阶级的野心。李季强调，"只有自有历史的民族真正向革命一方面前进，才配谈自决或独立，至于反动的领袖勾结帝国主义，如西藏的达赖和东三省的溥仪勾结英日帝国主义去宰制当地民众的企图，是绝对不能享有民族自决或独立的权利的"③。在革命的过程中，首要的就是阻止反动阶级与侵略者沆瀣一气，如果放纵反对派与帝国主义相勾结，即便是民众极力反抗可能也无法改写被分裂的命运。当然这也从侧面印证了革命的必要性，局部的改良是不可能完全割断反动派与帝国主义千丝万缕的联系的。这是李季自觉运用马克思主义基本原理解释和阐发中国实际问题的又一实例。

可以说，李季对唯物史观与辩证法的诠释在社会史论战中表现得淋漓尽致。当然，论战本身带有一定的混乱性，李季在论战中的观点并非全然没有瑕疵。但他坚持从马克思主义理论原旨出发，对阶级与阶级性的强调令人印象深刻，这无疑是值得称颂的。此外，李季将唯物史观与辩证法的诠释纳入一种大马克思主义的思想框架，视角十分宏大。他一方面对伯恩施坦歪曲马克思主义的行

---

① 李季：《马克思传》（上），神州国光社 1949 年版，第 373—374 页。
② 今译《民主的泛斯拉夫主义》。
③ 李季：《马克思传》（下），神州国光社 1949 年版，第 233 页。

径加以批判，另一方面坚决站在以列宁为代表的第三国际一方，对于马克思主义的精神实质的认识始终是清醒的。他还自觉运用马克思主义来解释中国的现实问题，体现了他对马克思学说的灵活运用，而非机械地背诵马克思主义经典作家的只言片语，这同样是非常难得的。

第五章
关于李季马克思主义传播和研究的审视

探讨了李季传播和研究马克思主义的大概全貌后，对其传播与研究的内容及方式做出审视是有必要的。虽然李季亲赴欧洲研读了马克思、列宁原著，并且很早就自觉开启了马克思主义中国化的进程，但这并不代表他对马克思主义的传播和研究是没有缺陷的。从根本上说，这些缺点是他对实践活动相对忽视的结果，这也是许多知识分子的通病。除此之外，陈独秀对李季的影响也是不可轻视的。对于不热爱政治的李季而言，建党之初就选择加入中国共产党，到1929年加入"托派"都与陈独秀有着莫大的干系。李季对马克思主义的传播和研究是中国马克思主义传播史的一个缩影，由此可以引申出唯物史观在中国的阐释问题以及唯物辩证法正义与偏离问题，勾勒出马克思主义在中国传播的大致轮廓。

第一节 长于理论，矮于实践

传统文化的浸染是刻在李季骨子里的。即便他树立起马克思主义的信仰，也不能完全洗脱幼时养成的中国传统思维方式，这在他应用唯物辩证法于中国历史的尝试中经常可以看到。多数时候他能够坚持唯物辩证法，但中国哲学形而上的朴素辩证法偶尔也会出现。对于这一点，李季自己可能也有所察觉。他运用辩证法的方法做了两件大事，一是创作《马克思传》，二是批判胡适《中国哲学史大纲》。他曾坦承自己对辩证唯物论与唯物辩证法的掌握程度尚浅[1]，但是勇于以身试错，"当用毕生的力量从事于此，成功与失败，在所不计"[2]。对于可能犯的错误，李季也毫不避讳，认为犯错误不是罪恶，坦承自己愿意承认错误和改正错误。

一、对辩证法的应用不能一以贯之

李季将道家归为旧贵族及旧封建地主的代表，提出道家是典型的反动派。然而通过他举的例子，我们可以看出，实际上他对《老子》的理解出现了偏差，导致阶级性的分析也出现了误差。李季称"道大，天大，地大，王亦大。域中有四大，而王居其一焉"。这里的"王"在古本《老子》以及王弼注都是指"人"，也就是"人亦大"，"而人居其一焉"。李季只看到字面意义上的"王"，而没有通过现象看到本质，以致误将这句话作为道家拥护统治阶级的证据。事实上，老庄多少是带点革命性的。所以李季犯了只看表面现象，没有深入领会事物实质的错误。

在对胡适进行批判的时候，有时并不是胡适错了，而是李季自己的理解失之偏颇。例如，胡适认为，老子对于社会政治有两种学说，一是毁坏一切文物制度，二是主张极端放任无为的政策。这本来是对的，李季却说这两种学说绝不相容，只是一些泄愤无聊的话。这两种学说确实不相容，这里的不相容恰恰

---

[1] 李季：《我的生平》，亚东图书馆 1933 年版，第 562 页。
[2] 李季：《我的生平》，亚东图书馆 1933 年版，第 564 页。

体现了矛盾的特征。唯物辩证法认为，矛盾时刻存在于每一个事物，老子的两种学说既相矛盾，同时也是统一的。毁坏文物制度与极端放任无为都是"尚自然"的表现，这正是老子学说统一中的矛盾和矛盾的统一。可见李季在这个问题上没有坚持唯物辩证法的视角。还有一种情况是，胡适错了，李季的批判也是错的。关于公孙龙镞矢运动的问题，李季将动与静形而上学地对立起来，认为两者是分裂而不相联系的。他不了解静止是一种运动的特殊形态，是一种暂时的、相对的过渡形态，同样符合运动的规律。李季还将牛顿的观点错误理解为如果物体不受外界的压力，静止的一直静止，运动的则一直运动。他不了解运动是物质存在的形式，静止或平衡状态是相对的，只相对于某种特定的运动形态而言才有意义。没有运动的物质和没有物质的运动一样，同样是不存在的。

在社会史论战中，李季提出的亚细亚和前资本主义生产方式从某种程度上讲也存在运用唯物辩证法的失误。李季在《中国社会史论战的贡献与批评》一文阐释亚细亚的生产方法，坦承马克思和恩格斯从未有过直接的针对性的论述，是他综合了二人的著作观点，引申出来的。并认为这是极危险的一项行为，容易失之毫厘，谬以千里。就事物发展而言，内因决定外因，外因通过内因起作用，这一点固然没错。但是，李季没有分清主要矛盾和次要矛盾，以及矛盾的主要方面和次要方面。鸦片战争之后民族资本主义确实取得一定的发展，然而这并没有改变封建生产方式的根基，中国整体还是半殖民地半封建社会。李季所谓的亚细亚生产方法在根基上与封建的生产方法如出一辙，故不能使人信服。不仅如此，李季所谓的前资本主义的特征也并未超出封建社会的范畴。客观地说，前资本主义阶段只是一个过渡形态。在这个问题上，李季的理解还流于形式，没有看清在内容上前资本主义与封建主义是一致的。李季虽然说代替旧生产方法的新的生产方法不以商业为转移，但到了前资本主义阶段却实实在在是"以商业为转移"的。商业的发达一定程度上侵蚀了封建制度，但并不足以使之解体崩塌。封建主义的基础和实质没有改变，封建的生产方法依旧统治着整个社会，因此，社会制度也没有发生变迁。李季以"秦始皇确立郡县制，封建制度受着制命的打击"[①]为根据，断定东周以后是前资本主义性质的社会，实在过于冒失。

总的来说，李季是抱着一种尝试的态度将辩证唯物论与唯物辩证法应用到中国的史学领域。他也认为这是一项冒险的尝试。在这个过程中，李季取得一些成果，但也犯过形而上学和机械主义的错误。客观上来看，不同的声音对于扩大马克思主义的影响具有积极的正面作用。李季这样做至少打破了国内史学界僵化机械的氛围，为史学的发展提供了一种新的可能。

二、陷入非科学的马克思主义观念

李季陷入"托派"的原因主要有两方面。一方面，他有感于陈独秀的知遇之情，一直追随其左右；另一方面，他在运用唯物史观的过程中出现偏差，得出了与马克思主义截然相反的论断。

其一，陈独秀的作用。李季于 1919 年 9 月开始着手翻译《社会主义史》，历时 3 个月完成译稿，次年上半年经过两次修改已达到出版的水平。10 月，《社会主义史》就作为"新青年丛书"的第一种付印了。第一本译作如此顺利出版，给了李季极大的信心，这为他之后长达半个世纪的翻译事业奠定了基础。截至 1922 年，"新青年丛书"总共发行八种。第一种是《社会主义史》（1922 年已售罄，待续印），第二种收录了李季《社会主义与中国》[②]的《社会主义讨论集》，第五种是李季与人合译的《到自由之路》，第七种是李季翻译的《工团主义》。八种著作中，李季独译占了两种，合译一种，参与一种。可见陈独秀对李季十分器重。这也就不难解释，为什么陈独秀后来力荐李季来承担《资

[①] 李季：《胡适中国哲学史大纲批判》，神州国光社 1931 年版，第 21 页。
[②] 李季致信胡适，提到自己 1920 年 8 月 27 日离开北京，前往山东枣庄中兴煤矿担任英文秘书。《我的生平》中写道：在山东工作 3 个月后，于是年底辞职前往上海。适逢陈独秀受邀到广东办教育，遂同陈独秀一同南下。李季在广州住了半年，《社会主义与中国》一文就是写在陈独秀在广州的寓所——看云楼。

本论》的翻译工作。甚至陈独秀被捕入狱后，在狱中还继续关心李季的译作情况，提出亲自为他校阅。这种亦师亦友的真挚情谊正是李季追随陈独秀的原因。

其二，李季对马克思主义的误解。在《马克思传》中，李季详细翻译了马克思和恩格斯于 1850 年共同起草的《中央委员会告共产主义者同盟书》（以下简称《同盟书》）。针对《同盟书》提及的"不断革命"思想，李季发表评论道："只有在'不断革命'中，工人阶级及其政党——共产党——才容易壮大，容易充实他们的力量，严密他们的组织，增加他们的战斗能力，继续前进，不囿于阶段论，而迅速达到最终的解放。"[1]马克思和恩格斯确实在《同盟书》中明确表达了"不断革命"的意见，但这种意见的前面冠有"这种社会主义"词组，特指无产阶级专政时期，也就是消灭阶级的过渡时期。在这个过渡时期要坚持不断革命，直至一切阶级被消灭。作为译介者同时也是接受者，李季对此的理解产生了偏差，这导致他不仅没有把握马克思和恩格斯的原意，反而走到了对立面。

我们还可以通过反推来证明李季加入"托派"并非出自主观的政治立场。李季在"托派"期间出版的《中国社会史论战批判》中对中国社会史的分期，曾被一些学者判定为是为政治服务的。比如，李季的前资本主义阶段的划分，就被认为是为"托派""一次革命论"提供理论基础。既然中国的社会性质已经是资本主义的，那么，跳过资产阶级革命而直接进行社会主义革命就理所当然了。然而，李季在 1950 年发表于《人民日报》的声明中提到，直到 3 年前[2]，他对于中国历史还抱有原来观点。到 1948 年他读了西洋史，加上观察现实，才得知应该以社会结构中的实质去衡量，而不能单单凭借政治制度和字面的东西去判断。至此，他才承认自己的错误，承认秦汉至清仍为封建社会。如果李季的学术观点是为政治服务的，那么，他退出"托派"之时就应当摒弃旧日的观点。但他依然没有改变自己的观点，可以反推出，李季当年加入"托派"的

---

[1] 李季：《马克思传》（中），神州国光社 1949 年版，第 47 页。
[2] 指 1947 年，那时李季已经退出"托派"13 年之久。

学术成果与所谓的"为政治服务"没有什么关系，而是他自己的学术研究走向使然。李季"托派"的名头确实不假，却徒有其名。他在声明中还提到了加入"托派"是由于常年沉浸在书海中，很少参与实际的活动。他的知识也大多来自书本，所以忽视了中国传统专制制度和农民力量，对中国革命形势做了错误的估计，这导致他走上"托派"的错误道路。但是到 1934 年，他看到了社会运动的事实和农民阶级的巨大力量，逐渐明白了形势，随即退出"托派"。

总之，李季一方面是有感于同道之情，报答知遇之恩；另一方面是自己在运用唯物史观和辩证法的过程中犯了错误，误以为与"托派"是同路人。李季陷入"托派"泥潭，不是政治决定学术，而是学术导向政治。李季本质上只是个知识分子，对于政治立场并不热心。他的批判常常不拘于派别，有时连与自己同立场的学者也一同批判。或者说，他并不在意政治主张抑或学派界限，只为他认为的科学而活。[①] 从政治派别的角度去定义李季，对他实有不公，所以我们更不应该站在意识形态的角度给他加上莫须有的罪名。思想界的各种理论本身鱼龙混杂，即便坚持同样的立场和方法论，由于理解的差异和取舍的不同，对同一问题的把握也会走向迥然不同的方向。归根结底，这是理论与历史之间天然张力的表现，而这种张力往往很难被弥合。直接推动李季加入"托派"组织的两个原因中，陈独秀的原因占比更重，因为李季向来不关心政治，如果只是后一种原因还不足以使他加入"托派"。

三、对实践的认识存在"两张皮"现象

李季虽然在其译著和著作中多次强调实践对于认识世界和改造世界的极端重要性，面对现实问题时，却常常对实践加以回避，使得马克思主义理论仅仅停留在纸面上。1920 年 8 月，李季赴山东中兴煤矿担任英文秘书，期间虽也曾

---

① 他自诩"追求真理的战士"。

跟随工人下至矿井中，亲眼看到工人兄弟极其艰苦的工作环境，了解到他们受到的非人的严苛待遇，但他仅从自身的感性角度出发，将内心的愤懑之情发泄了一通，而未曾启发工人觉醒，现在看来实为可惜。后来单单为职务名称之争，愤而离职，说明李季距离成为一位革命家尚有差距。更直接地说，他并不具备革命实践的灵敏性。

在德国留学期间，为了尽快补齐语言的短板，李季更是整日闷在书房里，日复一日地面对摞起来的书籍，几乎达到了足不出户的程度。以计划翻译《资本论》一事为例，我们可以窥见，李季在欧洲的时间安排几乎被理论性的学习和研究占满了。1922年2月14日，李季致信胡适，表明自己翻译《资本论》的心迹。为了将《资本论》翻译得更符合原著，李季找来英文和德文的版本对照着看，发现英文版的一些句子段落与原文并不相符，而且还有许多不对的地方。德文版有两个版本，分别是恩格斯和考茨基修订版。李季对这两者又做了比较，认为考茨基的版本更好一些，但只有第一卷显得十分可惜。"我来德的最大目的是研究马克思主义，现已购得马昂两氏的著作及他人对于马氏的评论等著作七十余种，计九十多本，行将加以缜密的研究。"①《资本论》本身就是一部巨著，要将两部同时对照着阅读，还要做记录，为翻译打下基础。1922年5月2日，李季写给蔡元培和胡适的信，再次提及利用课余时间开始《资本论》的翻译。加上在大学里的课业，李季实在没有多余的时间供他出去走走看看，深入当地群众。因此，留学的经历对于李季来说，只是增加了理论上的积累，在实践上还是纸上谈兵的程度。

1925年，李季学成回国，到上海大学社会学系任教。在这之后没多久大革命爆发。正当大革命进行得如火如荼，所有有识之士摩拳擦掌，寄希望于以实际行动改变中国现状的时候，李季非但没有投身革命，反而连夜乘坐火车回

---

① 李季：《李季信十四通》，参见耿云志《胡适遗稿及秘藏书信》第28卷，黄山书社1994年版，第76—77页。

到老家，躲在附近山上的一个破庙里写作《马克思传》。等到革命结束才携带书稿由族长保护下山。随后再次前往上海，埋头笔耕。这再次证明他只是个知识分子，也只想做个知识分子，不想过多参与革命实践。

关于实践环节的欠缺这一点，在李季于中华人民共和国成立后发表的声明中得到印证。他在声明中称自己的知识大多来源于书本，坦承自己对于实践的忽视。虽然李季在辩证法的运用方面，甚至在政治立场上都曾出现过短暂的偏差，但这种偏离与缺憾恰恰反映了马克思主义在中国的传播与接受史的原貌。可以肯定的是，李季一天也没有离开马克思主义的理论阵地，直到他 1967 年在上海病逝。

第二节　东鸣西应：陈独秀的影响

陈独秀与李季之间有千丝万缕的联系。两人相识于李季北京大学毕业前后时期，陈独秀难掩对李季的赏识，李季也有感于知遇之情长期追随陈独秀左右。尽管李季对政治不感兴趣，还是在陈独秀的影响之下先后加入中国共产党和中国"托派"组织。陈独秀通过"新青年丛书"和亚东图书馆帮助李季出版了多部译著，甚至身处狱中也不忘关心李季的著译情况。在马克思主义观点的理解方面，陈独秀与李季能达成一致。就理解和阐述的完整性和深入性来说，陈独秀都可算得上是李季的领路人。伴随着时间上的承继性，李季对同一问题的阐释往往更加简明和精确。而在马克思主义的运用上，陈独秀与李季都带有一些教条主义的痕迹。陈独秀是理论和实践复合型的马克思主义者，李季是理论型马克思主义者，两者都无可避免地陷入教条的漩涡。

一、襄助李季译著出版

陈独秀是富有青年教育思想的导师，培育和提拔了一批青年领袖和学者，李季即是其中一员。陈独秀1917年年初正式到北京大学就职，此时，李季在北京大学英文科二年级就读。1920年9月1日李季致信胡适，提到"仲甫先生来信索稿"，说明二人交情已经不浅。李季在《我的生平》中，提及前往欧洲的准备工作时，写道："不意至七月初间忽接C先生来信，编译局因受军事的影响，一时不能开办，劝我将译件交F先生卖给某大书馆，立即起程赴欧。"①这里的C先生正是陈独秀。1920年，李季随陈独秀南下广州，陈独秀曾承诺为他筹建编译局，以筹措出国留学之费用。1921年6月李季致胡适的信，写道："今日接仲甫先生五月廿一日信，说粤编译局因经济困难已成画饼；他自己也想八月间同吴稚晖一同赴欧洲。今日已回信给仲甫先生请他将我的译稿及英文原文由日本邮局挂号寄交你。""领款凭据六月内信我，请寄湘江一号席。否则寄交仲甫先生也可。"②这些史料间接表明了李季与陈独秀之间有通信，且交往密切。此外，李季的行迹、思想变化的动态、政治立场的改变以及共同友人的言论、书信等，均能反映二人关系匪浅。

（一）亚东图书馆与李季译著的面世

李季的翻译处女作《社会主义史》，1920年通过陈独秀的新青年社顺利付梓，这给刚刚迈入译介事业的李季以极大的鼓舞。除"新青年丛书"外，李季的著作还常常通过上海的亚东图书馆出版发行。亚东图书馆总经理汪孟邹与陈独秀是多年密友，可以说，发起亚东图书馆就是陈独秀的提议。关于亚东稿子的来源，汪孟邹口述汪原放整理的亚东图书馆简史中，和作家的关系部分赫然写着："2. 陈

---

① 李季：《我的生平》，亚东图书馆1933年版，第234页。
② 李季：《李季信十四通》，参见耿云志《胡适遗稿及秘藏书信》第28卷，黄山书社1994年版，第66页。

独秀的。接近的有……李季（笔名有魏兰女士）。"[1]据统计，1927年到1937年，亚东图书馆共出版李季译著11部[2]，以平均一年一部多的速度出版和发行。特别地，1929年，亚东图书馆出版了"社会科学新书"。广告写道："我们已经感觉到现代青年的要求，已由一般的学术的涵养进而为社会科学之具体的探讨。"为满足"读者急切之望"，"已约定海内外专家从事翻译"。所列书目中，李季翻译的《社会经济发展史》和《法国革命史》排第一位和第二位。加上《社会农业及其根本思想与工作方法》，李季有3本书被列为推荐书目。20世纪20年代后期是亚东图书馆的鼎盛时期，单单在1929年，李季就通过亚东图书馆出版了4部书稿，可以说是亚东图书馆非常重要的作者之一。当然，这与陈独秀的提携不无关系。

1932年，亚东图书馆的营业状况变得很差，当年只出了8种新书，李季就占了两种，一本是《我的生平》，一本是他翻译的《妇女自然史和文化史的研究》。1933年，亚东图书馆20周年纪念的书籍广告中，李季译作《达尔文传及其学说》又名列其中。当时的知识分子大多先接受进化论，然后才接受唯物史观。除共产党人外，许多国民党人也认同唯物史观除去无产阶级专政和阶级斗争的部分。可以说，进化论充当了马克思主义在中国传播的媒介。李季译《达尔文传及其学说》的意义正在于此。著译者和出版者的长期合作和信任，是在读者中树立可靠信誉的重要条件。10年间，李季与亚东图书馆合作出版的书籍为马克思主义的传播做出巨大贡献，培养了一大批忠实的读者。在境况如此艰难之时，亚东图书馆依然为了马克思主义事业的传播尽心竭力，令人动容。陈独秀提议设

---

① 汪原放：《亚东图书馆与陈独秀》，学林出版社2006年版，第230页。
② 据汪原放著《亚东图书馆与陈独秀》一书附录二亚东图书馆出版物目录，李季译著11部：李季译《通俗资本论》1927年；魏兰女士（李季的笔名）译《欧洲近二百年名人情书》1928年；魏兰女士译《欧洲近二百年名人情书续集》1929年；李季译《社会经济发展史》1929年；李季译《法国革命史》1929年；李季译《社会农业及其根本思想与工作方法》1929年；李季译《马可波罗游记》1931年（此处出版时间汪原放记错了，实际是1936年）；李季著《我的生平》1932年；李季译《妇女自然史和文化史的研究》1932年；李季译《达尔文传及其学说》1933年；李季译《人类在自然界的特别位置》1937年。

立亚东图书馆的初衷是将其作为传播马克思主义的重要出版机构，亚东图书馆也确实在传播新思想和新文化方面做了相当大的贡献。1932年，陈独秀被捕入狱，商务印书馆不敢印陈独秀的学术著作，亚东图书馆却重印了《独秀文存》。所以即便身处狱中，陈独秀也十分关心亚东图书馆的经营情况。听闻亚东图书馆经营困难，他还亲自写信给柏文蔚，希望他设法帮助。他有时也会在信中发表对于亚东图书馆出的书的议论。1934年12月7日，他写道："亚东近出二书，书名及作者之名均不能号召读者，不知何以要印那样的书？行翁（章士钊）《论衡》及李（季）译《马可波罗》都要行销些。"[1] 言外之意，章士钊和李季的书及其人更能号召读者。章士钊是陈独秀多年的好友，将李季与他相提并论是出于对李季的高度赞赏。对陈独秀来说，一边是自己提议筹建的书店兼出版社，一边是自己认可和信任的青年译作家。因此，亚东图书馆受陈独秀嘱托对李季译著的出版绝无二话，当亚东图书馆陷入困境时，陈独秀又强推李季的著作，希望能够重振亚东图书馆。

（二）狱中坚持关心李季的学术情况

1932年陈独秀被捕入狱。他在狱中一面加紧阅读和研究，一面继续关心李季的翻译和写作情况。据汪原放回忆，"仲翁来信中，托买书的事是很多的。前述1933年8月1日来信末尾说：'莫尔干《古代社会》（南强出版吧？）望购一部寄来，能购一部英文的更好。倘英文购不着，望商季子兄可否暂借我一读，如他此时不用。'"[2] 这里的"季子"指的就是李季。李季曾赴欧学习，集中研究马克思主义的经典著作。摩尔根的《古代社会》对于马克思和恩格斯人类社会理论产生很大影响，从《中国社会史论战批判》的频频引用可以得知，李季曾对此书细致研读。陈独秀对此很是知晓，从侧面推断李季应该时常与陈独秀沟通自己学习和研究的近况。此外，陈致汪原放又有一封信提及，10月收到

---

[1] 汪原放：《亚东图书馆与陈独秀》，学林出版社2006年版，第169页。
[2] 汪原放：《亚东图书馆与陈独秀》，学林出版社2006年版，第163页。

赵君带去的一批书，其中有《马克斯传》三本①。这应该指的就是李季著的中国首部马克思长篇传记著作——《马克思传：其生平其著作及其学说》（共3册，平凡书局，分别出版于1926年、1930年和1932年）。8天之后，汪原放又收到陈独秀一明信片，告之"《工资、价格与利润》也买错了，他要的是李季译的、商务出版的《价值价格及利润》。并嘱我下次购买，'将原名细心看明，以免错误'。"②陈独秀明确要求读李季翻译的版本，不管是他出于对李季翻译水平的认可所以专门做此要求，还是想要通过该书掌握李季的学术进展情况，都足以看出陈独秀对李季的看重。

1933年8月9日，汪原放又收陈独秀一信，信中专门提及书籍翻译事宜："《马可波罗游记》可请洪孟博或刘仁静（季子可寻着他）翻译。"③可见李季与陈独秀走得颇近，能够贴身为陈办一些事，陈也放心倚重他。"《古代社会》，莫尔干的，亦有重译的必要（最好请季子译），此书和《资本论》及《人类由来》为近代三大名著之一，皆世界不朽名著也。"④将世界不朽名著点名交予李季来翻译，这是对李季的为人、为学态度和能力的肯定。"《马可波罗游记》后来由李季翻译，亚东出版了。1935年2月11日仲翁信中还讲到：'季子所译《马可波罗》倘不即时付印，能带给我校阅一下也好。'"⑤在狱中还关心李季的译作情况，提出亲自为他校阅，这种亦师亦友的真挚情谊正是李季追随陈独秀的原因之一。

（三）利用个人关系设法帮助李季

翻开史料，细读近年发现的13封"陈独秀等致胡适信札"，其中，陈独秀致胡适一信，结合史实能够体味到陈独秀、胡适与李季之间微妙的关系。同

① 汪原放：《亚东图书馆与陈独秀》，学林出版社2006年版，第166页。
② 汪原放：《亚东图书馆与陈独秀》，学林出版社2006年版，第167页。
③ 汪原放：《亚东图书馆与陈独秀》，学林出版社2006年版，第168页。
④ 汪原放：《亚东图书馆与陈独秀》，学林出版社2006年版，第168页。
⑤ 汪原放：《亚东图书馆与陈独秀》，学林出版社2006年版，第168页。

时，陈独秀爱才惜才的赤子之心也暴露无遗。李季早在 1922 年致胡适的信中，已然表明自己翻译《资本论》的决心，并提及，若国内已有人翻译，务必请胡适告知。1932 年 10 月 10 日，陈独秀写信请胡适利用他与商务印书馆的亲密关系以及掌管中华文化教育基金会编译委员会的便利，帮忙推荐李季翻译的《资本论》。然而，1933 年胡适才回复，表示《资本论》已经交由另外两人翻译，借此推托了陈独秀的请求。需要特别说明的是，此间李季已经大肆批判胡适一段时间。陈独秀应该知晓此事，但仍愿意以自己同胡适的私交，为李季问上一问。陈独秀的侠义精神是他与胡适能够在信仰，甚至世界观迥异的条件下维持深厚友谊的关键。

《新青年》自第八卷始，从北京迁回上海。它的新进作者几乎是清一色的共产主义信徒，李季在其中占有一席之地。既然陈独秀如此赏识李季，为何没有将他纳入《新青年》编辑部呢？实际上，李季虽理论素养深厚，翻译功底也颇了得，但他并无意参与政治。《新青年》杂志是当时的政治风向标，李季在上面发表的文章多偏向学术。经统计，1920 年至 1926 年，李季在《新青年》杂志发表论文 7 篇，除《社会主义与中国》外，几乎都与他的译作相关。从根本上说，他是学者，是知识分子，但不是政治家。面对同胡适信仰和治学方法的不同，陈独秀选择求同存异，李季则出手批驳。这也是作为政治家的陈独秀和作为学者的李季之不同。因而，李季批判胡适并非出于政治角度，更不可能出于陈独秀的授意，学界批判他以学术为政治服务的说法便不成立。

李季译著的顺利完成和出版面世令读者十分受益。对李季本人而言，这是他马克思主义知识的来源之一。著书立说一方面为他进一步研究提供必不可少的经费，另一方面，也帮助李季自己做了知识梳理。李季关于马克思主义的知识就是这样一点一点地积累起来的。在此过程中，陈独秀设法帮助李季《资本论》付印，除了看重该著的重大价值，还为了免除李季生活上的后顾之忧，让他专心投入译著事业。

二、马克思主义研究的领路人

五四运动的爆发对于陈独秀和李季来说都具有里程碑式的意义。经历了这次轰轰烈烈的学生运动，两人迅速完成思想的"左"转，成长为马克思主义者。而且他们都是一边学习和研究马克思主义，一边系统地阐述马克思主义的基本原理，尽可能地尝试用原理来解释中国的实际问题。早在 1920 年，陈独秀曾经运用马克思主义的观点批驳马尔萨斯的人口论。他揭示出生产过剩的真正含义，揭穿了人口过剩造成贫困的骗局，强调必须废除私有财产制，实行平均分配。巧合的是，李季在《我的生平》有一段对马尔萨斯的批判，更加旗帜鲜明地点出了贫困源于统治阶级和无产阶级的尖锐矛盾。马尔萨斯的人口论直接为统治阶级服务，把一切罪恶归咎于贫民是对无产阶级的露骨进攻[①]。虽然没有直接证据证明李季读过陈独秀的上述文章，但在时间上的承继性与内容上的递进性，加上两人密切的关系，很难不将二人的学术研究联系在一起。

（一）唯物史观与唯物辩证法

批判胡适颠倒"心"与"物"的关系。胡适认为，"唯物史观至多只能解释大部分的问题"[②]。并且，在物质与意识孰为第一性的问题上，胡适对意识过度拔高。为此，陈独秀回应道："唯物史观所谓客观的物质原因，在人类社会，自然以经济（即生产方法）为骨干。""唯物史观的哲学者也不是不重视思想、文化、宗教、道德、教育等心的现象之存在，惟只承认他们都是经济的基础上面之建筑物，而非基础之本身。"[③]李季对于胡适的批判范围之广、程度之深，凡读过《胡适中国哲学史大纲批判》的都有所了解。李季批评胡适的《中国哲学史大纲》的根本缺点在于"实验主义的叙述和评判方法"，也就是说，

---

① 李季：《我的生平》，亚东图书馆 1933 年版，第 352—353 页。
②《陈独秀文集》（第 2 卷），人民出版社 2013 年版，第 477 页。
③ 陈独秀：《答适之》，载《陈独秀文章选编》（中），生活•读书•新知三联书店 1984 年版，第 379 页。

胡适从唯心论和多元论出发来著中国哲学史。这也就不难解释为什么胡适分不清时势与思潮的关系了。他不懂得物质与意识孰先孰后，所以不能了解何为社会进步的原动力。陈独秀、李季同胡适的分歧不仅在信仰层面，而是已经深入世界观层面。

关于剩余价值的诠释。在1922年《新青年》第9卷第6号《马克思学说》一文，陈独秀开始运用"剩余价值"一词。在这篇文章中，陈独秀以剩余价值为重点，介绍了包括唯物史观、阶级斗争和劳工专政在内的马克思学说。深入浅出地解释了什么是剩余价值，剩余价值是如何实现和分配的。难得的是，他还从剩余价值的阐释过渡到阶级斗争和无产阶级专政的概念。将马克思的学说串联在一起，使之以一个整体的形象展现在读者面前。李季在《马克思传》中也对剩余价值的本质、实现过程以及社会贫富分化的原因做了详细解读。他还指出，劳动力也是一种商品。资本家在集中资本的同时，扩大和加速资本技术组成，以期获取更多的剩余价值。与资本的蓄积相呼应的是贫穷的蓄积。最后，李季得出结论，资本主义的起源、发展和衰落都因剩余价值的掠取。

对于唯物史观与阶级斗争之间的关系，陈独秀解释唯物史观与阶级斗争并非对立的关系。"其实马克思的革命说乃指经济自然进化的结果，和空想家的革命说不同；马克思的阶级争斗说乃指人类历史进化之自然现象，并非一种超自然的选项；所以唯物史观说和阶级争斗说不但不矛盾，并且可以互相证明。"[1]二者分别是自然进化在经济领域和社会领域的表现。此二者相辅相成，其中，经济是基础。李季在多处论证剩余价值与社会贫困的关系时，指出无产阶级与资产阶级的矛盾产生在剩余价值的实现和积累的过程。并且强调这种矛盾不是偶然的，并且是日趋激烈的。此外，李季的《胡适中国哲学史大纲批判》全书贯穿着唯物史观视角下阶级斗争的观点。李季批判胡适忽略阶级性的特点，将中国哲学各派胡乱分析一通。因此，在批驳的过程中，李季十分注重从各派

---

[1] 陈独秀：《马克思学说》，《新青年》1922年第9卷第6号。

别的阶级性出发，其中又穿插着政权的更替和制度的变更。例如，李季认为老子是旧贵族和旧的统治阶级的代表，旧制度的崩溃使他们走向反动和厌世；孔子代表的士和新兴地主阶级，一方面强调民贵君轻，是因为地主阶级已经壮大，可以同旧的统治阶级相抗衡；另一方面，又强调中央权威，目的是增加地主的财富，巩固新的权力中心。政权的更替乃至制度的变迁都遵从这样的发展规律。李季的史学理论是唯物史观与阶级斗争在中国哲学史上互相证明的实际应用。

（二）对于中国问题的解读

陈独秀很早就开始倡导妇女解放运动。在接受了马克思主义观点后，将马克思主义与中国妇女解放问题结合在一起，形成他自己的马克思主义妇女观。具体来说，首先，在中国要实现妇女解放，必须从破除封建的繁文缛节入手。封建时代女性婚配没有自由可言，婚后更束缚于三纲伦理，这种畸形的封建婚配制度严重损害了妇女的独立人格。其次，人格独立的基础是经济独立。妇女之所以听任摆布，其根源就在于经济的不独立。想要独立自主，就必须实现经济上的独立。陈独秀鼓励妇女积极参加社会劳动。最后，应该把妇女解放运动放到中国革命的大背景中，号召妇女站起来，打倒现存的落后制度，实现社会主义，争取自己应得的权利。在陈独秀看来，封建制度和资本主义制度都不能从根本上使妇女获得解放，有且只有社会主义才能赋予包括妇女在内的全社会每个人的独立人格和自由解放。对此，李季持相同意见。前面两点自不必说，关于妇女运动，李季强调，只有为社会主义奋斗才能解救全体妇女。资产阶级的妇女运动即使成功了，也只能替生长在有产家庭的妇女谋得利益，而不能改变大多数贫苦妇女的命运。要实现全体妇女的解放，必须走工人运动的道路，起来革命推翻政权，实现社会主义。娼妓问题也是如此，如果不能推翻资产阶级社会，那么，消除娼妓不过是空谈。

在社会主义问题上，陈独秀与李季都曾批驳实业改良派观点。1920年，陈独秀在《新青年》发表与张东荪的论辩信，对于是否应该通过资本主义生产方法发展实业展开针锋相对的论争。陈独秀指出："资本主义制度一面固然增加富力，一面却也增加贫乏。"[①]就中国的情况，结合西方资本主义的发展情形而言，只有充分宣传和鼓动，使得劳动者产生阶级的自我觉悟，自觉联合在一起，进而组织革命，才能在实现民族独立的基础之上，改变生产制度，救中国于水火。总之，要想使国人彻底摆脱贫困，"非废除资本主义生产制采用社会主义生产制不可"[②]。1923 年，陈独秀发表《关于社会主义问题》，进一步强调指出改造社会必须用革命的方法，不可用改良的方法。他还看到中国社会经济、政治和文化发展的不平衡，指出革命要分步骤。李季也曾发表文章反驳实业改良派。他在《社会主义与中国》一文中指出，中国不仅存在外国资本扶植的本地资本家，还有一些民族资本完全占股的小资本家。"我国当着这个时候，小资本主义已经根深蒂固，大资本主义正在勃然兴起"[③]，走社会主义的道路已经刻不容缓，而实业改良派竟然还在为中国的资本家感到惋惜。更何况，资本主义并非实行社会主义的前提条件。李季发表这篇文章的时间较早，他的结论正确，但是缺乏必要的论证，篇幅也较短小，读起来并不能完全说服人。不过他主动应用马克思主义理论解释现实问题，不失为一次良好的尝试。

对于社会革命的分析，陈独秀经历了几个阶段。从他转变为马克思主义者开始，他就十分强调无产阶级专政和武装斗争。他认为，应当从改造经济制度入手，采用暴力革命的手段将一切生产资料归还劳动者，打倒资本家。1923年 4 月，陈独秀在《资产阶级的革命与革命的资产阶级》一文中，将中国的资产阶级分别定性为革命的资产阶级（民族资产阶级）、反革命的资产阶级（官僚资产阶级）和非革命的资产阶级（小资产阶级）。此时，陈独秀只看到了小资产阶级的中立态度，没有看到其革命性的一面。到年底，在《中国国民革命

---

① 《关于社会主义的讨论》，《新青年》1920 年，第八卷第四期。
② 《陈独秀文章选编》（中），生活·读书·新知三联书店 1984 年版，第 54—55 页。
③ 李季：《社会主义与中国》，《新青年》1921 年第八卷第 6 号。

与社会各阶级》中，他已经修改了这一处错误。关于农民阶级的问题，陈独秀采用一分为二的方法，分析了农民对于革命的态度。他强调指出："中国是一个农业大国，我们或许可以说农民暴动是中国历史之骨干。"[①] 对于阶级的理解中，李季表现出对资产阶级的痛恨，对于农工阶级则抱有一种同情基础上的支持。他出身没落的地主家庭，对于农村农民问题从小耳濡目染。关于资产阶级尤其是资本家，他在大革命期间完成的《马克思传》提到，《资本论》揭示出"资本家剥削劳动者，而阶级争斗即根源于此"[②]。李季对于阶级的认识也在进步。他关于社会主义的启蒙来自英国费边社会主义者克卡朴的《社会主义史》，到《我的生平》时，李季已经公开批判费边派诗人拜伦的诗歌《辛辛那提》，并一针见血地指出，费边派"虽挂着社会主义的招牌"，却是实行"麻醉工人，替资产阶级保镖的一种顽意儿"。[③] 因此，中国必须走无产阶级革命道路，任何有识之士都应该尽力支援工人阶级。

总体来说，陈独秀与李季在马克思主义的相关问题上是一致的。关于马克思主义的认识，许多是陈独秀走在前面，无论是系统性还是深入性都更胜一筹。但在一些问题上，李季具备了独特视角。从时间的承继性上来看，陈独秀是李季的马克思主义领路人。可以推断，两人在密切的接触中有过很多深入探讨和切磋，因而，能在马克思主义的大道上携手前行。

三、亦师亦友关系下的政治立场演变

1920 年 5 月，毛泽东从北京取道上海回长沙，在拜访陈独秀时，陈劝他读一点马克思的书，向他推荐了《共产党宣言》《社会主义史》以及《阶级斗争》，这也是对他影响深远的 3 本书。毛泽东曾经说："陈独秀谈他自己的信仰的那

---

① 《陈独秀文章选编》（下），生活·读书·新知三联书店 1984 年版，第 233 页。
② 李季：《马克思传》（上），平凡书局 1926 年版，第 4—5 页。
③ 李季：《我的生平》，亚东图书馆 1933 年版，第 354 页。

些话，在我一生中可能是关键性的这个时期，对我产生了深刻的印象。"①陈独秀对于信仰的坚持，感染力很强，这也是李季一直追随他的原因之一。不同的是，陈独秀的身份是多重的。他既是新文化运动的总司令，又是马克思主义传播者和研究者，还是政治家和改革家。相对来说，李季的身份比较单一。他一心向往学术，自始至终不曾离开马克思主义的理论阵地。对于政治实践则一直保持着距离。

20世纪初的文化精英在家庭背景和成长经历方面存在许多共同点，陈独秀与李季也不例外。一是两人都出生在家世不错的书香门第，自幼接受良好的教育，有出国留学的背景，在受过的教育中，旧式与近代新式教育并存。因此，二人新旧学问兼备，中外思想系于一身。陈独秀早年多次赴日本考察，李季辗转欧洲求学，由德国转入苏联。二是陈独秀和李季都有深深的爱国情结。面临国家沦为半殖民地，文明落后的双重困境，他们担负了救亡和启蒙的双重使命。三是在启蒙方面，他们都深知报刊乃传播文明之利器。所以陈独秀1904年就开始办《安徽白话报》，李季从北大一经毕业也投身翻译出版事业。还有一点，由于父亲角色的缺位（陈独秀自幼丧父，李季父亲沾染大烟，很少管教他），两人自小就对母亲有着深深的眷恋，他们身上时而弥漫着感性的情绪。在这种情绪的影响下，很容易为感情等因素而左右行动。

大革命失败后，托洛茨基主义传入中国。如果说陈独秀是因为大革命失败而背负苛责，在低谷中与托洛茨基惺惺相惜而加入"托派"，那么，李季则是有感于同道之情，为了报答知遇之恩，而追随陈独秀加入"托派"。更直接地说，李季成为"托派"分子并无政治原因。事实上，李季带有一般知识分子的弊病：多说少行，重理论而轻实践；过于爱惜羽毛，轻于律己，严以待人，等等。这些弊端决定了他不可能成为政治家。陈独秀则不同，他既有学者风范又有政治家的头脑。学术上他独立追求真理，一旦发现自己犯了错误，第一时间更正

---

① [美]埃德加·斯诺：《西行漫记》，董乐山译，生活·读书·新知三联书店1979年版，第133页。

并承担责任。他积极拥护和实践民主、科学,坚持与时俱进,拒绝僵化不前。"近代学者人格之美,莫过于陈独秀。"政治上他是非分明,坚决不向强势低头,坚持自己在道义上的人格尊严。还有一点,陈独秀性格刚烈且倔强,偶尔还会有些偏激,纵然性烈如火,心却纯净似水。在交友方面颇有古道侠肠之风,他与胡适的旷世友谊被传为佳话。这些区别正是两人身份不同的原因。

陈独秀曾说不谈政治的有三类人:学界、商界、无政府党人。李季当属第一类无误。上海共产主义小组的筹备会场是新青年社,李季当时与陈独秀及新青年社的联系已经颇为密切,信仰也一致,顺其自然参与筹备。李季多次声明自己是科学社会主义的信徒,但他对于政治的兴趣远远低于对马克思主义理论的兴趣。党的一大召开前夕他准备赴欧留学。留学归来之后,李季基本上过着秘密的生活。他鲜少出现在公众场合,常年以译著和教学为生。唐宝林在1994年出版的《中国托派史》中写道:"其中李季,湖南平江人,1921年曾随陈独秀在广东省政府中做教育工作,后留学德国、苏联,回国进上海大学教经济学。他虽加入共产党,但对政治不感兴趣。大革命时,两湖农民运动轰轰烈烈,他却躲在平江一个山庙里写《马克思传》,到革命失败时才写完,下山来,由族长保护,才免于被白色恐怖吞没。"[1] 该著还指出,李季在《我们的政治意见书》上的签字系别人代签,李季曾就此提出过抗议。他从未发表与"托派"相关的政治言论,"托派"的会议、组织机构也从未看到他的名字。

在运用马克思主义的方式方面,陈独秀与李季都带有一些教条主义的痕迹。陈独秀是理论实践复合型的马克思主义者,但陈独秀的理论与实践的结合偏离了实事求是的轨道。他确实是从实践出发,但是回到理论的时候,往往用理论去裁剪现实。这样一来,现实就不能称之为现实了,而是陈独秀想象中的现实。李季是理论型马克思主义者。他曾表示,自己的知识大都是从书本上而不是从实践中得来的。纯理论的书本知识是本本主义的根源。陈独秀与李季一同陷入"托

---

[1] 唐宝林:《中国托派史》,东大图书公司1994年版,第81页。

派"的根本原因都是教条主义。只不过陈独秀是用理论剪裁现实后，更具迷惑性的教条主义，李季则是单纯从书本出发的教条主义。总而言之，陈独秀于李季而言，既是马克思主义研究的伯乐，又是马克思主义的领路人。陈独秀给予李季的关心和提携是多方面的，二人亦师亦友，这对于李季马克思主义思想的完善与发展起着举足轻重的影响。

第三节　关于唯物史观的阐释问题

从马克思主义在中国的传播史尤其是早期传播的主要情形来看，由于唯物史观与中国传统哲学具有一定的契合性，毋庸置疑，唯物史观理论成为马克思主义在中国最先得到系统传播的内容。唯物史观在中国的阐释首先起于经济学领域，之后逐步过渡到史学领域。并且在阐释的过程中始终与唯物辩证法紧密结合在一起，形成了中国独特的唯物史观阐释方式。

一、从经济学到历史学

1919 年至 1923 年，唯物史观开始在中国广泛传播。其中，日本在 20 世纪初到 20 世纪 20 年代中期是最有影响力的传播来源。唯物史观的最初传播是与社会主义思潮联系在一起的。在社会主义思潮的滚滚热浪中，在上海广智书局1903 年翻译出版的福井准造《近世社会主义》中，唯物史观第一次被介绍给中国的知识分子。同一年，幸德秋水的《社会主义神髓》也在中国翻译出版。尤为重要的是，《社会主义神髓》明确阐释出经济基础起决定作用的基本原理。除了直接译介，国内知识阶级还在归纳总结的基础上加以创作，产出了一批具有代表性的关于唯物史观的作品。如马君武的《社会主义与进化论之比较》和朱执信的《德意志社会革命家小传》，不约而同地对马克思关于阶级斗争的理论发出评论。1908 年刘师培创作的《天义报》刊载了《〈共产党宣言〉1888 年英文版序言》中译文，相对完整地反映了唯物史观的基本原理。此时与唯物史观相关的传播只是一般性的介绍，并无什么特殊之处。但是，唯物史观中的经济因素和阶级斗争的理论已经足以引起学界的注意，为进一步系统传播打下坚实基础。

此时，国内有限的关于唯物史观的著作大都直接运用日本学者关于唯物史观的专用术语，如"唯物史观""生产方式""生产力""生产关系""经济基础""上层建筑""阶级""阶级斗争""帝国主义""封建制度""实践"等。从这些术语也能一眼看出经济与政治的直接联系。20 世纪 20 年代，国内还曾掀起赴欧（主要是法国）勤工俭学热潮，比较著名的有周恩来、蔡和森等。李季虽然也是欧洲求学，但他先去了德国，后来转入莫斯科东方大学。这期间他直接研读马列主义经典原著，转而将包括阶级斗争和无产阶级专政等思想在内的唯物史观理论传回国内。这些唯物史观理论对中国共产党早期建设以及早期领导人世界观的重新构建产生了直接影响。至于在东方大学所受的教育，更多地给李季提供了一种重视阶级斗争的提点作用，这一点在他回国后呼吁阶级联合抵抗共同敌人的设想上充分体现出来。

唯物史观传入中国的初期，它在马克思主义理论中的地位毫无意外地受到先进同人的普遍重视。李大钊认为唯物史观是马克思主义思想体系的理论基础，"离了他的特有的史观，去考他的社会主义，简直的是不可能"[1]。胡汉民指出："唯物史观，实是平民的哲学，劳动阶级的哲学。""1928 年至 1932 年短短的时期中，除了普罗文学的口号外，便是唯物辩证法和唯物史观之介绍。这是新书业的黄金时代，在这时，一个教员或一个学生书架上如没有几本马克思的书总要被人瞧不起了。"[2] 20 世纪 20 年代中期之前，唯物史观的传播侧重于对一

---

[1]《李大钊文集》（下），人民出版社 1984 年版，第 50 页。
[2] 唐宝林：《马克思主义在中国 100 年》，安徽人民出版社 1997 年版，第 159 页。

般原理的介绍，阶级斗争和社会革命的思想更是重中之重。这也就意味着，唯物史观对于政治层面的启示远远大于学术层面。但是，阶级斗争毕竟是由经济地位的极端不平等导致的，因此，要宣扬以上思想，马克思主义经济学是绕不过去的主题。《共产党宣言》《雇佣劳动与资本》《哥达纲领批判》《国家与革命》的全文译本及《政治经济学批判》《资本论》《家庭、私有制和国家的起源》等重要著作的节译本，被大量从日本译介并刊发在当时的各大进步报刊上，郭泰的《唯物史观解说》、河上肇的《唯物史观研究》、考茨基的《伦理与唯物史观》等，也通过日本不断被译介到中国来，其中，尤以河上肇宣传唯物史观的著作影响最大。1919 年 5 月 5 日至 8 日，《晨报》副刊《觉悟》上连载"渊泉"（陈博贤）翻译的河上肇的《马克思的唯物史观》，该文在引述《共产党宣言》和《〈政治经济学批判〉序言》有关唯物史观的内容后，第一次比较全面地介绍了唯物史观的主要内容。社会的生产力是最根本的东西，生产力的变化是引起社会组织变动的根本原因。河上肇的其他著作如《见于〈资本论〉的唯物史观》《社会主义之进化谈》《见于〈共产党宣言〉中底唯物史观》《俄罗斯革命和唯物史观》《世界经济思想史论》《社会组织与社会革命》《资本主义经济学之史的大发展》以及《资本论入门》等也纷纷被引入并译介出版。

在唯物史观的感召下，大批知识分子投入马克思主义的怀抱，憧憬着共产主义的美好蓝图。而唯物史观在史学上彰显效用，则基本上要推迟到 20 世纪 30 年代。但是，应该指出的是，早在 1908 年，刘师培在《共产党宣言》中译文的介绍性文字中，就对唯物史观在史学领域的价值提出高度褒扬："欲明欧洲资本制之发达，不可不研究斯编；复以古今社会变更均由阶级之相竞，则对于史学发明之功甚巨，讨论史编，亦不得不奉为圭臬。"[1] 这句话对唯物史观与史学的联系做了明白预示，事实证明，唯物史观也确实促使中国史学产生了

---

[1] 林代昭、潘国华：《马克思主义在中国——从影响的传入到传播》（上），清华大学出版社1983 年版，第 264—265 页。

翻天覆地的变化。这时，唯物史观的传播主体也发生分化，学者和革命家得到明确区分。尽管他们的领域各有不同，但都在试图将唯物史观运用到自己的领域。李季就是以学者的身份宣传和运用唯物史观的。举世闻名的社会史论战发生在唯物史观的同一语境下，尽管论战中各个派别的政治立场存在分歧，甚至针锋相对，但他们都声称自家的立场是严格通过唯物史观推得的。一时间，唯物史观作为史学研究的工具被顶礼膜拜。唯物史观在中国的传播与运用遵循从经济学到史学的顺序，李季重要译著主题的变化几乎完全符合这一规则。1922 年的《价值价格及利润》是李季关于马克思主义经济学的第一部译著，时隔 5 年，他的第二部马克思主义经济学译著《通俗资本论》问世。这两部著作在当时读过的人并不多，但依然反映出李季对建立唯物史观传播基础的考量。1931 年，《胡适中国哲学史大纲批判》是李季在史学领域应用唯物史观的初次尝试。不得不说，将唯物史观的理念应用在史学领域，他是超前的。但即便如此，在时间上也已经跨入 20 世纪 30 年代。到 1932 年，李季又翻译出版了《社会经济发展史》，再次回到经济学的主题之下。同年，《马克思主义经济学》出版发行。而与史学息息相关的另一部著作，是 1936 年李季根据社会史论战的实际，将自己的观点与对论敌的批判整理而成的《中国社会史论战批判》。相比于《胡适中国哲学史大纲批判》，李季在运用唯物史观研究历史方面取得了长足的进步。社会史论战考察的是整个中国的历史，在时间的跨度上远远超过中国哲学史。而在批判对象上，也由一变多，社会史论战中的观点更是复杂而烦琐。综合起来看，难度上升了不止一个梯度。在对各个朝代的经济时期做划分时，李季注重对阶级性的考察，同时，还注意在文字史料与考古等方面的甄别上贯彻辩证法的方法论，因此，在剖析的深度和完善度上都更进了一步。最重要的是，论战的独特性在于能够使参与者及时接收其他观点，并反思自己的观念，一旦发现自己的疏漏，能够迅速改进观点，然后继续上述过程。往往一些存疑的论题在你来我往的争辩中越辩越明。

李季在《中国社会史论战批判》中曾披露自己对于虞到夏的经济分期的观点发生转变的原因。他首先证明《史记》《殷本纪》所载自汤至武乙的世系真实可靠，认为这样便没有理由说同纪中所载自契至汤的世系不可靠，也同样没有理由说《夏本纪》所载自禹至桀的世系不可靠。而在《史记》之外，再考察其他古籍，发现唐、虞、夏、商之间是中国历史上一个巨大的转变点。这用中国的老话来说，在唐虞之世是传贤之局，一到夏商，便是传子之局（偶然为兄终弟及）；用考古学的知识来说，在唐虞之世是男性本位的社会，即氏族社会的末期，一到夏商便进入文明时代，阶级制出现，而国家也成立了。这也就是说，夏商的传子之局，不应当被认为是男性本位社会中的现象，而应该被认为是阶级制和国家成立后的社会中的现象。因为酋长的传子是要经过全氏族人员民主主义的选举，而君主制的传子仅由于君主一人的意志，民众丝毫没有置喙的余地。一旦把《史记》和《尚书》联合起来看，就更加明显了。基于这种理由，李季抛弃了参战论文中"盘庚以前为氏族社会末期"的错误主张，而将虞作为氏族社会的末期，夏作为阶级制和国家出现的时代。

总而言之，唯物史观在中国的传播，首先是从经济领域开始的，这是由马克思主义理论的政治性决定的，奠定了唯物史观进一步传播的基础。随着国人认知的深化，唯物史观才逐渐被应用到史学领域。以李季为代表的马克思主义史学家在摸索中建立马克思主义学术话语，并一步步搭起中国马克思主义史学的框架。

二、与辩证法紧密结合

关于唯物史观为何能得到中国知识分子的青睐，著名学者约瑟夫·列文森（Joseph R. Levenson）曾提出自己的见解：马克思主义的历史主义和唯物史观是中国知识分子用以解决自 19 世纪西方冲击传统中国以来，令他们困扰不已的

"历史"与"价值"①之间矛盾的凭借与方法②。这种理解完全忽视了当时中国内忧外患的现实，以及知识分子的家国天下心理。唯物史观之所以在中国被广为接受，真正原因不在于企图弥合"历史"与"价值"之间的张力，而在于唯物史观为中国的前进方向指明了道路。轰轰烈烈的五卅运动之后，群众运动以燎原之势迅速在中国展开，一旦将社会作为一个整体来考察，"社会革命"的吁求就呼之欲出了。马克思主义本质上是一种"变革的社会学"，社会变革的理论指导的角色落在唯物史观的肩上是情理之中的。这种把社会置于历史研究的中心的研究范式被中国的知识分子接受，尤其是大革命失败之后，对于中国前途命运的思考，进一步将中国知识界拉进了唯物史观的共同话语背景之下。

作为马克思主义的哲学基础，唯物史观在中国的传播是伴随着社会主义思潮的传入开始的。1919 年出现了 4 篇系统介绍和传播唯物史观的长篇论文，即李大钊的《我的马克思主义观》（1919 年 5 月），渊泉（陈博贤）翻译的河上肇的《马克思的唯物史观》（1919 年 5 月），杨匏安的《马克思主义——称科学社会主义》（1919 年 11 月），以及胡汉民的《唯物史观批评之批评》（1919 年 12 月）。它们在介绍唯物史观时无一例外地以进化论为中介，前三者称唯物史观为"社会组织进化论"，胡汉民称唯物史观与进化论有同等价值。大多数中国知识分子是由进化论而接受唯物史观的，而进化论中实实在在地存在着辩证法的智慧。中国哲学中处处存在的辩证思维也使得进化论接受起来颇为容易。

在马克思主义在中国的传播史上，能够结合辩证法来阐释唯物史观的重要人物非瞿秋白莫属，这种自然而然的结合源于 1920 年年底他在俄国阅读了大量马克思主义哲学著作。确切来说，瞿秋白是国人中系统介绍唯物辩证法的第一人。他主张把分离的辩证法与唯物史观重新合到一起，还原"互辩律的唯物论"

---

① 即"情感"与"理智"，对于中国历史的情感依恋与对于西方价值的理智向往。

② ［美］约瑟夫·列文森：《儒教中国及其现代命运》，郑大华、任菁译，中国社会科学出版社 2000 年版，第 117—127 页。

的原貌。当然，唯物史观在中国的传播和发展是同中国革命的历史进程紧密联系在一起的，是同以毛泽东同志为核心的党的主要领导人的革命实践分不开的。毛泽东同志的《中国社会各阶级分析》以及《湖南农民运动考察报告》是运用唯物史观分析和解决中国问题的重要作品。

对李季来说，也是如此。他称："可知辩证法不仅是一种思想方法，并且还是自然与历史的运动律和发展律。凡百事物从正起经过反而达到合，总是量的增加与质的改善，故这种方法表现发达的观念。"① 这里的"辩证法"，指的就是唯物论的辩证法。应该说，史学的发展对唯物史观在中国的确立有极大的推动作用。运用唯物史观的方法研究中国史学，逐渐创立马克思主义史学流派，是宣传唯物史观的过程，同时，破解了唯经济论的困境。

李季曾批评胡适谈唯物史观犯了不深究，只生吞活剥的毛病，容易被"一知半解的人拾了……去做口头禅"②。胡适批驳陈独秀只承认经济史观至多只能解决大部分问题，不然也不会奔波于马克思主义宣传事业。对此，李季严厉回应道："照适之先生上面一段话看来，他以为唯物史观仅认经济是社会发展中发生积极作用的唯一要素，至于思想，知识，言论，教育等等都是消极的，都是不发生作用，而专待经济去促他们进步的。这种拙劣的见解与唯物史观的本意真是相去十万八千里！适之先生更荒谬的地方，就在于他认唯物史观的任务是在'解决'社会上单个的事件。"③ 李季进一步指出，其实唯物史观的任务不在"解决"社会上单个的事件，而在于供给我们以了解社会革命的锁链，在于解释社会革命。

除胡适外，当时许多著名学者、大家都对辩证法不甚了解，更不用提在应用时出现的各种错误。以马寅初为例，他曾这样描述马克思社会主义的学说："马氏曾有资本主义自杀政策之说。夫资本主义自杀政策者何：即谓现在实业发达，

---

① 李季：《我的生平》，亚东图书馆 1933 年版，第 412 页。
② 李季：《我的生平》，亚东图书馆 1933 年版，第 205—206 页。
③〔德〕博洽德编：《通俗资本论》，李季译，亚东图书馆 1926 年版，译者序言第 2 页。

一切产业集营于公司,而公司换以股票,是昔日有形之产业,一变而为一张纸片,一切权利,皆可以过度之方法转移之。以此之故,主张共产者,谓若欲实行共产,惟在公司账户上划之而已。手续异常简便,如张某之户,可以划入共产之户是也。并无如昔时有物质上之产业,移转困难。此说一出,又兼欧战后,俄国之实行,世势因之巨变,而马氏社会主义之说,亦以之大勃兴也。"[1] 马寅初还非难马克思价值学说,指出:"又如公园之大柏树,锯去则价值小,不锯则价值大,是虽费劳力,而价值反小也,是何故欤?"[2] 马寅初的观点令李季哭笑不得。大柏树"锯去则价值小",这是就出卖给别人而言,即指交换价值。"不锯则价值大",这是就供游客赏玩而言,即指使用价值。马寅初先生将交换价值与使用价值混为一谈,没有划分清楚,偏要执此去非难马克思的价值说,岂不是太冤枉了吗?[3] 类似的乌龙事件还有许多,如陶孟和为马克思《价值价格及利润》一书作的序言,谢瀛洲在广东大学法科学院季刊上发表的《马克思学说之批评》,都错得一塌糊涂,令人无从下笔指摘。总之,李季在指正这些错误的过程中,以及正确阐释和应用唯物史观的过程中,都尽量自觉地渗入辩证法的思想,试图将辩证法与唯物史观紧密联系起来。

第四节 唯物辩证法的正义与偏差

时至今日,一提到辩证法,学界一般将其定义为是关于自然、社会和思维发展的普遍规律的科学。然而,这一标准定义很容易造成庸俗化理解,可能割裂辩证法的世界观、认识论和方法论的统一,使得辩证法变成"实例的总和"。离开哲学基本问题而把辩证法直接地归结为具有最大普适性的对象性理论,这

---

① 马寅初:《马寅初演讲集》(第一集),商务印书馆 1923 年版,第 222 页。
② 马寅初:《马寅初演讲集》(第二集),商务印书馆 1923 年版,第 57 页。
③ [德] 博洽德编:《通俗资本论》,李季译,亚东图书馆 1926 年版,译者序言第 5 页。

既是对恩格斯关于辩证法的定义①的庸俗化解释的根源，也是对辩证法理论造成误解的根源。由此可见，对辩证法的理解乃至应用是非常困难的事情。20世纪30年代，马克思主义哲学在中国的传播以唯物辩证法为主要内容。唯物辩证法论战主要集中在唯物辩证法是否是真理，辩证法与形式逻辑的关系如何，哲学是否真的要寿终正寝，以及认识论、历史观、人生观等问题。

一、唯物辩证法的两难问题

20世纪30年代初到40年代初，中国理论界曾爆发一场"唯物辩证法论战"。这场论战就唯物辩证法的实质和作用、哲学本身能否被消灭、辩证法和形式逻辑的关系，以及宇宙论、认识论、人生观、历史观等一系列问题展开争论。从性质上来说，这是一场"把学术与政治融为一体"的论战。应该说，发生在20世纪上半期，特别是围绕马克思主义哲学而展开的几次论战都具有这一特征。但唯物辩证法论战更加突出强调了当时社会革命需要的迫切性与指导理论的科学性两者结合的性质。

关于辩证法是否为学问的论争可以看作"辩证法论战"的前提性问题。由此引申出辩证法的"两难问题"：辩证法本身是不是辩证的？如果从哲学的基本问题理解唯物辩证法，哲学基本问题通常被分解为思维和存在孰为第一性的本体论问题，以及思维和存在有无同一性的认识论问题。辩证法被排斥在外。为了将辩证法与哲学的基本问题联系起来，通常的哲学体系从两个角度提出和解释辩证法：其一，从唯物论和唯心论与辩证法和形而上学的关系出发，提出唯物论可以分为辩证的唯物论和形而上学的唯物论，唯心论也可以分为辩证的唯心论和形而上学的唯心论。但这种论述并未把辩证法同哲学的基本问题联系起来；其二，认为唯物论回答世界"是什么"，而辩证法回答世界"怎么样"。

---

① 即辩证法不过是关于自然、社会和思维发展的普遍规律的科学。

这种解释把辩证法与哲学基本问题"思维和存在的关系问题"直接割裂开来，造成辩证法理论的庸俗化理解。

一旦我们回到马克思的原著中去考察就会发现，事实远非如此。在《关于费尔巴哈的提纲》中，马克思批评旧唯物主义"只是"从"客体的或者直观的形式"去理解事物，而没有从人的感性活动、人的实践和"主体方面"去理解，又批评唯心主义"只是"抽象地发展"能动的方面"，而不知道真正现实的、感性活动的本身。[①] 这样一来，近代的唯物主义变成了形而上学的唯物主义，辩证法成了"无人身的理性"的自我运动和自我认识的辩证法，即唯心主义的辩证法。所以探讨和理解辩证法，不能离开哲学的基本问题。恩格斯在《自然辩证法》中也持相似观点。他提出，我们的主观的思维和客观的世界服从于同样的规律，因而两者在自己的结果中不能互相矛盾，而必须彼此一致，这个事实绝对地统治着我们的整个理论思维，它是我们的理论思维的不自觉的和无条件的前提。18 世纪的唯物主义只是从思想"内容"与客观世界的关系去研究理论思维的"前提"，而近代的辩证唯心主义哲学则从思想自身即"形式"方面去研究理论思维的"前提"，研究人的自我意识等。对此，恩格斯评论道："思维和存在的统一"在黑格尔哲学中"采取了唯心主义的头足倒置的形式"，却把思维过程同自然过程和历史过程联系起来了[②]。这也告诉我们，只有从哲学的基本问题出发，才能理解近代形而上学的唯物论和近代的唯心主义的辩证法，特别是理解为什么黑格尔的唯心主义辩证法构成了马克思主义哲学的最重要的理论来源。

到了列宁时代，《哲学笔记》最能体现列宁对唯物辩证法的继承程度。"如果一切都发展着，那么这是否也同思维的最一般的概念和范畴有关？如果无关，那就是说，思维同存在没有联系。如果有关，那就是说，存在着具有客观意义

---

① 参见《马克思恩格斯选集》第 1 卷，人民出版社 2012 年版，第 133 页。
② 参见《马克思恩格斯选集》第 3 卷，人民出版社 2012 年版，第 977—978 页。

的概念辩证法和认识辩证法。"① 这里所提出的问题就是关于辩证法及其客观意义的问题。在批评普列汉诺夫把辩证法当作实例的总和而不是当作认识的规律时，列宁进一步明确指出，辩证法也就是黑格尔和马克思主义的认识论。对于这个论断，列宁又特别强调指出："正是问题的这一'方面'普列汉诺夫没有注意到，至于其他的马克思主义者就更不用说了。"② 只有从哲学基本问题出发，把辩证法与认识论统一起来，才能超越近代的形而上学的唯物论和近代唯心主义的辩证法。

事实上，辩证法是物质世界的运动法则，人对于这个法则的认识是相对的，但这个法则的存在是绝对的，人之认识这个法则也是绝对的。把事物绝对化，把相对真理与绝对真理对立起来，正是辩证法力击的形而上学的方法。反辩证唯物论者说辩证唯物论自相矛盾，并以为这就是致命打击，却正好暴露了他们不能与客观真理接近。③ 所以应该在马克思主义基本命题的相互规定中理解辩证法的含义。批判性是辩证法的本性而非其理论功能。辩证法是世界观、认识论和方法论的统一。简单地将辩证法理解为一种思想方法，往往使其沦为可以到处套用的公式，如恩格斯批评的那样——不过是可以用来在缺乏思想和实证知识的时候及时搪塞一下的词汇语录。马克思主义哲学既坚持存在对思维的本原性的唯物主义基础，又肯定思维对存在的能动性的辩证理解，在哲学基本问题上实现了唯物论与辩证法的有机统一，创立了辩证唯物主义。辩证法理论的世界观意义，在于它是列宁所说的"对世界的认识的总计、总合、结论"；辩证法的认识论意义，在于它是列宁所说的"活生生的、多方面的认识"；辩证法的方法论意义，在于它是列宁所说的"是活生生的实在的内容的形式，是和内容不可分离地联系着的形式"。

大体来说，这一时期思想界对于辩证法的实质还缺乏必要的深入的理解。

---

① 《列宁全集》第 55 卷，人民出版社 2017 年版，第 215 页。
② 《列宁全集》第 55 卷，人民出版社 2017 年版，第 308 页。
③ 辩证法是辩证的，但辩证法的矛盾不是否定自己，而是否定旧的、落后的辩证法。

对辩证法的攻击也多从理论上进行抽象的推演，而非建立在充分的事实依据之上。李季虽站在马克思主义者的立场上，但在反驳的过程中常常不能抓住要害，而仅仅停留在字面上。加上知识分子特有的凭恃意气和爱摆架子的姿态，几个回合下来往往导致论争愈发混乱。这种对辩证法的概念和内容比较模糊笼统的理解，也许是导致李季不能一以贯之应用唯物辩证法的另一个原因。

二、教条主义的羁绊

20 世纪二三十年代，唯物史观在中国的传播程度已经能够支撑起它在中国的初步运用。作为方法论，唯物辩证法的实质与核心受到空前关注。唯物辩证法论战也爆发在这一时期。这时中国共产主义者受苏联的影响颇深，尤其是苏联教科书的影响，可谓深入骨髓，比较著名的有德波林的《唯物辩证法与自然科学》《辩证法的唯物论入门》，布哈林的《历史唯物主义理论》《唯物史观与社会学》，米丁的《辩证唯物论与历史唯物论》《辩证法唯物论》《历史唯物论》《辩证法唯物论辞典》和《新兴哲学体系》，罗森塔尔的《新哲学教程》《辩证认识论》《革命辩证法的核心》和《简明哲学辞典》，以及斯大林的《辩证唯物论与历史唯物论》，等等。这些著作以简单扼要的教科书形式向中国的马克思主义者普及了唯物史观与辩证法的思想，但不可避免地带来教条主义的问题。

《辩证法还是实验主义？》开篇就指出，凡素经训练的反马克思主义者，必"首先攻击他的方法——辩证法"[1]。作为党的储备干部人选，李季曾于1924 年由德国直接转入莫斯科东方大学，在那里接受政治经济学相关的培训，系统接受了关于辩证法的训练。然而，仅仅一年时间的学习必然无法保证在现实中脱离教条主义的痕迹。可以说，就本心而言，李季十分了解辩证法的重要

---

[1] 李季：《辩证法还是实验主义？》，神州国光社 1933 年版，第 1、15 页。

地位和作用，但他在实践上还是常常不自觉地陷于教条主义的羁绊。简单来说，他有时只能看到机械的运动，而看不到发展，只知道将马克思主义的基本原理机械地运用到各个领域，而不懂因各领域的特殊性加以变通。

李季在论证鸦片战争以来中国已进入资本主义生产时代时，援引马克思的话指出，私人资本在同一个劳动过程中同时雇用人数较多的工人，是资本主义生产的起点。资本通过提高劳动生产率来完成剥削。"虽然协作的简单形态本身表现为同它的更发展的形式并存的特殊形式，协作仍然是资本主义生产方式的基本形式。"[①] 并以此来说明资本主义的开始并不以机器的生产为条件，所以马克思指出，机器出现一个半世纪以前的 16 世纪为资本主义的时代。当时，自然连李鸿章在上海所办的机器纺织局的影子也没有。因此，李季认定，只要有私人资本所组织的大规模的协作生产出现，就算是资本主义的时代。然而，我们需要思考的是，并非任何问题只要引用马克思的话就是真理了。恰恰相反，无视中国实际情况而将马克思的著作当作万能的公式随便套用，正是马克思所批判的。在这种意义上，他称自己不是马克思主义者。李季对于马克思主义的运用偏离了最要紧的要素，那就是实际。脱离了实际的马克思主义不能算作真正意义上的马克思主义。他对于马克思主义地位的看法偏离了马克思主义的精神实质，有关学者关于这一点的批判是有理有据的。

关于中国周代的封建经济性质，李季认为，尽管那时的封建制度带着浓厚的政治色彩，但究其经济状况，与西欧中世纪的封建制度没有什么大差异。所以无论是中国古代的"封建"，或从 feudalism 译来的"封建"，在秦汉至清代没有表现过。由此，李季断定，这个长时期自始至终是前资本主义的生产方法时代。李季对于封建时期的理解是对比了西欧的封建时期，他对于中国的经济分期的理解多是从理论上得来的，缺乏对于实际的观察，难免会出错。类似地，李季将资本主义生产方法时代从 1840 年算起，是参考了桑姆巴特认为 13 世纪

---

① 马克思：《资本论》，人民出版社 2018 年版，第 388—389 页。

中叶或 15 世纪中叶为全欧洲早期资本主义的开始期这一观点。李季还援引马克思的话，提出十四五世纪时，资本主义的生产的初步虽已在地中海好些城市中零星出现，资本主义的时代是从 16 世纪开始的。这实际上是典型的教条主义。东方与西方无论在经济、政治还是文化的发展上都有不可忽视的独特性，李季把西方的资本主义生产方式直接拿来简单套用，这种做法实在欠妥。李季应用辩证法和唯物史观的最大缺点就是忽视实际，将中西社会发展阶段简单地一一对应。这种教条主义的做法是他的社会史分期出现根本性问题的关键。

三、形式主义的漩涡

首先，李季不能完全透彻地理解矛盾。他不是从辩证的角度（矛盾的同一性）看待庄周的"彼出于是，是亦因彼……是亦彼也，彼亦是也"的论断，以及惠施和公孙龙的一些论断，如"鸡三足（二足不是二足）""火不热（热的不是热的）""矩不方（方不是方）""郢有天下（有限之中无无限）""镞矢之疾而有不行不止之时（动中有动又有静）"等。其实这些命题或多或少地包含着朴素的辩证法思想，体现了矛盾的对立性。李季将它们统统看作不通的命题，这样"一刀切"的做法是不妥当的。同样地，李季把公孙龙的"求马，黄黑马皆可致。求白马，黄黑马不可致……黄黑马一也，而可以应有马，不可以应有白马"观点视为"荒谬绝伦"。且不论公孙龙割裂同一性与差别性，得出"白马非马"的结论，单就上述一点来说，同一性在自身中包含着差别性的事实，是不应该忽略的，因为这也体现了矛盾的对立统一性。李季批评叶青的《胡适批判》不够针锋相对，运用的是编讲义式的批判方法，"因为既名之曰批评，即应从破的方面着手，不应从立的方面着手。固然，要破他人的主张，自己必须立一种主张。但这应从破的中去立，不应从立的中去破"[1]。实际上，批评兼有"破"与"立"

---

[1] 李季：《中国社会史论战批判》，神州国光社 1934 年版，序言第 69 页。

两方面的内容，从辩证法角度来说，就是"破中有立"，"立中有破"。可以说，"立"是积极的破，"破"是消极的立。无论是先破后立，还是先立后破，又或者是边破边立，都是批评的形式。而李季过于强调"破""立"的顺序，犯了形式主义和机械主义的毛病。

其次，李季也不能完全透彻地理解发展。关于中国哲学史的发展，李季倾向于平行地单个去考察，而不是把李耳、孔丘、墨翟、杨朱、孟轲直到韩非等，联结成中国哲学几百年的历史，以表现出他们传授的渊源、交互的影响、变迁的次序等。他的这种行为可以说是舍弃了历史的时间关系而单单从空间的角度入手，而这必然会产生谬误。关于前资本主义生产方法时代的划分，李季为自己辩护称："其实在资本主义的前夕所表现的一种过渡而复杂的生产方法，称之为前资本主义的生产方法，是再适当也没有了。"[1] 那么，既然是过渡的生产方法，是否也可以称之为封建生产方法残余时代呢？过渡就是没有成型，既带有之前阶段的特点，又萌生了新阶段的特征，因此，不能把这一时期确切地成为某种生产方法时期。李季因为没有透彻理解发展的含义而划分得有些牵强。

最后，李季不能完全通过现象看本质，有时会被表面现象蒙蔽。任曙在讨论近代资本主义的发展时，曾提出著名的"外铄"论。这引起李季的不满，他从资产阶级和无产阶级早期存在的角度提出中国资本主义是"内在"发展的。后续任曙引刘静圆的话答复，反被李季讥讽。此处可以看出，李季没有完全弄懂实际，当然，这与他忽视实践不无关系。他不知道实际资本主义世界商业侵入殖民地，最初是不显著侵犯生产方法自身的，并非不侵犯。李季以中国为例，认为旧式的生产方法广泛存在，而忽略了生产方法的逐渐改变。因此，否定最初的不显著的改变，认为暂时不发生变化，实际上犯了类似考茨基的修正主义错误。再有，李季称"新生命派"在社会史论战后期虽承认1840年以前是前资本主义时期，但这之后中国受工业资本主义的克服，走上半殖民地的道路，已

---

[1] 李季：《中国社会史论战批判》，神州国光社1934年版，序言第39页。

经不能依照通常的社会发展进程前进了。对此，李季认为，"中国走上半殖民地的道路,仍旧有华洋资本主义的生产方法在国内立下根基,由发生而至于发展,并逐渐取得支配全国产业的地位。它的唯一的特点是这种生产方法因外货输入的压迫，不能充分发展，而且不是纯粹民族的资本在那里统制生产进程，然无论如何，这到底还是一种资本主义的生产方法，而不是一种本质不同的半殖民地的生产方法"[①]。然而，这与任曙的"外铄论"并无本质上的区别，无非任曙指的是资本主义发展的过程是"外铄"而来罢了。

第五节　关于李季的思想史定位

一、马克思主义早期传播的先行者

20世纪初，我国内外交困的局势下，西方思潮涌现。在早期知识阶级看来，社会主义思潮与他们为救亡图存寻找出路，寄希望于免除西方资本主义社会的弊病，直接建立更加尽善尽美的社会理想不谋而合。社会主义思潮的传入在极大程度上契合了早期知识阶级的心理，李季就是此阶级的代表。他自幼经私塾开蒙，传统文化的影响深入骨髓，在北京大学求学期间又深受各种西方思潮的熏陶，这使得他将东西思想系于一身，视野开阔。从北大一毕业，李季就将主要精力投注于海外社会主义思潮的译介活动，是较早投入这一工作的知识分子，因此，极大地弥补了中国共产党创建时期的理论准备不足的缺陷。

为了厘清各种社会主义派别的异同，李季决定从历史的角度入手，将社会主义的含义和内容彻底梳理清楚。《社会主义史》是英国社会主义家克卡朴关于社会主义运动的力作，该著对社会主义的派别和发展历史有较为详细的探讨，因此，成为李季下定决心翻译的第一部著作。当时，日本是中国马克思主义早

[①] 李季：《中国社会史论战批判》，神州国光社1936年版，序言第43页。

期传播的主要渠道，许多社会主义的专用术语都从日语得来。由于深受中国传统文化的影响，日本早期社会主义者又常常借用中国古典文化中的词句来表达要转译的意思。这些词句再传回中国，有些保留了新的意义并流传至今，有些被汉语词汇替代，呈现出翻译与传播的互推式发展。

《社会主义史》原作写成于1892年，不可否认的是，社会主义思潮在当时的英国甚至欧洲并不受欢迎。《观察者》副刊于1907年4月27日的一篇报道写道：根据我们的判断，社会主义运动精神上的积极魅力，使克卡朴先生对他们不切实际和不可实现（至少阻碍真正的发展路线）的提议视而不见……克卡朴先生会受到来自双方的敌对批评。他在寻求"纯粹的"和"理性的"社会主义时，并不能从社会主义的先进理论及推论中得到令人满意的答案，并且我们认为这种搜寻将是徒劳的。由此可见，主流或官方的媒体对社会主义思想持一种排斥的态度。而克卡朴本人在《社会主义史》中也多次为资产阶级辩护，所以他的社会主义立场相当保守。更确切地说，他对于社会主义持一种乐观的谨慎态度。这种保守态度还体现在当时的费边主义者拒绝接受马克思社会主义在欧洲的影响占优势的事实，而与进化的社会主义联合在一起，否定马克思主义者的革命战略。在书中，克卡朴一方面为资产阶级辩护，另一方面对马克思进行诸多指摘。他对马克思主义唯物史观和剩余价值学说基本予以否定，并且出于费边派立场，极力反对马克思主义的暴力革命论，轻视无产阶级的地位和作用，质疑无产阶级能否担起解放全人类的历史使命。但客观地说，该著系统介绍1913年以前西欧各国各种社会主义流派和发展史，为早期马克思主义者了解社会主义运动及其发展情况打开了一扇窗。

李季《社会主义史》① 中译本是上海中共早期组织出版发行的第一本宣传社会主义的著作，也是"新青年丛书"的第一种著作。蔡元培亲自作序并给予

---

① 书中介绍的社会主义学说既不特指马克思、恩格斯的科学社会主义，也不完全是马克思、恩格斯批判过的各种社会主义。社会主义思想被用来主要指马克思的社会主义是在俄国十月革命之后，特别是五四运动时期。

高度评价："我友李君懋猷取英国辟司所增订的克卡朴《社会主义史》用白话译出，可以算是最适用的书了。"① 该书在知识界引起很大反响，也是影响毛泽东同志树立起马克思主义信仰的三本书之一。李季自己对这本书的评价却是："此项译文并不高妙，且略有错误，但当时的读书界因其系易于了解的白话文，颇加称许，初版二千，未几即罄。我旋看出是书的观点错误，议论浅薄，遂听其绝版，不再印行了。"② 虽然李季通过这一著作大概了解了社会主义流派和马克思社会主义的主要观点，但他始终保持清醒的头脑和犀利的观察，客观评价自己当时的翻译功底和原作者的观点错误问题。这在当时实属不易，体现了其作为早期马克思主义者和传播者的高超素质。

二、带有传统文化印记的马克思主义翻译家

无论是研读原著，还是研究和撰写马克思主义相关著作，李季都未停止过翻译工作。今人评价他"完全是一位有理论，有实践，更有自己翻译主张和个人追求的优秀翻译家"③。就翻译特点而言，李季译著尤其是早期译著大都带着深深的传统文化的烙印。

以《社会主义史》为例，李季译本是《泰西民法志》之后的又一个中译本。鉴于李季译本产生的巨大影响力，该著虽然在译文上还存在一定的纰漏，④ 但整体反响很好。在马克思主义术语方面，当时许多译著里关于社会主义的术语是借用日语词汇转译过来的。通过对《社会主义史》中、英版本的对比研究，可以反推李季对于中国社会历史处境的把握和中国文化的定位。例如，20 世纪最初的 20 多年里，"独占"一直被当作"Monopoly"的对等词。如 1920 年《共产党宣言》

① ［英］克卡朴：《社会主义史》，李季译，亚东图书馆 1920 年版，序言第 2 页。
② ［英］克卡朴：《社会主义史》，李季译，亚东图书馆 1920 年版，第 210 页。
③ 张旭：《湘籍近现代文化名人》（翻译家卷），湖南师范大学出版社 2011 年版，第 77、118 页。
④ 考虑到马克思主义的一些专用术语还没有最后成型，在传播过程中表达不够贴切和到位，也是情理之中的。

的第一个全译本，译者陈望道就将"Monopoly"译作"独占"，这从日语"dokusen 獨占"而来。在《社会主义史》中，李季却将其译作"垄断"，这在当时是比较少见的。

表 3　李季在《社会主义史》的专业术语表述

术　语	英文原文（1913 年）	中译文（1920 年）
垄　断	The condition necessary to the existence and growth of capitalism, therefore, are as follows:A class, who have a virtual monopoly of the means of production .①	资本主义的存在及发达所必需的条件如下：（一）有一种阶级垄断生产的工具。②

"垄断"来源于中国传统文化，"垄"意为"小山"，"断"就是"阻断"的意思。像小山一样阻断其他人的占有也就有了"独占"的含义。《孟子》和严复的《原强》就用过"垄断"这一词汇。"独占"与"垄断"可通用，但在使用的过程中有先后之分。以 1920 年为界，之前多用"独占"，之后多用"垄断"。这是日译本传入中国后，转而由汉语词汇替代日语词汇的典型案例。

再如 20 世纪 20 年代之前，中国的知识分子用"劳力"来同时指代日语中"劳动"和"劳动力"的概念。梁启超曾在《论生利分利》一文中用"劳力"表示"劳动力"，而在他的另外一篇文章《中国之社会主义》中，则用"劳力"代指"劳动"。"一词两义"的现象在《社会主义史》中也是存在的。

---

① Thomas Kirkup: *A History of Socialism*, Peass eds. A and C. Black, 1913, P.141.
② ［英］克卡朴：《社会主义史》，李季译，亚东图书馆 1920 年版，第 158 页。

表 4　李季在《社会主义史》的专业术语表述

术　语	英文原文（1913 年）	中译文（1920 年）
劳力 / 劳动力量	Which we call his wage, and which is equivalent to the average means of subsistence required to support himself and to provide for the future supply of labour (in his family). But the labour force of the workman, as utilized by the capitalist in the factory or the mine……①	我们称那种价格为工钱，工钱的数目，是和维持工人及预备将来劳力的供给（在他的家庭中）所必需的生活品之价值相等的。资本家在工厂中或矿山中利用工人的劳动力量……②

　　这里的"劳力"（labour），虽可结合上下文判断出指的是"劳动力"，但极容易产生歧义。"劳动力量"（labour force）是"劳力"的展开形式，指的是工人的劳动。经统计，仅马克思章，"劳力"一词就出现了 21 次，"劳动力量"出现 3 次。两者在李季这里似乎是通用的，时而指代劳动者，时而指代劳动者的劳动。后文还有"劳力分量之标准"③的表述，"劳力"在这里明显讲的是劳动的分量，即付出的劳动的多少。另外，"势力"④一词似乎也通"劳力"的意思，与"劳动"结合起来有"劳动势力"的表达。由此可以看出，"劳力"一词代指的含义有些宽泛，翻译存在一定歧义，容易给读者造成困扰。这样的情况在当时比较常见，直到 20 世纪 20 年代以后，"劳动"和"劳动力"两个不同的概念才做出区分。

　　即便如此，李季依然优先采用中国的"劳力"来指代日语中的"劳动"和"劳动力"，体现了早期知识阶级在接受外来文化时习惯性采取的"归化"手法。马克思主义传入中国，即便当时的中国内忧外患，知识分子仍然将自己所属的

① Thomas Kirkup: *A History of Socialism*, Peass eds. A and C. Black, 1913，P.143—144.
② ［英］克卡朴：《社会主义史》，李季译，亚东图书馆 1920 年版，第 161 页。
③ ［英］克卡朴：《社会主义史》，李季译，亚东图书馆 1920 年版，第 168 页。
④ ［英］克卡朴：《社会主义史》，李季译，亚东图书馆 1920 年版，第 176 页。

中华文化定义为中心。这样的民族自尊心和责任心，迫使他们选取可能适合中国的思想，运用中国文化去调试和剪裁，试图使其为中华民族的复兴添砖加瓦。可以说，马克思主义文化的传入不是让中华文化去适应它，而是要融入中华文化，必须适应中国的社会、文化特点。译者在其中扮演着左右调控的中间人角色。当然，这也是翻译、传播与时代互动的最好证明。

三、不折不扣的唯物史观史学家

1934 年，近代学人伍启元在《中国新文化运动概观》一书中，将新文化运动分为三个阶段："第一段，思想表现工具'德谟克拉西'化——文学革命；第二段，思想方法科学化——实验主义；第三段，思想方法科学化——辩证法的唯物论。"[①] 诚如伍启元所说："近代有两个重要的思想方法，就是实验主义和辩证法的唯物论。"[②] 关于这两种重要的思想方法孰更科学产生了一场论争，20 世纪 30 年代初，李季运用唯物史观的方法论著《辩证法还是实验主义？》一书，主动参与到论战中，给予实验主义流派以正面回应与反击。李季驳斥胡适实验主义的相关内容前文已有详细论述，这里不再赘言。

此外，李季对中国社会史的划分也贯彻了唯物史观与唯物辩证法的方法论。在李季看来，研究哲学和社会发展史必须以阶级为根据。支配一个时代的观念是统治阶级的观念，如果不明白这一点，就只能在哲学的内容上翻来覆去纠缠不清，无法看清各个哲学流派的背景和渊源。"在人类生活的社会生产中，不仅有技术的关系，而且有经济的关系，这就是说，不仅是人对自然的关系，而且是因征服自然发生人对人的关系。"[③] 人类社会生产中加入一定的，必然的，并非自己意志所能左右的，与一定阶段物质生产力相适应的生产关系。这种生

---

① 伍启元：《中国新文化运动概观》，黄山书社 2008 年版，第 172 页。
② 伍启元：《中国新文化运动概观》，黄山书社 2008 年版，第 64 页。
③ 李季：《中国社会史论战批判》，神州国光社 1936 年版，第 9 页。

产关系的全体构成社会的经济组织，这是法律和政治的上层建筑物所根据的真实基础，并与一定的社会意识形态相符合。物质生活的生产方法决定社会的政治和精神的生活进程。因此，对于社会历史分期的研究，不能想当然，而是要从事实（生产力的发展）中找线索。

20 世纪二三十年代，李季译介的《社会经济发展史》以深入浅出的论述提高了人们对于人类社会经济发展脉络的总体认识，《胡适中国哲学史大纲批判》揭示出辩证法是科学的方法论，开创了以唯物史观著哲学史的先河。李季对胡适实验主义批判的深入与广度至今依然可以称之为翘楚；《中国社会史论战批判》明确了唯物史观是划分历史的科学依据；《古史辩的解毒剂》系列文章进一步反对形式逻辑与实验主义的研究方法，打破了学术界沉闷的空气。李季的一系列译作和著作始终贯穿唯物史观的研究方法，纵观李季运用唯物史观原理在史学领域做出的贡献，他完全担得起唯物史观史学家的称呼。

结　语

　　从 1919 年辗转得到克卡朴的《社会主义史》并着手翻译开始，李季的一生就与马克思主义联系在一起了。为了学懂弄通马克思主义的基本原理，他远赴欧洲求学，先后在德国和苏联研读马克思、恩格斯和列宁的经典著作，并接受了系统的马克思主义理论学习。在马克思主义理论体系的自我构建中，完成《胡适中国哲学史大纲批判》《价值价格及利润》《通俗资本论》《马克思传》《社会经济发展史》《辩证法还是实验主义？》《中国社会史论战批判》等一批影响深远的著作。

　　作为马克思主义在中国传播的先行者和唯物史观方法论的践行者，李季在清晰把握了马克思主义的性质和基本原理的基础上，自觉展开对唯物史观和辩证法的具体运用。他善于以论战式的学术探讨方式，独立运用马克思主义理论分析和思考中国问题。他曾经以论战的方式对胡适实验主义方法论展开详尽批判，其深度与广度几乎无人能企及。他提出以生产方法为划分中国社会史的标准，成为构建中国化的马克思主义史学的奠基式论断。

　　本书以李季著述以及相关史料为经，以马克思主义在中国的传播史概况为纬，对李季马克思主义思想展开研究，阐述李季对马克思主义理论性质的把握、对马克思主义基本原理的认识程度、对唯物史观与辩证法的具体运用情况以及对马克思主义中国化做出的贡献。反映出马克思主义在中国的传播史的大概面貌，尤其是李季具体运用唯物史观与唯物辩证法宣传马克思主义理论，以及参与马克思主义史学构建的过程。对于从历史和哲学领域厘清马克思主义在中国的传播和发展历程有一定助益。

此外，通过对李季马克思主义思想的梳理，引申归纳出以下几点结论，作为本书的余论，供读者参考评判。

第一，译者对马克思主义在中国的早期传播起着举足轻重的作用。

毫不夸张地说，没有翻译就没有中国共产党。中共早期组织的骨干如李大钊、陈独秀、李达、李汉俊、陈望道等都曾充当新思想的译介者、传播者，这一现象绝非偶然。如果没有这批知识分子的译介和传播，十月革命的思想也不会顺利传入中国，并广为接受，更谈不上中国共产党的建立和轰轰烈烈的中国革命事业了。李季在青年阶段就认识到翻译的重要性，并贡献一生时间在译介事业上，值得称许。不过，十月革命之前的社会主义思想，包括十月革命之后非马克思主义的社会主义思想，在中国的译介、传播，更多的是扮演一种"传话筒"的角色。《社会主义史》是这样，《工团主义》和《社会主义思潮及运动》也是这样。这些传播为国民奠定了思想基础，直到科学社会主义思想广泛传入，中国共产党有了自己的思考和判断，自觉将马克思主义与中国实际相结合，才真正从理论和实践上开始社会主义道路的探索。译者本身可以看作知识传播的搬运工，但又不同于一般的搬运工。译者在搬运知识的过程中是带有一定意识形态的，一方面，可以选择翻译哪个译本，另一方面，可以对译本做出加工和改动。译本最终呈现在读者面前的形式几乎取决于译者的知识体系、语言程度、理论素养，甚至表达的能力。除此之外，译者所处的社会环境（社会需求）以及政治立场等也是影响译者译介的重要因素，而这些与受众接受与否以及接受程度息息相关。

第二，中国马克思主义者的成长路径具有相似性。

20世纪初的中国知识界对于社会主义的理解与根深蒂固的中国传统文化密切相关。传统知识分子往往难以脱离中国古代人人平等、天下大同的社会理想，这从"社会主义"早期被称作"安民新学""安民之学""民胞物与之主义""太平大同主义"等能够体现出来。早期马克思主义者一般家庭较为富裕，且绝大多数具备留学经历，懂外语，在知识谱系方面兼受中西文化的熏陶，对待西学的态度更为包容和开放，分析中国社会问题时更加理性，但同时也带有鲜明的实用性目的。因此，在马克思主义理论的三大组成部分——马克思主义哲学、政治经济学和科学社会主义中，中国马克思主义者首先抽丝剥茧地找到了唯物史观的方法，试图将其运用于中国的社会实践。马克思主义者是在实践中逐步贴近马克思主义实质的。这个过程最初由政治性主导，直到20世纪二三十年代，传播主体才分化为学者和革命家这两个群体，前者重视理论，后者重视实践。但在实际中，理论与实践不可分割。两者的碰撞极大地推动了马克思主义学术话语在中国的构建以及马克思主义在中国实际问题中的运用。总之，中国化的马克思主义越来越朝着科学的方向迈进。

第三，唯物史观的阐释经历了先经济学后史学的顺序，并与唯物辩证法紧密结合。

经济地位的极端不平等是导致阶级斗争的直接原因。因此，中国知识界对于唯物史观的阐释最早是从经济学领域开始的。随着唯物史观广泛传播开来，才逐渐过渡到史学领域。在此过程中，唯物史观的运用是与唯物辩证法紧密结合在一起的。唯物辩证法在马克思主义传播的早期并未受到重视，甚至一度被忽略，瞿秋白的系统介绍使得辩证法重新回到唯物史观这个整体。李季运用马克思主义理论构建中国马克思主义史学的过程，处处渗透着唯物史观与唯物辩证法的思想。经历了唯物辩证法论战的洗礼，辩证法思维渐渐得到认可。从此，只要运用唯物史观就必然要使用辩证法的方法论。

第四，陈独秀对李季加入"托派"起到推波助澜的作用。

对李季来说，陈独秀的身份是多重的，他既是长辈，又是导师和朋友。自北京大学时期开始，李季追随了陈独秀 20 余年，早已形成一种亦师亦友的关系。这种关系源于李季对新文化运动领袖的崇拜与敬畏。陈独秀也由于李季的翻译才能，对他另眼相看。在学术上，陈独秀热情指导他；在生活上，陈独秀无私帮助他。可以说，李季走上马克思主义的道路也与陈独秀的引领不无关系。这种影响甚至超越了李季自己不热爱政治的本心，他在陈独秀的影响下先后加入中国共产党和中国"托派"组织。当然，成为"托派"分子除了陈独秀的影响，李季自身运用唯物史观与唯物辩证法的纰漏也是原因之一，但这个原因并不足以使他执意改变政治立场。归根结底，他与陈独秀之间的交情对他的教化程度更深。直到 1934 年李季退出"托派"，这种影响才告一段落。

主要参考文献

一、中文文献

（一）史料

[1] 耿云志主编 . 胡适遗稿及秘藏书信（第 28 卷）[M]. 合肥：黄山书社，1994.

[2] 13 封陈独秀等致胡适信札（写作时间为 1920 年至 1932 年），中国人民大学博物馆收藏。

（二）著作类

[1] 马克思恩格斯文集（第 1、2、3、4、5、8、9 卷）[M]. 北京：人民出版社，2009.

[2] 列宁选集（第 1—4 卷）[M]. 北京：人民出版社，2012.

[3] 列宁全集（第 55 卷）[M]. 北京：人民出版社，2017.

[4] 马寅初 . 马寅初演讲集（第一、二集）[M]. 上海：商务印书馆，1923.

[5] 陶希圣 . 中国社会之史的分析 [M]. 上海：新生命书局，1929.

[6] 王礼锡，等 . 中国社会史的论战（1—3 辑）[M]. 上海：神州国光社，1931.

[7] 张东荪编 . 唯物辩证法论战 [M]. 北平：民友书局，1934.

[8] 伍启元 . 中国新文化运动概观 [M]. 上海：现代书局，1934.

[9] 郭湛波 . 近五十年中国思想史 [M]. 北平：大北书局，1936.

[10] 何干之 . 中国社会性质问题论战 [M]. 上海：生活书店，1937.

[11] 何干之 . 中国社会史问题论战 [M]. 上海：生活书店，1937.

[12] 翦伯赞 . 历史哲学教程 [M]. 北京：新知书店，1938.

[13] 吕振羽 . 中国社会史诸问题 [M]. 上海：华东人民出版社，1954.

[14] 丁守和，殷叙彝 . 从五四启蒙运动到马克思主义的传播 [M]. 北京：生活・读书・新知三联书店，1979.

[15] 唐德刚 . 胡适杂忆 [M]. 桂林：广西师范大学出版社，1980.

[16] 章士嵘，等 . 无产阶级专政学说史 [M]. 长春：吉林人民出版社，1981.

[17] 郝镇华 . 外国学者论亚细亚生产方式 [M]. 北京：中国社会科学出版社，1981.

[18] 黄文山 . 中国古代社会史研究方法论 [M]. 台北：台湾"商务印书馆"，1982.

[19] 林甘泉，等 . 中国古代史分期讨论五十年 [M]. 上海：上海人民出版社，1982.

[20] 林代昭，潘国华 . 马克思主义在中国——从影响的传入到传播（上）[M]. 北京：清华大学出版社，1983.

[21] 中共中央马克思恩格斯列宁斯大林著作编译局 . 马克思恩格斯著作在中国的传播 [M]. 北京：人民出版社，1983.

[22] 洪韵珊 . 无产阶级专政学说的历史和现实 [M]. 成都：四川省社会科学院出版社，1983.

[23] 陈独秀文章选编（上、中、下）[M]. 北京：生活・读书・新知三联书店，1984.

[24] 高军 . 中国社会性质问题论战 [M]. 北京：人民出版社，1984.

[25] 叶汝贤 . 唯物史观发展史 [M]. 长春：吉林人民出版社，1985.

[26] 赵家祥 . 马克思主义的社会形态理论简论 [M]. 北京：北京大学出版社，1985.

[27] 雷永生 . 唯物史观形成史稿 [M]. 石家庄：河北人民出版社，1985.

[28] 高军，王桧林，等 . 五四运动前马克思主义在中国的介绍与传播 [M]. 长沙：湖南人民出版社，1986.

[29] 李泽厚 . 中国现代思想史论 [M]. 北京：东方出版社，1987.

[30] 水如编 . 陈独秀书信集 [M]. 北京：新华出版社，1987.

[31] 王光远编 . 陈独秀年谱：1879—1942[M]. 重庆：重庆出版社，1987.

[32] 瞿秋白文集（政治理论编）（第 1—4 卷）[M]. 北京：人民出版社，1988.

[33] 杜春和，韩荣芳，等 . 胡适论学往来书信选（上）[M]. 石家庄：河北人民出版社，1988.

[34] 李其驹 . 马克思主义哲学在中国 [M]. 上海：上海人民出版社，1991.

[35] 孟庆仁 . 科学世界观的历程：唯物辩证法简史 [M]. 南宁：广西人民出版社，1991.

[36] 桂遵义 . 马克思主义史学在中国 [M]. 济南：山东人民出版社，1992.

[37] 唐宝林 . 中国托派史 [M]. 台北：东大图书公司，1994.

[38] 瞿秋白 . 瞿秋白论文集 [M]. 重庆：重庆出版社，1995.

[39] 赵庆河 . 读书杂志与中国社会史论战 [M]. 台北：稻禾出版社，1995.

[40] 吴雁南，等 . 中国近代社会思潮（1—4 卷）[M]. 长沙：湖南教育出版社，1998.

[41] 唐宝林 . 马克思主义在中国 100 年 [M]. 北京：人民出版社，1998.

[42] 郑超麟 . 史事与回忆——郑超麟晚年文选 [M]. 香港：天地图书有限公司，1998.

[43] 李大钊文集（1—5卷）[M]. 北京：人民出版社，1999.

[44] 梁枫. 唯物史观在中国的命运论纲 [M]. 北京：北京大学出版社，2000.

[45] 孟庆仁. 现代唯物史观大纲 [M]. 北京：当代中国出版社，2002.

[46] 王学典.20 世纪中国史学评论 [M]. 济南：山东人民出版社，2002.

[47] 胡适. 胡适全集：胡适文存二集、四集 [M]. 合肥：安徽教育出版社，2003.

[48] 唐宝林. 求真集 [M]. 兰州：兰州大学出版社，2003.

[49] 王凡西. 双山回忆录 [M]. 北京：东方出版社，2004.

[50] 温乐群，等. 二三十年代中国社会性质和社会史论战 [M]. 南昌：百花洲文艺出版社，2004.

[51] 郑超麟. 郑超麟回忆录 [M]. 北京：东方出版社，2004.

[52] 汪原放. 亚东图书馆与陈独秀 [M]. 上海：学林出版社，2006.

[53] 陈其泰. 中国马克思主义史学的理论成就 [M]. 北京：国家图书馆出版社,2008.

[54] 王学典. 二十世纪中国历史学 [M]. 北京：北京大学出版社，2009.

[55] 陈独秀. 陈独秀著作选编 [M]. 上海：上海人民出版社，2009.

[56] 任建树主编. 陈独秀著作选编（第 3 卷）[M]. 上海：上海人民出版社，2009.

[57] 王东，等. 马列著作在中国出版简史 [M]. 福州：福建人民出版社，2009.

[58] 祝彦. 陈独秀思想评传 [M]. 福州：福建人民出版社，2010.

[59] 王刚. 马克思主义中国化的起源语境研究 [M]. 北京：人民出版社，2011.

[60] 郭沫若. 中国古代社会研究 [M]. 北京：商务印书馆，2011.

[61] 张申府. 所忆：张申府回忆录 [M]. 北京：中国文史出版社，2012.

[62] 田子渝，等. 马克思主义在中国初期传播史（1918—1922）[M]. 北京：学习出版社，2012.

[63] 宋静明，吴向伟. 党的重要历史人物与早期马克思主义中国化 [M]. 北京：中国社会科学出版社，2012.

[64] 陈独秀文集（第二卷）[M]. 北京：人民出版社，2013.

[65] 石钟扬. 酒旗风暖少年狂：陈独秀与近代学人 [M]. 济南：山东画报出版社，2014.

[66] 庄福龄编著. 中国马克思主义哲学传播史论 [M]. 北京：中国人民大学出版社，2015.

[67] 胡为雄. 马克思主义哲学在中国传播与发展的百年历史 [M]. 南昌：百花洲文艺出版社，2015.

[68] 方红. 马克思主义在中国的早期翻译与传播 [M]. 上海：上海三联书店，2016.

[69] 吕延勤. 马克思主义在中国早期传播史料长编：1917—1927[M]. 武汉：长江出版社，2016.

[70] 徐光寿. 三次跨越与三个选择 [M]. 上海：上海社会科学院出版社，2017.

[71] 孙正聿. 马克思主义辩证法研究 [M]. 北京：北京师范大学出版社，2017.

[72] 刘霞. 新中国成立前马克思传记重要文本研究——以李季《马克思传》研究为中心 [M]. 北京：中国社会科学出版社，2022.

[73] 吴念慈，柯柏年，王慎名合编. 新术语辞典 [M]. 上海：新文艺书店 1932.

[74][德] 李博. 汉语中的马克思主义术语的起源与作用 [M]. 赵倩，等，译. 北京：中国社会科学出版社，2003.

[75][日] 福井准造. 近世社会主义 [M]. 赵必振，译. 上海：上海广智书局，1903.

[76][德] 弗兰茨·梅林. 德国社会民主党史（第二卷）[M]. 青载繁，译. 北京：生活·读书·新知三联书店，1964.

[77][日] 幸德秋水 . 社会主义神髓 [M]. 马采 , 译 . 北京：商务印书馆，1983.

[78][日] 罗梅君 . 政治与科学之间的历史编纂 [M]. 孙立新 , 译 . 济南：山东教育出版社，1997.

[79][日] 石川祯浩 . 中国共产党成立史 [M]. 袁广泉 , 译 . 北京：中国社会科学出版社，2006.

[80][美] 阿里夫·德里克 . 革命与历史：中国马克思主义历史学的起源（1919—1937）[M]. 翁贺凯 , 译 . 南京：江苏人民出版社，2010.

（三）学位论文

[1] 王东 . 中国社会性质与社会史论战研究 [D]. 上海：华东师范大学，1991.

[2] 陈锋 . 社会史论战与现代中国史学 [D]. 济南：山东大学，2005.

[3] 江晓峰 . 第一代共产主义知识分子群体结构研究 [D]. 上海：华东师范大学，2008.

[4] 汤艳萍 . 马克思主义史家李季初探 [D]. 济南：山东大学，2012.

[5] 刘霞 . 李季著《马克思传》研究 [D]. 北京：清华大学，2014.

（四）中文期刊论文

[1] 朱执信 . 论社会革命当与政治革命并行 [J]. 民报 ,1906 (5).

[2] 民鸣 .《共产党宣言》序言 [J]. 天义，1908 (4).

[3] 陈独秀 . 关于社会主义的讨论 [J]. 新青年，1920，8 (4).

[4] 苏华 .《胡适中国哲学史大纲批判》的批判 [J]. 读书杂志，1932(11、12分刊).

[5] 张季同 . 评李季的《我的生平》及《胡适中国哲学史大纲批判》[J]. 读书杂志，1932，2 (10).

[6] 顾冠群 .《胡适中国哲学史大纲批判》的批判 [J]. 中国新书月报，1932 (4−5).

[7] 王礼锡.中国社会形态发展史中之谜的时代 [J].读书杂志，1932,2（7、8 合刊）

[8] 张荫麟.评郭沫若《中国古代社会研究》[J].大公报·文学副刊，1932（208）.

[9] 艾思奇.廿二年来之中国哲学思潮 [J].中华月报，1934，2 (1).

[10] 吴流（童书业）.论神话传说之演变质李季先生 [N].东南日报，1946-9-26.

[11] 童书业.给李季先生的一封信 [N].东南日报，1946-12-12.

[12] 叶桂生，刘茂林.中国社会史论战与马克思主义史学的形成 [J].中国史研究，1983 (1).

[13] 李红岩.从《读书杂志》看中国社会史论战 [J].中国社会科学院近代史研究所青年学术论坛,1999 年卷，社会科学出版社，2000 年版.

[14]【美】J.格雷.20 世纪的中国史学：对其背景和发展过程的评论 [J].孙业山，王东，译.历史教学问题，2002（6）.

[15] 王学典.现代学术史上的唯物史观 [J].山东社会科学，2004 (11).

[16] 李勇."中国社会史论战"对于唯物史观的传播 [J].史学月刊，2004 (12).

[17] 李红岩.半殖民地半封建理论的来龙去脉 [N].北京日报，2004-3-8.

[18] 周兴樑.关于近代中国"两半"社会性质问题论的由来 [J].历史教学，2005 (2).

[19] 蒋贤斌.陈独秀晚年"托派"问题研究 [J].湖北行政学院学报，2005(3).

[20] 贺渊.中国社会史论战的先声 [J].南京大学学报（哲学·人文科学·社会科学），2006 (3).

[21] 陈锋.考据学人眼中的唯物史观史学——以童书业为中心的考察 [J].山东大学学报（哲学社会科学版），2007 (3).

[22] 冯天瑜.唯物史观在中国的早期传播及其遭遇 [J].中国社会科学，2008 (1).

[23] 张立波.汉译"马克思"：历史、技术和政治 [J].马克思主义研究，2010 (3).

[24] 张立波.唯物史观在中国的早期传播：批评与辩护 [J].学习与探索，

2010 (3).

[25] 黄兴涛 . 中国人民大学博物馆藏 "陈独秀等致胡适信札" 释读 [J]. 中国人民大学学报，2012 (2).

[26] 王磊 , 王跃 . 深化马克思主义在中国早期传播研究的若干思考——基于经营与民众互动研究的视角 [J]. 马克思主义与现实，2013 (1).

[27] 张家康 . 陈独秀蒙冤 "托派汉奸" [J]. 党史纵横，2017 (8).

二、外文文献

[1]Thomas Kirkup, A History of Socialism, Peass eds, London: A and C. Black, 1913.

[2]Benjamin Schwartz, "A Marxist Controversy on China", the Far Eastern Quarterly, Vol.13, No.2, 1954.

[3]Joseph R. Levenson, Confucian China and Its Modern Fate: A Trilogy, Berkeley: University of California Press, 1958.

[4]Robert C. Merton, Moscow and Chinese Communist, Stanford, California: Stanford University Press, 1963.

[5]Maurice Meisner, Li Ta—chao and the Origins if Chinese Marxism, Cambridge, Massachusetts: Harvard University Press, 1967.

[6]Raymond F. Wylie, The Emergence of Maoism: Mao Tse—Tung, Ch'en Po—ta, and the Search for Chinese Theory, 1935—1945, Stanford, California: Stanford University Press, 1980.

[7]Mark Selden, The Transition to Socialism in China, New York: M.E. Sharpe, 1982.

[8]Arif Dirlik, Maurice Meisner(eds.), Marxism and the Chinese Experience, New York: M. E.Sharp, 1989.

[9]Nick Knight, Marxist Philosophy in China: From Qu Qiubai to Mao Zedong, 1923—1945, Dordrecht: Springer, 2005.

[10]Anthony James Gregor, Marxism, China & Development: Reflections on Theory and Reality, London: Routledge, 2017.

附录一　李季简谱

1892 年

出身于湖南省平江县伍市镇一个地主家庭，家境殷实，父亲李任农。

1898 年—1906 年夏

入蒙馆读书，1905 年转入附近从馆，次年到姐夫家伴读半年。

1906 年下半年—1915 年

先后就读于县立中学、府立中学、高等商业学校和高等师范学校，在此期间积极参加时兴的各种风潮和运动。

1915 年夏—1918 年

1915 年夏考入北京大学英文科，担任班长。

在就读北大期间受到西方文化思潮的熏陶，且因学业精进深得辜鸿铭赏识，大三开始尝试英文著作的翻译。

1918 年 6 月毕业，9 月开办校外补习班并担任英文教员。

1919 年

受到五四运动的洗礼，对新思潮产生兴趣，开始研究社会科学，一度成为托尔斯泰的信徒。

5 至 8 月，参加五四运动，看了 4 个月新思潮的书。

9 月，将研究重点转到马克思主义，开始着手翻译克卡朴（Thomas Kirkap）的《社会主义史》。

11 月，完成《社会主义史》翻译，共计 22 万字。

1920 年

1 至 6 月，对《社会主义史》进行两轮修改，辞去教职，离开高等补习学校。

7 月，新青年社接受《社会主义史》，出版在即。7 月 23 日，蔡元培为《社会主义史》作序。

8 月 21 日，蔡元培的《社会主义史序》刊载于《晨报》。8 月 30 日，李季离京赴鲁，临行前接受张申府的嘱托，翻译罗素（Bertrand Russell）的《到自由之路》。同日抵达山东中兴煤矿公司，成为英文秘书。

9 月，翻译《到自由之路》的一半章节，其余由黄凌霜、沈雁冰承担。月底着手翻译哈列（J.H.Harley）的《工团主义》。

10 月，《社会主义史》作为"新青年丛书"第一种，由新青年社出版，定价一元八角。继续翻译《工团主义》，大约于月底完成。

11 月，合译的《到自由之路》作为"新青年丛书"第五种，由新青年社出版。着手翻译列德莱（Harry Wellington laidler）的《社会主义之思潮及运动》。

12 月，离鲁赴沪，并继续翻译《社会主义思潮及运动》一书。12 月 16 日，随陈独秀南下广州。12 月 21 日，与袁振英、龚赞尧合撰的《对于"女学生的不平鸣"》发表于《民国日报》副刊《觉悟》。

1921 年

1 月 4 日，作《社会主义与中国》，发表于《新青年》第八卷第六号，后收录入新青年社 1922 年出版的《社会主义讨论集》。

1 至 2 月，被陈独秀拟聘为第一中学校长、广东省视学，均拒绝。完成《社会主义思潮及运动》的翻译。

3 至 4 月，翻译托尔斯泰（Leo Tolstoy）的《现代的奴隶制》。

5 月初，回乡省亲，准备出国。

6 月 2 日，接陈独秀信，获悉筹建编译局计划流产，转而通过自己的译稿筹措出国资金。

6 月下旬，着手翻译里普奈西的《不要调和》，用时约 1 个月。

7 月下旬，抵沪。

8 月 13 日，乘轮船赴欧留学。

1922 年

入德国法兰克福大学经济系。

10 月，出版马克思著作《价值价格及利润》。

1923 年

11 月，商务印书馆出版译作《社会主义之思潮及运动》。

1924 年

转入苏联东方大学。

1925 年

归国任上海大学经济学教授、社会学系主任，主讲社会主义史。

1926 年

出版《通俗资本论》（上海亚东图书馆）。

出版《马克思传：其生平其著作及其学说》（上）（上海平凡书局）。

1927 年

任武汉中央军事政治学校社会学教授。

4 月，与郭沫若等应邀到"国立武昌中山大学"做《中国民族解放运动与青年学生的责任》演说。

7 月，为暂避白色恐怖风头，连夜乘火车赶回平江老家。

1928 年

定居上海，埋头笔耕。

1929 年

6 月，用笔名"王冰若"出版莱姆斯（Wihelm Reimes）著作《社会经济发展史》（上海亚东图书馆）

9 月，翻译出版威廉·布洛斯（Wilhelm Blos）著作《法国革命史》（上海亚东图书馆）。

加入"托派"。

1930 年

主要从事翻译与教学工作，并出版《马克思传：其生平其著作及其学说》（中）（上海平凡书局）。

12 月，出版《胡适中国哲学史大纲批判》（上海神州国光社）。

1932 年

1 月，出版《我的生平》（上海亚东图书馆）。

2 月，出版《辩证法还是实验主义？》（上海神州国光社）。

9 月，翻译出版海尔博（Adolf Heilborn）著作《妇女自然史和文化史的研究》（上海亚东图书馆）。

于《读书杂志》第 2 卷第 2、3 期合刊发表《对于中国社会史论战的贡献与批评》。

出版《马克思传：其生平其著作及其学说》（下）（上海平凡书局）。

1934 年

退出"托派"。

1936 年

4 月，出版译作《马可波罗游记》（亚东图书馆）。

7 月，出版《中国社会史论战批判》（上海神州国光社）。

与程演生、王独清等辑录并出版《中国内乱外祸历史丛书》（上海神州国光社）。

1938 年

出版《二千年中日关系发展史》（柳州学用社）。

1941 年

5 月，出版与程演生合编的《先拨志始》（神州国光社）。

1946 年

5 月，在《求真杂志》第 1 卷第 1 期发表《古史辨的解毒剂》，开始与童书业关于古史传说的论战。

9 月，在《求真杂志》第 1 卷第 5 期发表《为"古史辨的解毒剂的解毒剂"进一解》。

11 月，在《求真杂志》第 1 卷第 7 期发表《为古史辨派的第二次反攻再进一解》。

1947 年

翻译出版罗素的《心的分析》（中华书局）。

1949 年

任国家出版总署特约翻译，译有《马克思恩格斯通讯集》《现代资本主义》《通俗资本论》等。

1950 年

12 月 31 日，在《人民日报》与刘仁静共同发表声明。

1957 年—1958 年

翻译出版《马克思恩格斯通信集》。

1967 年

病逝，享年 75 岁。

附录二　李季学术年表

序　号	名　称	类　别	出版单位	初次出版／发表时间
1	《社会主义史》	译作	新青年社	1920 年
2	《到自由之路》	（合）译作	新青年社	1920 年
3	《对于"女学生的不平鸣"》	文章	民国日报社	1920 年 12 月 21 日《民国日报》副刊《觉悟》
4	《工团主义》	译作	新青年社	1921 年
5	《社会主义与中国》	文章	新青年社	1921 年发表于《新青年》第八卷第六号，1922 年收入《社会主义讨论集》
6	《现代奴隶制》	译作		1921 年 3—4 月译，未见真本

7	《科学的社会主义之原理》	译作		1921 年 5—6 月译，未见真本
8	《不要调和》	译作		1921 年 6—7 月译，未见真本
9	《价值价格及利润》	译作	商务印书馆	1922 年
10	《社会主义之思潮及运动》	译作	商务印书馆	1923 年
11	《通俗资本论》	译作	亚东图书馆	1926 年
12	《中国民族解放运动与青年学生的责任》	演说	/	1927 年
13	《欧洲近二百年名人情书》	译作	亚东图书馆	1928 年
14	《欧洲近二百年名人情书续集》	译作	亚东图书馆	1929 年
15	《社会经济发展史》	译作	亚东图书馆	1929 年
16	《社会农业及其根本思想与工作方法》	译作	亚东图书馆	1929 年
17	《法国革命史》	译作	亚东图书馆	1929 年
18	《胡适中国哲学史大纲批判》	著作	神州国光社	1930 年
19	《马克思传：其生平其著作及其学说》	著作	平凡书局	1926、1930、1932 年
20	《我的生平》	著作	亚东图书馆	1932 年
21	《辩证法还是实验主义？》	著作	神州国光社	1932 年
22	《妇女自然史和文化史的研究》	译作	亚东图书馆	1932 年

23	《对于中国社会史论战的贡献与批评》	文章	神州国光社	1932年《读书杂志》第2卷第2、3期
24	《马克思主义经济学》	译作	人民出版社	1932年
25	《达尔文传及其学说》	译作	亚东图书馆	1933年
26	《马可波罗游记》	著作	神州国光社	1936年
27	《中国社会史论战批判》	译作	亚东图书馆	1936年
28	《人类在自然界的特别位置》	译作	亚东图书馆	1936年
29	《现代资本主义》	译作	商务印书馆	1936—1937年
30	《中国内乱外祸历史丛书》	合编著作	神州国光社	1936年
31	二千年中日关系发展史	著作	柳州学用社	1938年
32	《先拨志始》	著作	神州国光社	1941年与程演生等合编
33	《古史辨的解毒剂》	文章	求真杂志社	1946年5月《求真杂志》第1卷第1期
34	《为"古史辨的解毒剂的解毒剂"进一解》	文章	求真杂志社	1946年9月《求真杂志》第1卷第5期
35	《为古史辨派的第二次反攻再进一解》	文章	求真杂志社	1946年11月《求真杂志》第1卷第7期
36	《心的分析》	译作	中华书局	1947年
37	《马克思恩格斯通信集》	译作	生活·读书·新知三联书店	1957—1958年

附录三 《泰西民法志》与《社会主义史》的比较研究 ①

李季译《社会主义史》并非克卡朴这一著作唯一的中译本。早在 1912 年，著名翻译家胡贻谷首次将克卡朴这部关于社会主义历史的著作翻译成汉语。虽然二人翻译的版本不同，但两版关于马克思学说的介绍完全没有改动。因此，可以就两个译本的马克思一章做对比研究，对两者的译介动机、翻译风格，以及对马克思学说的理解程度和翻译策略的变化等展开挖掘。这对于进一步分析马克思主义早期的译介问题大有裨益。

一、翻译动机与风格迥异

关于《泰西民法志》的出版时间，学界曾一度存疑。疑问的爆发源自 1987 年著名学者陈铨亚发表于《光明日报》的一篇文章，其中提到受李提摩太所托，胡贻谷翻译了英国社会主义者克卡朴的 *The History of Socialism*，并于 1898 年在上海发行。对于 1898 年这一时间点，汪家熔、唐宝林、王也扬等人均表示质

---

① 该部分已发表，具体请参考程运麒：《李季〈社会主义史〉马克思章的译介问题研究》，《重庆社会科学》2020 年第 8 期（人大复印资料《马克思列宁主义研究》2020 年 11 月全文转载）。

疑。经过考证，大致同意后三位学者的意见，倾向于将《泰西民法志》的出版时间定于 1912 年。本书依据的也正是 1912 年版的《泰西民法志》。

胡贻谷翻译的是克卡朴 1909 年第四版，李季则是 1913 年第五版。在第四版的基础上，修订者将克卡朴解释社会主义的章节大加裁剪，扩充了近世英国社会主义的内容。在章节的排布上，前 9 章没有变动。因此，胡贻谷与李季关于马克思章的译文依据的是同样的英文原本。

译介行为由译者发出，译者有权对著作和内容的偏重做出选择。一种思想的传播初期，译著往往是经过层层选择和把控的最终呈现。将一部书译成目的语，更多的是目的语社会文化的需求给译者提供的翻译动机。胡贻谷是受著名传教士李提摩太委托，他译该著的目的是将基督教的福音传播至世界各地。这正是由于这样的原因，《泰西民法志》初版的发行量并不大，所以也没能引起中国知识阶级的注意。8 年之后，李季同样选择该著来翻译，动机却迥然不同。当时，包括科学社会主义在内的社会主义思潮已经有一定程度的传播，深深打动了中国的知识分子。但碍于流派太多，分辨各个流派的主张有一定困难。为了给学界提供一种明辨社会主义思潮的导向，李季翻译完成白话文译著《社会主义史》。

在翻译的语言和形式上，《泰西民法志》主要采用文言文的语式，采取意译和节译的形式，[1]并常常在原著基础上添加自己的评论，抒发自己的见解和感受，因此，译文与原著出入较大。在这一点上，李季完全相反，他用白话文的形式，基本全部使用直译的方法，忠实地还原了原著的观点。当然，意译与直译只是翻译实践的两种实现路径，我们很难直截了当地说明两者的优缺点。由于语言表达形式不同，也不能简单地通过术语的译介，来评判孰优孰劣。

从整体上看，《泰西民法志》与《社会主义史》翻译动机不同，翻译风格更是迥异。这两点区别造成二者在学界的影响天差地别。胡贻谷站在基督教立场上，《泰西民法志》主要由上海广学会收藏，发行量有限。五四时期，思

---

[1] 胡贻谷在序言中坦陈，自己"就文敷陈，不参臆说；间有删汰，则以专论西事与华人渺不相关也"。

想界受到极大震撼，社会主义思潮的受欢迎程度剧增，加上白话文没有文言文那样晦涩难懂，因此《社会主义史》一经面世就受到极大追捧。

二、对马克思学说观点的阐述基本相符

将《泰西民法志》篇七马格司与《社会主义史》第七章马克思章对看，会发现尽管两个版本的英文原著没有任何改动，胡贻谷在翻译过程中却自行删减了一些内容，同时加入了许多自己的见解。不过，关于剩余价值的内容，胡却基本如实地意译出来了，这在马克思主义传播的早期是非常难得的。以剩余价值的产生为例，可以将胡、李二人的译文进行深入比较。

表 5　胡贻谷与李季关于剩余价值的翻译比较

英文原文	胡贻谷译文（1912 年）	李季译文（1920 年）
The fundamental principle of the Marx school and of the whole cognate socialism is the theory of 'surplus vaule' —the doctrine, namely, that, after the labourer has been paid the wage necessary for the subsistence of himself and family, the surplus produce of his labour is appropriated by the capitalist who exploits it.①	推衍马格司派者，当知其要在赢率之原理。夫赢率为劳傭所生。今劳傭所得者，仅足赡家。此外则尽则尽遭雇主之渔夺。②	马克思派和与他这一派完全相近的社会主义之根本上的原则是"赢馀价值"论——这种学说就是说资本家支付使工人足以维持他自己和他的家庭生活的工钱以后，便将他的工作所赢馀的生产物据为己有了。③

① Thomas Kirkup: *A History of Socialism*, Peass eds. A and C. Black, 1913，P.132.
②［英］克卡朴：《泰西民法志》，胡贻谷译，商务印书馆 1912 年版，第 101 页。
③［英］克卡朴：《社会主义史》，李季译，亚东图书馆 1920 年版，第 158 页。

从上表的对比可以看出，尽管在今天看来胡贻谷在术语的翻译上不甚准确，但基本上简单而明确地阐释了剩余价值产生的原理。并且在语气上有一种为劳动者打抱不平的情绪。李季的译文则紧紧追随原著的表达，在情绪的阐发上也较为理性。类似的是，二人都较为贴切且清晰地表达了马克思的剩余价值产生原理的观点。

关于资本主义发展的必然条件的阐述，李季的译文明显更易理解。这说明马克思主义早期译介的发展是十分迅速的。除却语言形式从文言文进步为白话文外，对马克思主义专业术语的表述在短短8年间也产生了翻天覆地的变化。"垄断""生产（的）工具""劳动阶级""交换"等专业术语都在中国语境中得到确认。

表6 胡贻谷与李季关于马克思主义专业术语的表述比较

英文原文	胡贻谷译文（1912年）	李季译文（1920年）
The conditions necessary to the existence and growth of capitalism, therefore, are as follows: A class, who have a virtual monopoly of the means of production; another class of labourers, who are free, but destitute of the means of production; and a system of production for exchange in a world market.①	夫资本之得占优势，其来源不一，必有凭借权势者囊括殖产资料一也。必有转徙觅食者，隔绝殖产资料二也。必有交换制度，运货于世界商场，三也。②	资本主义的存在及发达所必需的条件如下：（一）有一种阶级垄断生产的工具；（二）另有一种劳动阶级，他们虽是自由的，但是缺乏生产的工具；（三）因交换于世界市场而起的生产制度。③

① Thomas Kirkup: *A History of Socialism*, Peass eds. A and C. Black, 1913, p.132.
②［英］克卡朴：《泰西民法志》，胡贻谷译，商务印书馆1912年版，第101页。
③［英］克卡朴：《社会主义史》，李季译，亚东图书馆1920年版，第158页。

此外，还有非常有意思的一点，就是原著对于马克思派社会主义的总结，胡贻谷与李季的译文相比，少了重要的一条，这应当引起我们的注意。

胡贻谷的译文是这样的：

马所举民法学之纲要，分列如下。一、上下古今，以物理学贯彻之。二、民间政法教宗哲理诸要端，一以理财为本。三、自十五期以后，积财与劳力者，始分资本制度之阶级。四、积财者以尅减佣银而日富，劳力者以仅足养生而日贫，民间殖产，惟富者承其利。五、工人结团，民俗日趋扰乱。六、扰乱并起，愈进愈剧，将使中人以上之富户，不复能掌财产之权。七、劳力家握政权，化私财为公有，人益晓然于殖财公共之理，为止乱第一法。八、永费旧政府，以去生计之赘疣，别建新政府，以实行董理工业之权。①

李季的译文则同原著一样，总结为九条：

我们为便利起见，可以将马克思派的社会主义总括如下：（一）唯物的世界观及唯物的历史观。（二）研究的辩证法。（三）经济制度是社会制度的基础；社会，宗教，和哲学之法律上及政治上的组织，是按照经济的基础而规定出来的。（四）资本主义之历史上的发展；从十五世纪以来，资本阶级是怎样发达的，和他对峙的无产阶级是怎样发生的。（五）资本阶级利用并且积集含于生产物中的赢馀价值，遂至巨富，而无产阶级所得的工钱，仅足维持生活。这种情形是社会的生产和资本主义的利用。（六）工厂的组织；社会的纷乱。（七）这种纷乱当山谷而上大危机的时候，愈加利害，即此可见中等阶级再没有能力去宰制生产上的势力。（八）要解决各种自相矛盾之点，只有明白承认生产的社会性。无产阶级将恒之殇的权力攫入手中，然后将生产工具变为社会的财产。（九）国家想来是一种压制生产阶级的机关，将来会变成一种无用之物，自然消灭。从此以后，政府的职务就在管理工业上的进行事宜。②

---

① [英] 克卡朴：《泰西民法志》，胡贻谷译，商务印书馆1912年版，第107—108页。
② [英] 克卡朴：《社会主义史》，李季译，亚东图书馆1920年版，第171—172页。

通过对比可以发现，胡贻谷没有翻译原文第二条"Dialectic method of investigation"。英文原文逐条标注了罗马数字，照理说应该不致遗漏。在笔者看来，这与《泰西民法志》的翻译动机有关。胡贻谷受李提摩太之托，翻译的过程是站在基督教的立场之上的。包括基督教在内的神学，研究的是上帝的哲学，哲学则研究人类和客观世界。前者运用的是辩证法以外的理性思辨，后者则运用包括辩证法在内的哲学思辨。因此，为了避免辩证法的方法论传播开来，引发传播基督教福音的不必要的阻碍，胡贻谷刻意隐去了辩证法这一条原则。

总的来说，《泰西民法志》与《社会主义史》对马克思学说观点的阐述基本符合原意。胡贻谷的译文更简洁，但经过了译者的加工，做了重新表述。李季则在句式、语法上更忠实于原著。

三、翻译策略具有相似性

尽管《泰西民法志》与《社会主义史》在语言风格和译介方式上几乎迥异，胡贻谷与李季在对异质文化的处理方式上却存在一致性。我们可以通过观察译者的翻译概念，来反推其对于中国社会历史处境的把握和中国文化的定位。以社会主义思潮在中国的早期传播为例，就接受文化的结构来看，中国早期知识分子习惯于用形而上的方式方法来解读社会主义，加上根深蒂固的"家国天下"思想的影响，知识阶级从心理到思维都更倾向于将传统的平均观念强加于社会主义思想之上。

胡贻谷在序言中，大谈墨家的"兼爱"思想，并赋予该思想缓解贫富差距的意义，进而引申出对资本主义的批判。在胡贻谷看来，《墨子》中描绘的和谐愉悦的劳动画面与社会主义遥相呼应。因此，他提倡将"兼爱"思想发扬光大，实现中国的"社会主义"。这是典型的将西方文化纳入中国传统文化语境的行为。李季在这方面与胡贻谷如出一辙，前文所述关于术语的选择与重建就体现了这种倾向。胡、李二人并非个例。蔡元培先生在为李季《社会主义史》作的序开篇就讲"我们中国本有一种社会主义的学说"，接着列举了《论语》《礼运》以及《孟子》中关于人人平等、天下大同的思想，和《周礼》《孟子》《汉书·食货志》中的社会政策。蔡元培将这些思想或政策理解为"社会主义"，体现了传统文化对早期知识分子根深蒂固的影响。19世纪末，提到"社会主义"，知识界常用"安民新学""安民之学"等概念来与之对应，又有康有为、梁启超等的"人群之说""合群之说""人群主义"的说法，还有宋教仁的"民胞物与之主义，太平大同主义"等表述方式。中国早期广泛传播的对社会主义的理解，存在以中国传统文化解读社会主义思潮的倾向。这就是所谓的中国的"社会主义思想"。

译介是将一种文化符号转化为另一种文化符号，目的是使目标文化地的受众了解和领会源文化地的某种思想或学说。马克思主义传入中国，译者基本上采取"归化"的手段来处理这种异域文化。即便当时的中国内忧外患，知识分子仍然将自己所属的中华文化定义为中心。这样的民族自尊心和责任心，迫使他们选取可能适合中国的思想，运用中国文化去调试和剪裁，试图使其为中华民族的复兴添砖加瓦。可以说，马克思主义文化的传入不是中华文化去适应它，而是要融入中华文化，必须适应中国的社会、文化特点。异质文化的接受过程也是在中国语境下重构的过程。从某种程度上讲，马克思主义的传入预示了马克思主义中国化的必然结果。但是就马克思主义的早期传播来讲，社会主义相关译著在中国更多的是扮演一种"传话筒"的角色。这些传播开启了民智，为社会主义思想在中国生根发芽奠定了基础。后来，科学社会主义思想系统传播开来，中国共产党人开始有了自己的思考和判断，自觉将马克思主义与中国实际相结合，才真正从理论和实践上开始社会主义道路的探索。

附录四　李季与马克思主义经济学在中国的传播研究 [①]
——兼论河上肇《马克思主义经济学》中译本的术语建构策略

20 世纪上半叶，马克思主义经济学说在中国的传播经历了从偶然性介绍到系统性阐释的过程。此间诞生的一批译著极大地推进了马克思主义经济学大众化的进程。这些译著从学理角度为阶级斗争的理论提供了科学的政治经济学分析，从现实角度为我们党正确分析当时的社会性质及革命道路提供了理论指导。李季是较早开始这一探索的翻译家之一。李季版《马克思主义经济学》是在对社会现实的认知及对马克思主义经济学总体理解的基础上诞生的。该著是继《价值价格及利润》和《通俗资本论》之后，李季传播马克思主义经济学的又一次尝试。《马克思主义经济学》中的术语强烈受到日本语境的影响，同时兼有中国传统文化的印记，体现了翻译界发展的大致脉络。同时，该著在推进马克思主义经济学大众化、鼓动无产阶级觉醒及促进马克思主义理论的系统化传播方面，起着明显的积极作用。

马克思主义政治经济学说在中国的传播较科学社会主义学说晚一些，这与阶级斗争理论首先被注意到有关。恩格斯曾经强调，无产阶级政党"全部理

[①] 该部分已发表，收录入《〈马藏〉研究》（第三辑），科学出版社 2022 年版，第116—132 页。

论来自对政治经济学的研究"①。当唯物史观逐渐被国人接受时，理论界亟须揭示出这一理论背后的经济学原理。这一需求很早就被李季敏锐地觉察到，他于1922年翻译出版了《价值价格及利润》（陶孟和校阅，商务印书馆），1926年翻译出版了《通俗资本论》（亚东图书馆），1929年翻译出版了《社会经济发展史》②（亚东图书馆），1932年翻译出版了《马克思主义经济学》（上海人民出版社）等论著，是国内较早译介马克思主义政治经济学的学者之一。李季的这些译著深刻剖析了资本主义生产关系，将剩余价值学说呈现在国人面前，不仅为我们党领导工人进行阶级斗争指明了目标和方向，也为新民主主义革命的胜利及社会主义革命和建设提供了理论依据。

一、马克思主义政治经济学著作的引入与系统传播

1903年，赵必振翻译了日本著名社会主义学家福井准造的《近世社会主义》，书中对《资本论》的核心内容进行了比较详细的介绍，并初步引入了马克思主义政治经济学术语。学界普遍认可将该著的问世作为中国马克思主义政治经济学的传播起点。马克思主义政治经济学在中国的系统传播则是五四运动前后。全国范围内涌现的一批以北京大学马克思学说研究会为代表的学习和研究马克思主义理论的小组，为系统传播马克思主义提供了队伍保障。相较于前期个人的带有偶然性的接触和介绍，此时的译介活动规模明显壮大起来。在陈独秀、李大钊的引领下，诸多报刊纷纷发表介绍马克思主义理论的文章。同时，一批马克思主义经典著作的译本也有计划地相继面世。当时，知识界已积累了一定的马克思主义传播基础，一些知识分子能够从宏观角度对马克思主义理论进行理解和把握。这些文章和译著更加准确和到位地补齐了马克思主义理

①《马克思恩格斯文集》（第2卷），人民出版社2009年版，第596页。
② 初版署笔名王冰若，1932年再版后署名李季。

论传播的空白。1919 年，在李大钊的运作下，《晨报》副刊专门开辟了《马克思研究》栏目，陆续连载了马克思的《劳动与资本》和考茨基的《马氏资本论释义》中译文。同一时期，《国民》杂志第 2 卷第 3 号刊载了费觉天翻译的《马克思底资本论自序》（《资本论》第 1 版序言）。

1921 年中国共产党成立后，对于宣传事业，提出最紧要的是以人民出版社为中心，出版一批马克思主义丛书。《共产党宣言》《资本论入门》等影响了一大批早期知识分子的著作都是这一时期出版的。当然，最引人瞩目的莫过于马克思主义政治经济学巨著《资本论》的翻译。早在 1921 年，李大钊就引导马克思学说研究会的青年学生着手翻译《资本论》第 1 卷，但最后由于种种原因并未公开出版。直到 1930 年，上海昆仑书店出版了陈启修（陈豹隐）译《资本论》第 1 卷第 1 分册。1938 年之前，国内陆续出版了不同版本的《资本论》第 1 卷中译本。1938 年，郭大力、王亚南合译的《资本论》1—3 卷，经由读书生活出版社出版发行，终于呈现了《资本论》全貌。

当然，从苏联传来的政治经济学教科书对于普及马克思主义经济学知识而言功不可没。如 1927 年新青年社出版的《经济科学大纲》，即是施存统译自蒲格达诺夫的。后来，先后修订 7 次之多的 N. 拉比杜斯、K. 奥斯特罗维季扬诺夫的《政治经济学》更是影响了一大批知识青年。这些教科书以明确的体系、简练的语言，搭建起较为精准的马克思主义经济学基本框架，对于中国马克思主义经济学的普及是卓有成效的。在此期间，从日本渠道传来的马克思主义政治经济学著作同样功不可没。1922 年，商务印书馆出版了高畠素之著、施存统译《马克斯学说概要》。1929 年，河上肇著、陈豹隐译《经济学大纲》由上海乐群书店出版。这都是经过日本社会主义学家解读后的马克思主义经济学译著。这一时期经由日本传来的马克思主义译著明显地带有日本文化的痕迹。李季译《马克思主义经济学》也是如此。这些译著的传入，为马克思主义政治经济学中国化奠定了深厚的基础。早在五四运动前后，李季就开始着手翻译《社会主义史》。该书于次年作为"新青年丛书"的第一种出版发行。该著评价"社会主义是'受压迫各阶级的经济哲学'"[1]。在梳理社会主义主要流派的过程中，第7章"马克司"对科学社会主义学说进行了整体的介绍。虽然原著存在某些错误，但客观上对李季产生的思想启蒙作用是不能抹杀的。彼时的李季逐渐拨开各种思潮的迷雾，选择站在科学社会主义一边。

马克思主义经济学说的深入传播，直接影响了我党探索革命道路的方向。党的二大正确分析了我国的经济特征，提出我们既处于军阀官僚的封建制度的把持下，又受到帝国主义列强的操纵，并据此提出党的纲领。面对严峻的革命形势，毛泽东指出，"不可不将中国社会各阶级的经济地位及其对于革命的态度，作一个大概的分析"[2]。《中国社会各阶级的分析》《湖南农民运动考察报告》等文章，皆从经济地位出发对中国各个阶级的情况展开深入分析，以此推动革命进程。这些分析既是对国情的冷静观察，也是自觉运用马克思主义政治经济学观点分析现实的结果。对于社会性质的正确分析是党领导工农联盟取得新民主主义革命胜利的根本前提。

二、《马克思主义经济学》的术语考察

《马克思主义经济学》是河上肇负责"监修"的《马克思主义讲座》第二篇第一章，在内容上不包括劳动价值说。日本上野书店于1928年和1929年两次将其作为单行本发行。关于这本小册子的作用，河上肇在序言中直言，"本书对于初学的人，虽然有不少的缺点，然而对于传播马克思主义经济学的根本纲要却有多少成效，这是著者聊足以自负的"[3]。该著的写作背景是，日本年度总选举时，虽然日本无产阶级出现在选举场所，但结果是占日本人口百分之五

①[英] 克卡朴：《社会主义史》，李季译，亚东图书馆1920年版，第7页。
②《毛泽东选集》（第1卷），人民出版社1991年版，第3页。
③[日] 河上肇：《马克思主义经济学》，温盛光译，启智书局1928年版，第2页。

的大资产阶级赢得了百分之九十五的选票。在河上肇看来，这一结果极为讽刺。他希望读者能够通过现象看本质，不要被表面现象所蒙蔽。表面现象不仅有可能与事实不符，还有很大概率与事实完全相反。所以他要求读者拨开遮蔽在资产阶级面前的面纱，看到资本主义生产的本质。为此，河上肇在第一章时就强调，要把马克思主义经济学作为一种科学来看待，因为科学的任务是揭示事物的本质和现象形态，也就是揭示资本主义社会运行的法则。整本书在唯物史观和辩证法的前提下，对资本主义的生产、流通领域，就生产力与生产关系的矛盾运动、资本家之间的竞争和金融资本的霸权展开详细论述，是一部将唯物史观应用到经济学领域的力作。

1932 年，李季译《马克思主义经济学》在上海由人民出版社刊行。河上肇在原著中强调，为了减少普通民众被资本主义生产蒙骗的现象，运用一种辩证的视角，将唯物史观贯彻到经济领域，是一项极为重要和紧迫的事业。李季对此颇为认同，他在译者跋中表示，该著"在曝露资本主义社会的实质和指出无产者大众的出路一点上，比较其他著作更为明显更为有力。所以我们不但可以把它当做'资本论解说'来看，并且可以当做译本'无产者政治必携'来看——这也就是我动笔来译这本书的动机"[1]。明确表达了自己翻译《马克思主义经济学》的初心。

河上肇《马克思主义经济学》的日文原本已无法找到。为展开术语的比对考察，选定温盛光 1928 年译本作为对照的对象。[2]温译本依照的是 1928 年第一版，同年由上海启智书局出版。李季依照的则是 1929 年第二版。两版在正文方面没有区别，除序言外，唯一的变化是，1929 年版中河上肇将自己《经

---

[1]［日］河上肇：《马克思主义经济学》，李季译，人民出版社 1932 年版，第 170 页。
[2] 温盛光出身于广东省梅州市梅县区松口镇车田村的一个农民家庭，生卒年不详。兄弟共 5 人，温盛光排行第二。温盛光早年东渡日本，在日本东京开饭馆。其胞弟温盛刚于 1926 年在北京师范大学参加中国共产党，1927 年"四一二"反革命政变后，来到日本投靠二哥温盛光，经哥哥介绍认识了日本"左派"作家秋田雨雀。不久，温盛光因与日本共产党来往而被当局逮捕，1928 年遭驱逐出境。由此可见，温盛光长期与日本共产党有密切联络，因此，对于马克思主义理论也有较为深刻的带有日本特色的理解。

济学大纲》第一篇第一章第一节的内容"当做商品的构成分子看的使用价值及价值"作为附录附在了最后，以此来弥补劳动价值论部分的缺失。李季在翻译时，为了照顾全书的完整性和逻辑性，以及希望尽快出版以飨读者，将陈豹隐对河上肇《经济学大纲》这一部分的译文直接拿过来插在了第一部分的后面，其后的内容依次推后。其他部分则与温译本参照同样的日译本内容译出。

《马克思主义经济学》李季译本中的基本观点与马克思主义经济学说相符。在具体的术语的选择上，李季译本与温盛光译本[①]存在一定出入。彼时我国民族资本主义的发展尚在襁褓中，资本主义社会经济相关词汇在汉语语境中很难找到完全对应的词汇。再加上此时日本作为我国马克思主义传播的主渠道，在语言文化上有一定的同源性。因此，这一时期的马克思主义译著受日译本很大影响。关于翻译界受日本渠道的影响，侯外庐回忆道："日译名词、概念大部分用汉字书写，这给中译者带来的便利是不言而喻的。但是，由于日文汉字的含义不能等同中文汉字的本义，翻译者的便利并不一定意味读者理解的便利，有的时候，甚至于也存在日文汉字直接搬入中文时，其中文义扭曲了原著本义的情况。我们翻译《资本论》的时代，理论界通用名词和概念早已日本化了。王思华和我，对于以往译届无选择、无分析地搬用日译语所导致的弊病深感头痛。为了尊重习惯，我们沿用了许多日译名词和概念，但对部分的名词和概念实难苟同。"[②]对这些术语进行考释[③]，有助于我们厘清中日文化互动下马克思主义译介的脉络和轨迹。

---

① 本文的对照研究：温盛光译本是指河上肇著、温盛光译《马克思主义经济学》，启智书局1928年版；李季译本是指河上肇著、李季译《马克思主义经济学》，人民出版社1932年版。
② 中共中央马克思恩格斯列宁斯大林著作编译局：《马克思恩格斯著作在中国的传播》，人民出版社1983年版，第73—74页。
③ 考释过程除参考同时代译著外，相关数据和解释主要源于"全国报刊索引"数据库及1929年吴念慈、柯柏年、王慎名合编的《新术语辞典》。编者在该辞典编辑凡例中表示，"我国翻译外国术语，极不一致。本书采用其最流行的或最正确的，并附注原辞，以便读者对照"。参见吴念慈、柯柏年、王慎名合编：《新术语辞典》，上海新文艺书店1932年版，编辑凡例第2页。

（一）恐慌与危机

以《共产党宣言》为例，"恐慌""商业上的恐慌"等词或词组早在1906年就出现在堺利彦的日译本中，这一翻译被陈望道首先引入中译本。经过长时间的演变，"恐慌"逐渐被"危机"所取代。"恐慌"和"危机"都是汉语词汇。"恐慌"本意为"恐惧惊慌"。清末民初，徐珂编的《清稗类钞》有记载："宣统时，物价日昂，生计日绌，其恐慌情形，几遍于通国矣。"[①] 将"恐慌"与"物价"联系在一起，使该词具备了"经济恐慌"的意味。这种用法为陈望道直接使用日语词奠定了语义基础。在《新术语辞典》中，"恐慌"对应的就是 Crisis，编者从资本主义生产、再生产和交换的过程解释了其含义，并且指出"恐慌"伴随着周期性加剧的特点，也即"恐慌循环"（Cycle of Crisis）。[②] 至于"危机"，该词典并未收录。

但回溯汉语表达会发现，"危机"的渊源更长远。《文选·与嵇茂齐书》有记载："常恐风波潜骇，危机密发。"[③] "危机"表示一种潜藏的危险或祸害，后来引申出"生死成败的紧要关头"的含义。"经济危机"从而带有"经济发展的转折点"之意。通过"全国报刊索引"高级检索，分别检索"经济恐慌"和"经济危机"可以发现，自1900年以来，"恐慌"和"危机"在汉语的表达中兼而有之。1930年之前，"经济危机"的使用频次稍稍超过"经济恐慌"。1930年至1939年，则反了过来，检索"经济恐慌"可以得到1635条结果，"经济危机"则为1136条。1940年之后结果再次反转，"经济危机"的使用频次大幅提高，超过前一时期"经济恐慌"的使用频次，"经济恐慌"的频次则急剧下降（见下图）。这个时候，"危机"或"经济危机"作为"panic"或"crisis"的对应词基本确定下来。

《马克思主义经济学》的两个译本不约而同地将资本主义生产过程中周期

---

① 徐珂：《清稗类钞·诙谐类》，中华书局1984年版，第1879页。
② 吴念慈、柯柏年、王慎名合编：《新术语辞典》，上海新文艺书店1932年版，第213页。
③ 萧统编选：《文选·卷四十三》，中华书局2019年版，第407页。

性的危机译作"恐慌"。从时间上来看，温、李二人的译本处于"恐慌"和"危机"两词通用时期，且即将出现"恐慌"出现频次高过"危机"的阶段。这种趋势的出现一方面源自以陈望道为代表的早期马克思主义翻译家受到日本社会主义学家的直接影响，为国内翻译界开了榜样示范式的先河；另一方面源自中国传统语境中对"恐慌"一词含义的引申，使其具有新的历史含义。两相影响之下，造成翻译界在 20 世纪二三十年代词汇选择上的倾向性。后来"危机"重新以压倒性的优势代替"恐慌"则是 20 世纪 40 年代之后的事情了，这里不再展开论证。

（二）有产阶级、资产阶级及资本家阶级

通过对比，李译本的第 10、12、13、23 页皆使用"有产阶级"，温译本则使用"资产阶级"；李译本第 97、100、111 页使用"资本家阶级"，温译本对应的依然是"资产阶级"。由此可以看出，温译本对这一术语的翻译相对固定，李季在翻译时则显得相对随意。根据马克思主义术语研究学者李博的观察与研究，"有产"概念的得来与"无产者"有直接关联。河上肇为"Proletarier"选取的对应词是"無産者"，为了与此相对应，他把"Bourgeois"译作"有产者"。1919 年，河上肇在《マルクスの社会主義の理論的體系》中开始将"Bourgeoisie"翻译为"有产者阶级"。由于受到河上肇博士的深刻影响，李大钊原封不动地将"有产者"与"有产者阶级"引入国内 [1]，并带动了马克思主义理论界的相应变革。根据汉语的语素建构原则，后来逐渐把"有产者阶级"的"者"字省略掉，变为"有产阶级"。[2]

然而，自 20 世纪 20 年代开始，国内翻译界发生急剧变化。为了配合异质文化的输入，译者将日本的原词引入，但有些词汇并不符合汉语的构建方式和使用习惯。因此，后来在译本的更迭中，术语一再发生变化，一些词汇被汉语

① 李大钊：《我的马克思主义观》，《新青年》1919 年第 6 卷第 5 期。
② [德] 李博：《汉语中的马克思主义术语的起源与作用：从词汇—概念角度看日本和中国对马克思主义的接受》，赵倩，等译，中国社会科学出版社 2003 年版，第 356 页。

词汇所取代。当然，也有一些词汇从此固定下来，在中文语境下有了更丰富的含义。不久，"有产阶级"开始为"资产阶级"所取代。

"资产"的表达由来已久，在古代汉语中指财物、田地、房屋的总称。如《后汉书》记载："扶风人孟伦，资产饶赡，与奴朋结，倾竭馈问，无所遗爱。"[①]"全国报刊索引"选定1920年之前检索"资产"一词，共显示636条结果。其中，中文结果156条，最早的记录为1895年《新闻报》的报道——"论籍没僧道资产以充军费"，其中的"资产"含义与现在基本一致。20世纪最初的20年，以陈独秀为代表的一批知识分子开始重新用"资产"一词，将其同"阶级"放在一起，构成"资产阶级"。陈独秀曾撰文对政治发表评论："要扫除这种不平这种痛苦，只有被压迫的生产的劳动阶级自己造成新的强力，自己站在国家地位，利用政治、法律等机关，把那压迫的资产阶级完全征服，然后才可望将财产私有，工银劳动等制度废去，将过于不平等的经济状况除去。"[②]"资产阶级"这一词组很快得到广泛接受并逐渐替代了"有产阶级"的表达，这使"资产"这个古老的汉语词汇重新焕发了生机和活力。《新术语辞典》同时收录了"有产阶级"与"资产阶级"，但在"有产阶级"处标注"'有产阶级'即是'资产阶级'。〔详见'资产阶级'〕"[③]。《辞典》对于"资产阶级"的解释，在回溯了西欧的阶级划分后，提出"近代的'资产阶级'是拥有社会的生产手段，雇用工资劳动者，而榨取得剩余价值之阶级，即是'资本阶级'。有人音译为'波尔乔亚'"[④]。这说明尽管两者都在使用，至少在1929年前后"资产阶级"的用法要更流行。

"资本家阶级"的用法比较少，通过"全国报刊索引"检索只有3条结果，《新术语辞典》亦没有收录这一用法。但在"资本主义"这一词条的解释中，

---

① 范晔：《后汉书》（卷七十八），中华书局2007年版，第688页。
② 陈独秀：《谈政治》，《新青年》1920年第8卷第1期。
③ 吴念慈、柯柏年、王慎名合编：《新术语辞典》，上海新文艺书店1932年版，第258页。
④ 吴念慈、柯柏年、王慎名合编：《新术语辞典》，上海新文艺书店1932年版，第466页。

编者连续使用两次"资本阶级"。"在资本主义之下，资本阶级于经济上占优越的地位，故获得政治的支配权力（国家）。资本主义社会是资本阶级立于政治的和经济的支配者的地位之社会。"①除第二部分（此部分为李季借用的陈豹隐的译文，他自己未进行翻译）外，李译本中"资本家阶级"只出现了两次，分别在第97页和第100页。但陈豹隐翻译的第二部分，"资本家阶级""资本家（的／之）社会"在第15页中就出现了6次。如果说"有产阶级"是李季翻译词汇的更新相对滞后，那么，两次"资本家阶级"的表达一方面反映了那个时代跨语境文化传播的张力，另一方面，或许是出于对陈豹隐译文的观照，以照顾全文表达的一致性。当然，"资本家阶级"的表述严格来讲算不上是错误。《新术语辞典》指出："'资本家'即是资产阶级之成员，凡以资本榨取劳动者的，就是资本家。〔参看'资产阶级'。〕"②按照这一解释来看，资产阶级的成员级上"阶级"后缀，在意思上与"资产阶级"是完全相通的。因此，对于这一阶级的指称，除"资产阶级"占绝对优势外，"资本阶级""资本家阶级"的用法也同时存在。这种现象反映出当时翻译界标准的不固定，但在意义的传达上，并未造成明显歧义，这也是多词得以混用的原因所在。

（三）资本家的生产方法与资本主义的生产方法

据侯外庐回忆，《资本论》开卷第一句话提出"资本家的生产方式"③，然而这一表达在大部分日译本中译作"资本主义的生产方式"。因为"Kapitalistische"并没有"主义的"含义，并且把某个人或阶级的生产方式译作某种主义的生产方式，实际上更抽象了，增加了读者理解的难度。侯外庐特别提到，在众多的日译本中，河上肇的译法是个例外。他在《资本论》译本中

---

① 吴念慈、柯柏年、王慎名合编：《新术语辞典》，上海新文艺书店1932年版，第456页。
② 吴念慈、柯柏年、王慎名合编：《新术语辞典》，上海新文艺书店1932年版，第462页。
③ 德文原文为"Kapitalistische Produktionsweise"，英译本为"the capitalist method of production"，法译本为"de Production capitaliste"，后两种译本都郑重地保留了德文原意。

采用了"资本家的生产方式"的表达，这鼓舞了侯外庐和王思华，因此，他们确定采用这一译法。但是，以高畠素之为代表的日译本的"资本主义的生产方式"的译法带有压倒性优势，在一定程度上改变了人们对这一词组含义的接受程度。[①]受河上肇的直接影响，温译本和李译本都采用了"资本家的生产方法"的表述。

《新术语辞典》中收录了"资本家社会"一词，解释为"行着资本主义的社会"[②]。"资本家社会"加上助词"的"可以变为"资本家的社会"，这样一来，"资本家的"与"资本主义的"基本可以画上等号。由此推断，"资本家的社会"与"资本主义的社会"，"资本家的生产"与"资本主义的生产"，"资本家的制度"与"资本主义的制度"，其中助词"的"可以视情况省略，因此是通用的。20世纪二三十年代的中文著作中，诸如此类的表达确实存在。尽管从翻译规则和学理上来看比较随意，但在一定程度上有利于大众接受。可见在词汇的选择上，马克思主义著作在日本学者的翻译中已经出现不同，这些著作传入中国后，像侯外庐、王思华那样去细致比较和选择的人属于少数。多数从事马克思主义译著的知识分子对这些词汇并没有特别加以区分，通用或混用的情况十分普遍。这也从侧面说明，在20世纪二三十年代，我国翻译界并未形成统一标准或明确界定，这种情况也绝非个例。

此外，还有一些词汇是从日语词汇中直接拿来的。如"分业"，现译作"分工"，是日语词汇"分業"的对应词。《新术语辞典》中只收录了"分工"而没有收录"分业"。由于编辑凡例已给出标准，我们有理由认为"分工"是当时更流行的表达。再如"工银""工银劳动者"等用法频繁出现在温盛光译本中。鉴于《共产党宣言》第一个中译本中就有"工银劳动者"的表达，因此，可以将其看作翻译界受日译本影响在国内的一种延续。但《新术语辞典》

① 中共中央马克思恩格斯列宁斯大林著作编译局：《马克思恩格斯著作在中国的传播》，人民出版社1983年版，第74页。
② 吴念慈、柯柏年、王慎名合编：《新术语辞典》，上海新文艺书店1932年版，第462页。

中只收录了"工资"，指"工人把他们底劳动力卖给雇主所得的代价"①，没有提及"工银"。

在翻译的准确性上，引人注意的是，在《马克思主义经济学》第一部分开篇，河上肇引用了列宁《唯物论与经验批判论》中的话，强调人类的最高课题是把握一般的经济进化（即社会的存在的进化）之客观的理论，使人类的社会意识同这一理论相适合。②然而，温译本搞错了句子结构，将此句曲解为将人类的社会意识与资本主义国家中进步阶级的意识相适合③。在这一点上，李季未迷失在原著复杂的长句式中，其译文更符合原意。这体现了他对唯物史观方法论的把握程度，以及严谨的翻译态度。当然，在句式的铺陈方面，李、温二人的译本内容都存在不同程度的层叠，不够紧凑和凝练，并且某些语言的表达不够学术化的问题。总的来讲，《马克思主义经济学》中译本的术语构建同时受中国传统文化和日本文化的影响，在语言风格上偏向大众化，方便读者阅读和理解。

三、李季对马克思主义政治经济学的传播贡献

自唯物史观传入中国，其中关于经济基础的决定性作用就被国人接受了下来，因此，许多早期知识分子甚至将唯物史观与经济史观直接画等号。李大钊就曾指出，将唯物史观称为"经济的历史观"更妥当些。这一现象的出现与唯物史观在中国早期传播的渠道大有干系。日本著名学者河上肇就是"经济史观"的倡导者，而他的这一观点直接承继于塞利格曼的《经济史观》。因此，一大批中国知识分子就直接从河上肇那里拿来了这一观点。这一方面体现了先进同人们对于主要矛盾的抓取能力，另一方面，也暴露出他们对唯物史观的理解偏离了马克思主义的精神原旨。值得称许的是，李季从未将唯物史观等同于经济

---

① 吴念慈、柯柏年、王慎名合编：《新术语辞典》，上海新文艺书店1932年版，第177页。
②［日］河上肇：《马克思主义经济学》，李季译，人民出版社1932年版，第1页。
③［日］河上肇：《马克思主义经济学》，温盛光译，启智书局1928年版，第1页。

史观。不仅如此，他也没有陷入"经济决定论"的漩涡。为了厘清唯物史观同经济学的关系，李季翻译的一批马克思主义经济学相关的著作，尽力向大众解释何为资本主义经济、资本主义生产的秘密是如何被隐藏的，进而揭示出资本主义的未来发展及中国应该选择一条什么样的道路。

（一）推进马克思主义政治经济学大众化

《价值价格及利润》（1922年）是李季关于马克思主义经济学的第一部译作，原著根据马克思的一篇演说稿整理而成，全书120余页。该著阐释了马克思关于价值论的主要观点，揭示了剩余价值的来源。李季在译者序言中对马克思主义著作给予了高度评价，称"马克斯的著作共产党的圣书，是正统的社会主义者的思想的源泉"①。1926年，李季翻译出版了博洽德的《通俗资本论》，该书共24章，基本囊括了马克思《资本论》的重要内容。当时，国内马克思主义经济著作十分匮乏，仅存的几部也几乎处于无人问津的境地。王凡西在《毛泽东思想论稿》中还原了这种历史状况。在他看来，不仅马克思主义的经济理论没有受到应有的重视，而且马克思主义关于革命的理论获得的重视程度也远远不够。那些参加或领导了1925—1927年革命的共产主义者，虽然多数人读过郑超麟翻译的布哈林与普列奥布拉任斯基合著的《共产主义ABC》，但读了李季翻译的《通俗资本论》的则是凤毛麟角。后一种人在当时可以算是高级理论家了，李季在当时马克思主义翻译界的地位也可以由此窥见。

关于翻译《通俗资本论》的目的，李季认为，当时国内批评马克思学说的著作逐渐多起来，但读后令人大失所望，所谓的"批评家"对于马克思的学说大都是门外汉，没有研究过这种学说，偏好将一知半解发表出来。这些议论本来是信口开河毫无价值的，但是鉴于其发言者在理论界的地位，加上国人鉴别能力薄弱，竟也能哗众取宠。尤其《资本论》在欧洲大陆还有"劳动阶级的圣经"

---

① 马克思：《价值价格与利润》，李季译，商务印书馆1922年版，序言（一）。

之称。因此,李季希望将马克思的学说尽量忠实地介绍过来,以制止那些"批评家"的信口开河。"因为《资本论》的终极目的是在'表现近世社会的经济运动律'"①为了引导更多的初学者接触进而了解《资本论》,李季选定《通俗资本论》这一大众读本进行翻译。事实上,《通俗资本论》可以看作马克思主义政治经济学的高度凝练,涵盖了《资本论》一、二、三卷最重要的内容,既全面又详略得当,使《资本论》可以以一个整体的形象与读者见面。更为难得的是,《通俗资本论》中90%以上的文字出自马克思的手笔,博洽德只是将这些文字衔接起来或是将一些难懂的词句通俗化,最大程度保留了马克思的原意。在章节的编排上,博洽德稍微改变了次序,把第三卷的一些内容放在前面,由易入难,"使之通俗化"②。简单来说,此书是《资本论》的简明本,这是高于其他类似著作的地方。将该著译介到国内,有利于推动《资本论》的广泛传播。

另外,李季翻译《社会经济发展史》也是基于普及马克思主义经济学知识的考量。一般来说,马克思主义经济学方面的知识很难为一般群众所了解和掌握。《社会经济发展史》的原作者是德国的莱姆斯,他出身工人阶级,他的学识是从自己劳苦的自修中得来的,在为工人深入浅出地讲解经济知识方面具有丰富经验。这是李季选定《社会经济发展史》进行翻译的直接原因。客观地讲,这几部作品的面世确实极大地推动了马克思主义政治经济学大众化的进程。

（二）鼓动广大无产阶级走向觉醒

《马克思主义经济学》是一本帮助读者透过现象看资本主义生产的本质的简明读本。该著开门见山地指出,马克思主义经济学是一门科学,而科学的任务就是发见事物的本质和现象形态。"科学在这纠正其错觉的一点上已经是革命的了……马克思在经济学的领域的成就,也同样是革命的事业。"③要想在社

---

① [德]博洽德编:《通俗资本论》,李季译,亚东图书馆1926版,译者序言。
② [德]博洽德编:《通俗资本论》,李季译,亚东图书馆1926版,译者序言。
③ [日]河上肇:《马克思主义经济学》,李季译,人民出版社1932年版,第6页。

会的各个领域尤其是与人的利益直接相关的领域内成就一番事业，必然需要置身于非难、中伤、误解等压力之下。正如马克思所说："自由科学的研究，在经济学的领域，不仅要遇着像在别的一切领域一样的同一的敌人，而且因经济学处理的材料有特殊的性质的缘故，人们最激烈的最狭量的最可憎的情念，私的利益的复仇女神，都要被叫到战场上与经济学为敌。"[1] 作为科学的经济学，应当给大众提供一种指导原理，将他们从困厄中解救出来。这也是李季翻译和传播马克思主义经济学的目的所在。

对经济发展尤其是资本主义生产的本质展开研究，首先须采取一种正确的认识方法。"正确认识的方法，就是唯物辩证法。"[2] 通过辩证法对商品展开具体分析，会发现资本主义社会的一切矛盾的胚种。《马克思主义经济学》循序渐进地揭示出剩余价值如何在生产领域产生，以及为了最大限度提高剩余价值率，资本家先后发掘的绝对剩余价值的生产和相对剩余价值的生产两种剥削工人的手法，在此基础之上顺理成章地阐释革命的必然性。"产业的进步，对于劳动的需要，不是与资本之积蓄并行的。劳动的需要虽是增加，然而比诸资本的增殖，不过是递减的比例增加罢了。相对剩余价值带来的阶级矛盾更为尖锐，社会革命时期到来了。"[3] 生产力与生产关系的矛盾造成过剩人口产生，以及劳动者阶级的困厄。除了导致革命外，生产力与生产关系的矛盾还会导致资本家无法开展再生产。资本构成升级，不变资本所占比例增大，可变资本的分量与剩余价值率没有变化，全体资本增大，利润率下降，一般利润率也次第下落。不变资本增加，可变资本减少，会导致：一是失业人口增多，消费力下降，从而抑制生产力的发展；二是社会总资本的平均利润率下降，小资本没落，大资本集中，自由竞争变为垄断。资本家对于生产物所应支付的劳银榨取大半，于是生产物愈增加而购买生产物的力量愈减少，因而生产过剩，生产物的价格

①[日]河上肇：《马克思主义经济学》，李季译，人民出版社 1932 年版，第7—8页。
②[日]河上肇：《马克思主义经济学》，李季译，人民出版社 1932 年版，第 16 页。
③[日]河上肇：《马克思主义经济学》，李季译，人民出版社 1932 年版，第 107 页。

不得不下落。加上资本家扩大生产，进一步导致商品滞销，利润下降，危机产生。为了转移危机，资本主义国家将目光瞄向了世界。一旦后进国资本输入的可能性成熟了，先进国资本输出的可能性也就成熟了。以1931年的日本为例，其输出资本的主要投资地为中国，尤其是东三省，日本资产阶级对东三省的工场经营及炭矿铁道等投资约二十五万万元。[①]由此引起一系列蝴蝶效应，资本主义国家不满对世界的原本分割，发起重新分割的战争，世界范围内的侵略战争爆发。当竞争转化为垄断，金融资本占领霸权的时候，资本主义的最后阶段就到来了。人类社会历史的将来，是把生产关系统制于人类自身的意识之下，基于自由意志的人类协力而征服自然的历史。由此揭示出，无产阶级这个代表生产力之发展的阶级，必然是这个大变革的负担者。

表7　李、温译本的两处对比

页　码	李译本（1932年）	温译本（1928年）
16/15	我们无论怎样，却非根本的变更现代社会的组织不可。	我们觉得只有以革命的手段破坏这些社会组织。
103/73	（漏　译）	在商品法则的基础上的斗争，关于商品法则的斗争转化为非革命的和革命的斗争。

　　尽管李季无论是从译本的选择上，还是从翻译策略上看，都有意识地在推动工人阶级觉醒。但实事求是地讲，他的翻译也存在一些瑕疵。以《马克思主义经济学》为例，如表所示两处译文对比，在唤醒读者方面，李季显然不如温盛光更到位。这在一定程度上削弱了李季所谓"无产阶级政治必携"的力度。

---

① 雷啸岑：《国际资本战在中国的近况：译自日本外交时报》，《时事月报》1931年第4卷第1期。

（三）促进中国马克思主义理论传播的系统化

阶级斗争思想之所以一开始就被国民普遍接受，原因就在于这与中国的"贫民联合以制富人"的思想十分契合。贫富差距产生阶级分化进而引发阶级斗争，这一社会发展规律在唯物史观的阐释顺序上再次得到证明。由于中国当时的经济发展水平已经远远落后于西方资本主义国家，因此，经济相关的内容一度被译者轻视或搁置。就"资本"一词而言，在当时的中国文化中无法找到与之对应的词汇。所以曾与"财富"混用，这一现象完全将无产阶级与资产阶级之间丰富的阶级关系及阶级斗争的直接来源掩盖了。《大同学》中还对此加以发挥，将生产资料决定社会生产方式的历史唯物主义观点转化为贫民联合起来抵制富民是解决贫富分化的路径。由于这种夹带私货的处理，导致早期的知识分子全盘理解和掌握马克思主义基本理论成为泡影。

受当时中国社会经济落后、阶级矛盾尖锐的特点的影响，许多马克思主义著作传入中国后，译者在翻译时将重点都放在了阶级斗争上。值得一提的是，李季凭借对马克思主义的整体理解，始终没有放弃经济学思想的译介重点，这一点实属难能可贵。李季几乎将自己所有的译著都系统地置于唯物史观和唯物辩证法的语境之下。这种系统性体现在两个方面，一是注意对马克思主义理论的不同部分进行研究和传播。1920 年至 1923 年，他先后翻译了《社会主义史》《到自由之路》《现代奴隶制》《科学的社会主义之原理》《不要调和》《社会主义之思潮及运动》等。

1922 年到 1932 年，除尝试将唯物史观运用于中国历史的专门研究外，李季主要从事马克思主义经济学著作的译介。对马克思主义的译介从唯物史观到政治经济学（都内含着马克思主义哲学的基本原理），最后又回到唯物史观。李季对马克思主义理论三大组成部分的把握较为平衡，基本上没有偏废。并且他具备自觉运用马克思主义基本原理的意识，如 1921 年撰写的《社会主义与中国》一文，初步分析了利用马克思主义理论改变中国面貌的可行性，这是很值得称许的。1932年出版的《我的生平》《辩证法还是实验主义？》《对于中国社会史论战的贡献与批评》，以及1936年面世的《中国社会史论战批判》，在灵活运用唯物史观方面，他无疑前进了一大步。李季在选择翻译的原本时，十分重视理论的完整性。《社会主义史》从史学的角度梳理了社会主义的不同派别，使科学社会主义理论脱颖而出，及时填补了建党前期的理论空白。《通俗资本论》在内容上涵盖了《资本论》三卷本的主要内容，是对马克思主义经济学的集中阐释。《社会经济发展史》从原始共产主义谈到古代日耳曼的马克经济，从古代社会的奴隶经济谈到中古时代的地主经济，最后论及城市及城市手工业的发达。该著以历史的时间线为坐标轴，以唯物史观视角梳理了人类社会生产方法的演化和变革过程，也初步奠定了李季的社会史分期思想。这种系统性的译介和研究，对于推动中国马克思主义理论传播的系统化大有裨益。

译者在翻译行为中居于主体地位，除受到社会现实需求的驱动外，译者的知识构成和意识形态决定其对译本的选择和译文的整体呈现。成熟的翻译者常常有意识地规划自己的翻译事业，他们对思想界的空气有一种敏锐的洞察力，希冀通过对相关作品的翻译和介绍对存在疑虑的问题或补白或纠正，因此，他们在不同的社会历史条件下呈现不同的侧重点。李季对马克思主义经济学的传播即是如此。以《马克思主义经济学》为代表的几部经济学译著，在推进马克思主义经济学大众化、鼓动无产阶级觉醒，以及促进马克思主义理论的系统化传播方面，起到较为显著的积极作用。谈及翻译一事，李季认为这是"第二度"创作，因为受原文的拘束，所以不能"随便"，这充分体现了马克思主义翻译者的严谨态度和理论素养。

后 记

2016年9月，我有幸拜在导师程美东教授门下。经过博士一年级的课程和阅读，我对20世纪二三十年代的中国思想界产生浓厚兴趣。具体而言，集中在两点：一是马克思主义在中国是如何脱颖而出的，早期中国共产党人经历了怎样的理论学习和实践摸索；二是早期共产党人是如何宣传阐释马克思主义，以及动员工人、农民参与革命事业的。这两个问题都与马克思主义在中国的传播和运用密切相关。查阅一番文献之后，尽管我直觉上觉得自己要往这个方向去做，但具体的选题落在哪个点上还是一筹莫展。一方面，我觉得20世纪二三十年代的中国思想界异彩纷呈，极具魅力，有一种一头扎进去一探究竟的冲动。另一方面，我也深知自己的理论素养薄弱，担心找不准抓手而湮没在文海中。博士二年级下学期，在与程老师的一次选题讨论中，我表达了自己的想法，也直言了担忧。程老师听完后略作思考，建议我选定李季做一个人物研究。

当时，我对李季的了解仅限于知道他毕业于北京大学，曾经从事翻译工作，最著名的译作是《社会主义史》，其他一概不知。后来我才知道，关于李季与马克思主义在中国传播的研究确实不多，由于一些历史原因，他一直被排除在马克思主义谱系之外，这不能不说是一种遗憾。带着一种好奇和补白的使命感，我围绕李季与马克思主义在中国的传播展开研究。"历史是一面镜子，照见过去的同时也照见未来。"尽管我只是从这一面大镜子选取了小小一角，但是对于非史学出身的我而言，通过历史的折射理清过去与现在同样是一项艰巨的任务。这项研究看似简单，实际上在人物之外，涉及他所处的整个时代。

博士论文的写作像是一场短暂的修行，也像一次考验耐力的马拉松，既有严肃的学术训练，又表现出一种学术延展，是青年学者开启独立学术研究的一次大演习。之所以说拜在程美东教授门下是幸运的，是因为四年来我常常被导师一丝不苟做学问的态度与严谨的学风折服。我的论文从选题到写作，每一个环节都得到程老师的细致指导与热心帮助。他总是不厌其烦地叮嘱我，做学问既要注意横向的比较研究，又要注意挖掘理论深度，作为研究者一定要具备宽广的视野。这句话一直伴随我整个论文写作过程。当我处于写作的瓶颈期时，也是程老师鼓励我放开手脚，大胆尝试，并为我提供新的思路。

写作的过程既痛苦又欣喜，既平静又壮阔。仍然记得开题之后，经过一段时间的材料搜集与整理，我在移动硬盘里煞有其事地建了一个文件夹，命名为"博士论文暑期计划"，按下回车键的瞬间自己感觉颇有一种突击重围的意味。现在想来，也多亏了当时的一子子冲劲。完成主体写作后的一段时间里，我常常有种感慨。从李季的人生脉络来看，他早年的思想流变反映了那个时代知识分子特有的灵活性和责任感。人生的境遇因时因势而发生变化，对于普通人而言，树立正确的世界观和方法论，在此基础上生成健康的人生观，面对不同的人生课题时，知史明史，时刻保持清醒，尽可能地适应时代发展的大势，我想这大概就是"镜子论"要表达的意思吧。

本书由作者的博士论文修改而成，主体内容成稿于 2020 年 6 月。彼时北京的新冠肺炎疫情防控第一次开始放松，伴随着论文答辩与提交，我心里的一块巨石似乎也慢慢放下。时至今日，回想起论文写作的过程，一幕幕皆在眼前。从选题到开题、中期检查、预答辩，再到答辩，每个环节似乎都有一个标尺，敦促我不断达标,以完成毕业目标。但是由于过于专注于博士论文的条条框框,似乎也忽视了这个题目以外的延展性的思考。经过 3 年的沉淀,在修改和完善书稿的同时,不由得生出一些新的想法。

在马克思主义的早期传播中,译介是一把钥匙,它为国人打开了窥探世界的一扇小窗。透过这扇窗,马克思主义与中国连接到了一起。可以说,马克思主义在中国的传播与运用几乎是同步进行的。在课堂上,我常跟学生们讲,马克思主义中国化不是从天而降的,这一概念的正式提出经历了一个比较长的过程。要讲马克思主义中国化的历程势必从马克思主义在中国的传播讲起。从李大钊、陈独秀、胡适,到瞿秋白、李达、艾思奇,再到毛泽东;从早期传播的渠道到学派,再到特点,一条线梳理下来,基本上能描绘出一个相对立体的马克思主义中国化早期脉络。从这个角度帮助学生理解早期共产党人为何选择马克思主义,又是如何运用马克思主义来解决当时的中国问题,还是颇受欢迎的。

20 世纪 20 年代的马克思主义翻译者似乎有种时髦感,能读外文著作,怀有渡己亦渡人的心态,解读、阐释、重构,形成了一大批高质量译介作品。这些作品大多凝结着高水平译介者的心血与智慧,今时今日翻阅起来仍有一番趣味。尽管术语的译介多有变化,但在对照阅读时,时常碰到一些相当精妙的对应词,从而体会到译者当年的心境。翻译是有魅力的,但也面临诸多选择。尤其在早期传播过程中,译介的分量很重,或者说译者的权力很大。对译者而言,译这部还是译那部,选这个词还是选另外一个词作为译入语的对应表达,都需要仔细斟酌,反复考量。一旦做出选择,那么剩下的就是交给读者,交给历史去评判。放在历史长河中看,人是极其渺小的,能做出当时当下力所能及的最好选择已实属不易,但在长时段来看未必能激起任何涟漪。做学问是一条漫长的道路,需要沉稳的心态。做一点思想史的研究在某种程度上似乎也获得一种慰藉。

最后,感谢北大学院的顾海良老师、孙代尧老师、宋朝龙老师、林绪武老师、史春风老师、王久高老师、张永老师等在课堂上的耐心启发与开导，以及为丰富和完善论文提出的宝贵意见。感谢李季先生孙女李明吉女士的帮助，感谢安徽人民出版社总编辑何军民先生、责任编辑刘书锋老师的辛勤付出与周密安排。本书成文过程中参考借鉴了学界专家、学者的研究成果，在此一并表示感谢。由于水平有限，书中观点和评述如有不当之处，敬请学界同仁批评指正。

程运麒

2023 年 10 月